情報処理技術者試験対策書

2023-2024

令和5-6年
新試験対応

基本情報技術者
科目Bの
重点対策

富田良治［監修・著］

内容に関するご質問についてのお願い

　この度は本書籍をご購入いただき誠にありがとうございます。弊社では本書の内容に関するご質問を受け付けております。書籍内の記述に，誤りと思われる箇所がございましたら，お問い合わせください。正誤のお問い合わせ以外の，学習相談，受験相談にはご回答できかねますので，ご了承ください。恐れ入りますが，質問される際には下記の事項を確認してください。

● ご質問の前に

弊社 Web サイトで「正誤表」をご確認ください。
最新の正誤情報を掲載しております。

　　　　https://www.itec.co.jp/learn/errata/

● ご質問の際の注意点

　弊社ではテレワークを中心とした新たな業務体制への移行に伴い，全てのお問い合わせを Web 受付に統一いたしました。お電話では承っておりません。ご質問は下記のお問い合わせフォームより，書名（第○版第△刷），ページ数，質問内容，連絡先をご記入いただきますようお願い申し上げます。

アイテック Web サイト　お問い合わせフォーム

　　　　https://www.itec.co.jp/contact

回答まで，１週間程度お時間を要する場合がございます。
あらかじめご了承ください。

● 本書記載の情報について

　本書記載の情報は 2023 年 3 月現在のものです。内容によっては変更される可能性もございますので，試験に関する最新・詳細な情報は，「独立行政法人 情報処理推進機構」の Web サイトをご参照ください。

　　　　https://www.jitec.ipa.go.jp/

はじめに

アルゴリズムとセキュリティは誰でも理解できる。
本書を活用して基本情報技術者試験に合格しよう！

　基本情報技術者試験は，「IT エンジニアの登竜門」といわれる試験で，試験に合格することで，IT エンジニアとして必要な「知識・技能」を身につけていることを示すことができます。自動車を運転するのに運転免許が必要なように，IT エンジニアとして仕事をするには，基本情報技術者試験に合格するだけの「知識・技能」は身に付けておいたほうがよいでしょう。

　基本情報技術者試験は，科目 A 試験と科目 B 試験で構成されます。科目 A 試験は「知識」を問う試験となっており，テクノロジ系・マネジメント系・ストラテジ系の三つの幅広い分野が出題範囲になっています。一方，科目 B 試験は「技能」を問う試験です。テクノロジ系の「アルゴリズムとプログラミング分野」，「情報セキュリティ分野」から実践的な「技能」を問う問題が出題されます。

　科目 A 試験は「知識」を問う試験であるため，覚えるだけで解ける問題もありますが，科目 B 試験は，文章読解力や知識の応用力を駆使して，決められた時間内で答える「技能」が要求されます。このため，試験範囲の基本的な知識同士を関連させて，体系的な知識・技術として理解し，問題を読んでどのように活用・応用していくかの「技能」を身に付けている必要があります。

　本書は，科目 B 試験に特化した試験対策書です。特にプログラミング経験が少ない受験者が躓きやすい「アルゴリズム」において，具体的な例やイラストを多用して，丁寧で分かりやすい解説を心がけました。筆者はこれまでに企業の新人研修などで，延べ数百名の IT 技術者研修を行ってきました。全くのプログラミング未経験者を，プログラマとして活躍できるよう育成してきた教育ノウハウがあります。その教育ノウハウを本書に注ぎ込みました。

　また，試験に合格するための近道は，とにかくたくさんの演習問題を解くことです。本書には，実際の試験問題に近い，オリジナル問題を豊富に掲載し，それぞれの問題には詳細な解説を用意しました。ここまで丁寧で分かりやすい解説は，他の書籍にはない本書だけのものであると，自負しています。

　基本情報技術者試験を受験されるみなさまが，本書を活用することで試験に合格し，身に付けた知識と技能を活かして IT エンジニアとしてご活躍されることを，心からお祈り申し上げます。

2023 年 3 月

富田 良治

# CONTENTS

Chapter 6　情報セキュリティ

◆学習後のアンケートのお願い

学習後は，本書に関する簡単なアンケートにぜひご協力をお願いいたします。

毎年，4月末，10月末までに弊社アンケートにご回答いただいた方の中から抽選で10名様に，Amazon ギフト券 3,000 円分をプレゼントしております。ご当選された方には，ご登録いただいたメールアドレスにご連絡させていただきます。

ご入力いただきましたメールアドレスは，当選した場合の当選通知，賞品お届けのためのご連絡，賞品の発送のみに利用いたします。

https://questant.jp/q/fekamokuB_juten23_24

商標表示

各社の登録商標及び商標，製品名に対しては，特に注記のない場合でも，これを十分に尊重いたします。

Part 1

基本情報技術者試験の
ポイントと学習法

1 基本情報技術者 試験の概要

●情報処理技術者試験とは

　情報処理技術者試験とは，「『情報処理の促進に関する法律』に基づき経済産業省が，情報処理技術者としての『知識・技能』が一定以上の水準であることを認定している国家試験」です。情報処理技術者試験は，独立行政法人　情報処理推進機構（IPA）によって実施されています。本書の Part 1 では，IPA 発表の情報を基にした基本情報技術者試験の概要や，試験の対策方法，試験に合格するための本書の学習方法について説明します。

　なお，本書に掲載の情報は，2023 年 3 月時点での最新情報です。試験制度や試験内容は変更になることもあります。必ず，IPA のホームページで最新の情報を確認するようにしてください。

IPA ホームページ：https://www.jitec.ipa.go.jp/index.html

●基本情報技術者試験とは

　レベル 1～4 まで 12 種類ある情報処理技術者試験のうち，レベル 2 に相当し，「IT エンジニアの登竜門」といわれる試験が，基本情報技術者試験です。基本情報技術者試験の対象者は，上位者の指導の下に，次のいずれかの役割を果たすことが期待されています。

① 組織及び社会の課題に対する，IT を活用した戦略の立案，システムの企画・要件定義に参加する。
② システムの設計・開発，又は汎用製品の最適組合せ（インテグレーション）によって，利用者にとって価値の高いシステムを構築する。
③ サービスの安定的な運用の実現に貢献する。

　つまり，戦略立案といった上流工程から，システム構築や運用に関する実務にまで活用できる，しっかりとした基礎が身に付いているかどうかを，客観的に評価できる試験であるといえます。詳しい対象者像や期待する技術水準は，IPA の試験要綱の最新版をダウンロードして確認してください。

試験要綱・シラバスなど：
https://www.jitec.ipa.go.jp/1_04hanni_sukiru/_index_hanni_skill.html

●実施方式・実施時期

　基本情報技術者試験は，令和2年度からCBT（Computer Based Testing）方式での実施となりました。試験会場のコンピュータを使って受験します。

　令和4年度までは，1年に上期と下期の2回が実施されていましたが，令和5年度からは「通年により実施する試験」となり，1年を通して受験が可能となります（身体の不自由等により CBT 方式で受験できない場合などを除きます）。なお，基本情報技術者試験を一度受験した後，不合格などで再受験する場合は，「前回の受験日の翌日から起算して30日を超えた日以降」を受験日に指定する必要がありますので，注意してください。

●試験の構成

　基本情報技術者試験は，科目 A の試験と科目 B の試験に分かれています（図表 1-1）。科目 A 試験は，四肢択一の多肢選択式問題で，90 分で 60 問を解答します。次節で説明するように，出題範囲が広いため，幅広い知識が問われます。科目 B 試験は，多肢選択式問題で，100 分で 20 問を解答します。出題範囲は，アルゴリズムとプログラミング分野，情報セキュリティ分野に絞られますが，実践的な技能を問う内容となっています。

	科目 A の試験	科目 B の試験
試験時間	90 分	100 分
出題形式	多肢選択式（四肢択一）	多肢選択式
出題数／解答数	60 問／60 問	20 問／20 問

図表 1-1　基本情報技術者試験の試験時間と出題形式

●採点方法と合格基準

　基本情報技術者試験は，IRT（Item Response Theory：項目応答理論）に基づいて解答結果から評価点を算出する方式で評価されます。科目 A，科目 B 両方で，基準点以上（それぞれ 1000 点満点中 600 点以上）の場合に合格となります。幅広い知識と技能がそろって初めて合格できるといえるでしょう。

令和 4 年度以前に受験され，再挑戦される方へ

　令和5年度からの基本情報技術者試験は，令和 4 年度以前と比べて，受験可能な時期や回数，試験時間，試験形式，試験範囲などに変更があります。対象者像や問われる知識・技能に大幅な変更はありませんが，科目 B 試験では，全問が必須問題となり，アルゴリズムとプログラミング分野の比重が大きくなるため，注意が必要です。本書で学習したり，IPA 発表のサンプル問題に挑戦したりするなど，再受験の際には，特に科目 B 対策をしっかり行いましょう。

---

2 基本情報技術者 試験の出題範囲と学習計画

●科目A試験と科目B試験の出題範囲

　科目Aの試験の出題範囲は，テクノロジ系，マネジメント系，ストラテジ系の三つの分野に大きく分かれます。各分野は，さらに大分類，中分類，小分類というように内容が詳細化されますが，詳しくは，前述した試験要綱の最新版で確認してください。

　一方，科目B試験では，テクノロジ系の「アルゴリズムとプログラミング分野」，「情報セキュリティ分野」から出題されます。詳細な出題範囲は次ページの図表1-3のとおりです。

	科目Aの試験	科目Bの試験
出題内容	テクノロジ系，マネジメント系，ストラテジ系の三つの分野全体からの出題	「データ構造及びアルゴリズム（擬似言語）」と「情報セキュリティ」の二つの分野を中心とした構成

図表1-2　基本情報技術者試験の出題範囲（概要）

●科目B試験の学習計画

　基本情報技術者試験に合格するには，プログラミング未経験者で200時間ほどの勉強時間が必要だといわれています。科目A試験と科目B試験の勉強時間の割合は，個人差もありますが，おおむね4：6から3：7くらいでしょうか。仮に3：7だとすると，科目B試験に必要な学習時間は140時間となり，1日に2時間勉強したとして70日が必要となります。

　科目A試験は知識を問う問題が多く，覚えるだけで解ける問題もありますが，科目B試験はその場で考えながら解く必要があり，ただ覚えるだけでは問題を解くことができません。しかも本試験では，100分で20問を解く必要があり，1問当たりに与えられた時間はたったの5分です。短い時間で考えて解答を導き出すためには，とにかく多くの演習問題を解いて，問題に慣れることが重要です。科目B試験の学習に取り組む前に，まずは科目A試験の全体に目を通しましょう。全てをしっかりと理解する必要はなく，用語の意味が分かる程度で大丈夫です。その上で，科目B試験の勉強では，1問ずつじっくりと時間をかけて理解しながら，多くの演習問題に取り組みましょう。それが合格への近道となります。毎日少しずつでも勉強時間を確保して，科目A試験と科目B試験のバランスも考慮しながら，計画的に勉強を進めることが重要です。

1 プログラミング全般に関すること

- ☐ 実装するプログラムの要求仕様（入出力，処理，データ構造，アルゴリズムほか）の把握
- ☐ 使用するプログラム言語の仕様に基づくプログラムの実装
- ☐ 既存のプログラムの解読及び変更
- ☐ 処理の流れや変数の変化の想定
- ☐ プログラムのテスト
- ☐ 処理の誤りの特定（デバッグ）及び修正方法の検討 など

注記 プログラム言語について，基本情報技術者試験では擬似言語を扱う。

2 プログラムの処理の基本要素に関すること

☐ 型	☐ 変数	☐ 配列	☐ 代入
☐ 算術演算	☐ 比較演算	☐ 論理演算	☐ 選択処理
☐ 繰返し処理	☐ 手続・関数の呼出し など		

3 データ構造及びアルゴリズムに関すること

| ☐ 再帰 | ☐ スタック | ☐ キュー | ☐ 木構造 |
| ☐ グラフ | ☐ 連結リスト | ☐ 整列 | ☐ 文字列処理 など |

4 プログラミングの諸分野への適用に関すること

- ☐ 数理・データサイエンス・AIなどの分野を題材としたプログラム など

5 情報セキュリティの確保に関すること

- ☐ 情報セキュリティ要求事項の提示（物理的及び環境的セキュリティ，技術的及び運用のセキュリティ）
- ☐ マルウェアからの保護
- ☐ バックアップ
- ☐ ログ取得及び監視
- ☐ 情報の転送における情報セキュリティの維持
- ☐ 脆弱性管理
- ☐ 利用者アクセスの管理
- ☐ 運用状況の点検 など

図表 1-3　科目 B 試験の出題範囲

※この図表は，学習の進捗を管理するチェックリストとしてもご活用いただけます。

3 科目B 試験の対策

●アルゴリズム問題への対策

　全てのシステムはプログラムから構成され，全てのプログラムはアルゴリズムを基に作成されます。したがって，システムを構築する IT エンジニアには，アルゴリズムを読んで理解する能力が必須となります。しかし，プログラミング経験の少ない受験者にとって，アルゴリズムを読んで理解するのは，簡単ではないと思います。アルゴリズムに対して，苦手意識をもっている受験者も多いのではないでしょうか。アルゴリズムに苦手意識のある受験者は，本書のChapter1 から順に，学習ページを読んでから演習問題に取り組むとよいでしょう。最初は時間がかかっても構わないので，それぞれの演習問題に1問ずつ，じっくりと時間をかけて取り組んでください。問題文をよく読んで，プログラムの概要を把握し，プログラムに実際の値を当てはめて，1 行ずつプログラムの動きを確認しながら読み解けば，どんなアルゴリズムでも必ず理解できるはずです。紙に書きながらプログラムの動きを確認することも効果的です。どうしてもアルゴリズムが理解できなかったときは，いったん，学習から離れて，時間をおいてから再チャレンジすると，すんなりと理解できる場合もあります。すぐに理解できなかったからといって諦めずに，あせらずじっくりと時間をかけて取り組むことが重要です。

　実際の本試験では，1 問あたり5 分で問題を解く必要があります。じっくりと時間をかける余裕はなく，短い時間でアルゴリズムを理解して，解答を導き出す必要があります。また，試験問題のプログラムは画面に表示されているため，直接プログラムに値を書き込みながら，処理の流れを追うことができません。したがって，ある程度は頭の中で処理の流れを把握できる必要があります。そのために必要な学習は，「とにかくたくさん演習問題を解くこと」です。たくさんの問題を解くことによって，紙に書かなくてもプログラムを見るだけで，頭の中に処理の流れをイメージできるようになります。そうなると，問題を解くスピードが格段に速くなります。これが合格への近道です。本書には豊富な演習問題を用意しています。全ての演習問題を5分以内に解けるようになれば，本試験の問題もきっと5 分で解けるはずです。さらに力を付けたい受験者は，自身で擬似言語を使って，プログラムを作ってみるとよいでしょう。

●情報セキュリティ問題への対策

　企業や組織にとって，情報セキュリティ対策は重要な経営課題となっています。情報セキュリティ対策を怠ると，機密情報や個人情報の漏洩などが発生し，自社だけではなく，取引先や関係者にも迷惑をかけることとなり，企業としての信頼を失うことにつながります。個人情報や顧客情報などをしっかりと保護することは，企業や組織にとっての社会的責務であるとされています。ITエンジニアとして，情報セキュリティに対する正しい知識をもち，適切な対策を行えることは，とても重要です。

　科目B試験における情報セキュリティ問題は，情報セキュリティの基本的な知識に加えて，事例に基づいたより実践的な対策が問われます。科目A試験におけるテクノロジ系の「セキュリティ」分野について，しっかりと学んでおくことは必須ですが，それに加えて，マネジメント系の「システム監査」やストラテジ系の「セキュリティ関連法規」の分野など，情報セキュリティに関する幅広い知識が必要となります。情報セキュリティ問題を解くためには，まずは問題文をしっかりと読んで，問われている設問の内容を理解することが重要です。その上で，問題文の要点を押さえて，解答を選択します。正しい解答を選択するためには，事例となった企業が置かれている状況について，的確に把握する必要があります。

　実際の本試験では，セキュリティ問題も1問当たり5分で解かなければなりません。問題文は，事例となる企業の状況を詳細に解説しているため，アルゴリズム問題よりもかなり長い文章となる場合があります。短い時間で長い問題文を読み解くには，次に挙げるポイントに着目して整理するとよいでしょう。

　（1）どのような機能をもったシステムが導入されているか。

　（2）どのようなネットワーク構成となっているか。

　（3）システムの利用者には，どのような組織・役割・権限の人がいるか。

　（4）現在発生している情報セキュリティの課題は何か。

　これらのポイントを紙に書き出しながら整理すると，状況を的確に把握できるようになります。

　解答群から解答を選択するときは，不正解とした解答に対して，なぜ不正解としたのかを，しっかりと説明できるようにしておきましょう。こうすることで，誤った解答を選択してしまうミスを減らすことができます。情報セキュリティ問題も，たくさんの演習問題を解くことが，合格への近道となります。本書に掲載されている演習問題の他に，旧試験制度における基本情報技術者試験の午後問題や，情報セキュリティマネジメント試験の過去問題にもチャレンジすると，さらに力を付けることができます。

4 科目B
本書の学習方法

●本文解説（Input）

本文解説では，アルゴリズムやセキュリティなど，科目B試験において，必ず押さえておきたい範囲の概要をしっかりと理解します。

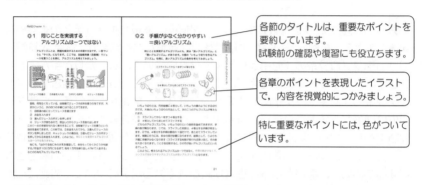

各節のタイトルは，重要なポイントを要約しています。
試験前の確認や復習にも役立ちます。

各章のポイントを表現したイラストで，内容を視覚的につかみましょう。

特に重要なポイントには，色がついています。

確認問題では，各章で学んだ重要ポイントの理解を，穴埋め形式で確認します。

●演習問題（Output）

本書の特徴でもある豊富な演習問題と丁寧な解説で，本文解説で理解した知識を，「試験で使える」（＝試験問題が解ける）状態にまで高めましょう。

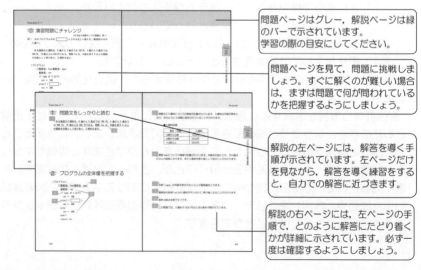

問題ページはグレー，解説ページは緑のバーで示されています。
学習の際の目安にしてください。

問題ページを見て，問題に挑戦しましょう。すぐに解くのが難しい場合は，まずは問題で何が問われているかを把握するようにしましょう。

解説の左ページには，解答を導く手順が示されています。左ページだけを見ながら，解答を導く練習をすると，自力での解答に近づきます。

解説の右ページには，左ページの手順で，どのように解答にたどり着くかが詳細に示されています。必ず一度は確認するようにしましょう。

5 レベル別
おすすめ学習法

本書は，初学者から，過去に基本情報技術者試験を受験した経験のある方まで，レベルに合わせて学習できる構成になっています。下記を参考に，ご自身に合った学習方法を見つけてください。

 学習を始めたばかりの方

- 本試験や科目 B 試験の学習だけでなく，学習全般においていえることですが，挫折しないことが何よりも大切です。
- 本文解説だけでも Chapter 6 まで通して読み，概要を理解しましょう。
- 余裕があれば擬似言語の流れを大まかにでも理解するようにしましょう。
- 演習問題に挑戦するのは 2 巡目からでも大丈夫です。

アルゴリズムやプログラミングを少し知っている方

- 本文解説を読んだ後，確認問題や演習問題に挑戦しましょう。
- 1 巡目では，演習問題が解けない場合，すぐに解説を読んでも構いません。むしろ，解説の内容をしっかり理解することを意識しましょう。
- 2 巡目では，解説の内容を思い出しながら解き，自信をもって解答できるようになっているか，確認しましょう。
- 学習後，時間を空けて本書をもう一度学習するとより効果的です。3 巡目では，演習問題を，1 問当たり 5 分以内で解けることを目標にしましょう。

**基本情報技術者試験の受験経験がある
アルゴリズムやプログラミングに自信がある方**

- 学習ページにざっと目を通した後，確認問題や演習問題に挑戦しましょう。
- 演習問題は，1 問当たり 5 分以内で解くことを心がけましょう。時間を意識しながら解くことで，試験本番での実践力が身に付きます。
- 特に，間違えた問題や，知識があやふやな問題については，解説までしっかり読んで，本番でのミスを防止しましょう。

> Part 2 の学習で，アルゴリズムやプログラミング，情報セキュリティの知識を身に付け，試験合格を目指しましょう！

Part 2

科目B試験の対策

Chapter 1

アルゴリズムとプログラミング

⚙1 同じことを実現する アルゴリズムは一つではない

アルゴリズムとは，問題を解決するための手順や方法です。一言でいうと「やり方」になります。ここでは，自動販売機（自販機）でジュースを買うことを例に，アルゴリズムを考えてみましょう。

①ジュースを選ぶ　②お金を入れる　③ボタンを押す　④ジュースを取る

普段，何気なく行っている，自販機でジュースやお茶を買う行為ですが，大まかにいうと，次の四つの手順に分けることができます。
① 自販機の前に立ってジュースを選びます
② お金を入れます
③ 選んだジュースのボタンを押します
④ ジュースが落ちるので，取出し口からジュースを取り出します

この①〜④の手順をもれなく実行することで，自販機でジュースを買うという目的を達成できます。この例では，②お金を入れてから，③選んだジュースのボタンを押しましたが，キャッシュレスの場合は，③選んだジュースのボタンを押してから②お金を入れます。このように，同じことを実現するアルゴリズムは一つではありません。

他にも，「出かける前に外の天気を確認して，傘をもって行くかどうか判断する」「貯金が100万円になるまで，毎月1万円を繰り返しATMで入金する」などの行為もアルゴリズムです。

⚙ 2　手順が少なく分かりやすい ＝良いアルゴリズム

同じことを実現するアルゴリズムにも，実は「良いアルゴリズム」と「悪いアルゴリズム」があります。大根の「いちょう切りを作るアルゴリズム」を例に，良いアルゴリズムの条件を考えてみましょう。

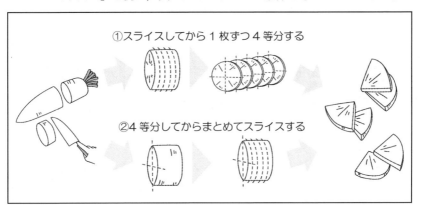

①スライスしてから１枚ずつ４等分する

②４等分してからまとめてスライスする

　いちょう切りとは，円を縦横に４等分して，いちょうの葉のようにする切り方です。大根のいちょう切りの方法として，次の二つのアルゴリズムが考えられます。
　①　スライスしてから１枚ずつ４等分する
　②　４等分してからまとめてスライスする
　どちらのアルゴリズムでも，いちょう切りという目的を達成できますが，手順の数が異なります。①では，スライスした枚数分，４等分する手順が発生します。②では，４等分する手順は最初の１回だけで，まとめてスライスしています。実際に行うには，多少の技が必要になりますが，結果として，①よりも大幅に手順が少なくなります（スライスする枚数が多ければ多いほど，その差は大きくなります）。①と②を比較すると，②の方が良いアルゴリズムだといえるでしょう。
　このように，考えられるアルゴリズムは一つではなく，手順の数が少なくて，シンプルで分かりやすいアルゴリズムが良いアルゴリズムとなります。

⚙3 アルゴリズムをコンピュータが分かる言葉で表したものがプログラム

アルゴリズムは人が考えた「やり方」で、そのままではコンピュータは理解できません。コンピュータが理解して実行するためには、コンピュータが分かる言葉で表す必要があります。これがプログラムです。

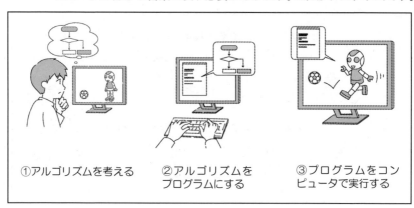

①アルゴリズムを考える　　②アルゴリズムをプログラムにする　　③プログラムをコンピュータで実行する

プログラムとは，アルゴリズムをコンピュータが分かる言葉で表したものです。アルゴリズムからプログラムを作ることをプログラミングといいます。プログラムはコンピュータへの指示書であり、コンピュータはプログラムを実行することで、様々な処理を実現します。人の言葉に日本語や英語があるように、プログラムには幾つものプログラム言語が存在します。

代表的なプログラム言語の例を次に示します。

プログラム言語	読み方	説明
Java	じゃば	業務システムで使用されることが多い
C言語	しーげんご	組込みシステムで使用されることが多い
Python	ぱいそん	AIや機械学習で使用されることが多い

基本情報技術者試験では，独自の擬似的なプログラム言語である「擬似言語」を使用した問題が出題されます。試験問題を解くためには，擬似言語の仕様をしっかりと理解しておく必要があります。

4 トレースすればプログラムの動きを理解できる

トレースとは，プログラムの処理を順番にたどり、確認することです。プログラムが意図した動きをするか確認できます。自動販売機のボタンが押されたときに実行されるプログラムを例に見てみましょう。

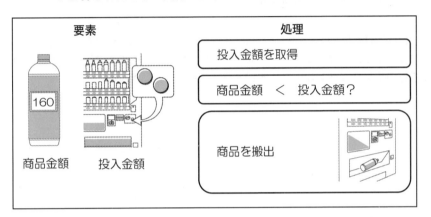

自動販売機で商品を購入する際，初期状態（自動販売機のボタンが押される前）では，商品金額があらかじめ設定されており，投入金額は空です。自動販売機のボタンが押されると，上の絵にある，三つの処理が実施されます。

① 現在の投入金額を取得します。
② 投入金額が商品金額よりも大きいか比較します。
③ 投入金額の方が大きければ商品を搬出します。

漠然と考えていても理解が難しいので，この例の場合，自動販売機に 200円が投入され，160円のジュースを購入すると想定しましょう。具体的な数字を当てはめて，次のように処理を確認します。

① 現在の投入金額（200円）を取得します。
② 投入金額（200円）が商品金額（160円）より大きいことを確認します。
③ 投入金額の方が大きいので，商品を搬出します。

このように，プログラムをしっかりとトレースすることができれば，どんなに複雑なプログラムでも理解することができます。

トレースは，「テスト」と「デバッグ」でも活用されます。

テストとは，プログラムが仕様通りに動くことを確認する行為で，プログラムの内部構造を意識するホワイトボックステストと，プログラムの内部構造を意識しないブラックボックステストがあります。プログラムを動かしながらホワイトボックステストを実施するのに，トレースを活用します。

デバッグとは，プログラムの不具合（バグ）を取り除く行為です。不具合の箇所を探すのにトレースを活用します。また，不具合修正後のプログラムが正常に動作していることを確認するのにも，トレースを活用します。

情報処理試験のアルゴリズム問題を解くためには，トレースを繰り返し，慣れることが最も重要です。具体的な値（数字や文字）を当てはめて，実際の動きを確認しながらトレースしましょう。

次の Chapter 2 では，プログラムを構成する基本となる要素を学びます。Chapter 3 以降を理解する上での基礎が凝縮されていますから，丁寧に学習していきましょう。

☑確認問題

次の空欄を埋めましょう。

1. アルゴリズムとは, 問題を解決するための 　　　　　 である。

2. 同じことを実現するアルゴリズムは 　　　　　 存在する。

3. 良いアルゴリズムとは, 手順の数が 　　　　　 , シンプルで
　　　　　 ものである。

4. プログラムとは, アルゴリズムを 　　　　　 が分かる言葉で表したもので
ある。

5. コンピュータは, 　　　　　 を実行することで処理を実現する。

6. 基本情報技術者試験では, プログラム言語に 　　　　　 を使用した問題が
出題される。

7. トレースとは, プログラムの処理を 　　　　　 , 　　　　　 することである。

☑確認問題：解説

1. アルゴリズムとは，問題を解決するための手順や方法である。

2. 同じことを実現するアルゴリズムは複数存在する。

3. 良いアルゴリズムとは，手順の数が少なく，シンプルで分かりやすいものである。

4. プログラムとは，アルゴリズムをコンピュータが分かる言葉で表したものである。

5. コンピュータは，プログラムを実行することで処理を実現する。

6. 基本情報技術者試験では，プログラム言語に擬似言語を使用した問題が出題される。

7. トレースとは，プログラムの処理を順番にたどり，確認することである。

Chapter 2

プログラムの基本要素

⚙1 「型」「変数」「代入」

「型」とは，入れ物の大きさや形を表したものです。
「変数」とは，型に名前を付けて用意した入れ物です。
「代入」とは，入れ物に値を入れることです。

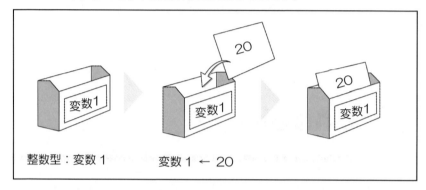

上の例を見てみましょう。まず、整数型で名前が"変数1"である「変数」を用意しています。「整数型」とは整数を入れることができる箱です。擬似言語における型には次の種類があります。

擬似言語の型の種類	値の例	説明
整数型	123	整数の数値を表す
実数型	123.45	小数を含む数値を表す
文字型	あ	1文字の文字を表す
文字列型	あいう	複数文字の文字列を表す
論理型	true/false	true（真）とfalse（偽）の2値を表す

型に名前を付けた変数を用意することを「宣言」といいます。変数を宣言したとき，変数の中身に何も値が入ってない場合は「未定義」となります。

次に、変数1に20を入れています。変数に値を入れることを「代入」といいます。変数に20を代入したことで，変数の中身は20となります。変数の宣言と代入を擬似言語で表すと次のようになります。

擬似言語の表記	説明
型名：変数名	指定された型で変数を宣言する
変数名 ← 値	変数に値を代入する

⚙2 計算や制御を行うための記号 「演算子」

「算術演算子」とは，計算をするための記号です。
「比較演算子」とは，値の大小を比較するための記号です。
「論理演算子」とは，条件式の組合せから真理値を求める記号です。

擬似言語における，それぞれの演算子の表記を，次に示します。

算術演算子	説明	例	結果
×	掛け算	6 × 2	12
÷	割り算	6 ÷ 2	3
＋	足し算	6 ＋ 2	8
－	引き算	6 － 2	4
mod	割った余り	6 mod 4	2

比較演算子	説明	例	結果
＞	より大きい	6 ＞ 5	true
		6 ＞ 6	false
≧	以上	6 ≧ 5	true
		6 ≧ 6	true
		6 ≧ 7	false
＜	より小さい	6 ＜ 7	true
		6 ＜ 6	false
≦	以下	6 ≦ 7	true
		6 ≦ 6	true
		6 ≦ 5	false
＝	等しい	6 ＝ 6	true
		6 ＝ 5	false
≠	等しくない	6 ≠ 5	true
		6 ≠ 6	false

論理演算	説明	例	結果
and	どちらもtrueならtrue	(6 > 5) and (6 ≧ 6)	true
		(6 > 6) and (6 ≧ 6)	false
or	どちらかがtrueならtrue	(6 > 5) or (6 ≧ 6)	true
		(6 > 6) or (6 ≧ 6)	true
		(6 > 5) or (6 ≧ 7)	true
		(6 > 6) or (6 ≧ 7)	false
not	真偽を逆にする	not (6 = 6)	false
		not (6 = 5)	true

演算子には優先順位があり，優先順位の高いものから順に処理されます。

優先度低 ⟷ 優先度高							
or	and	> ≧ < ≦ = ≠	+ −	× ÷ mod	not	( )

例：

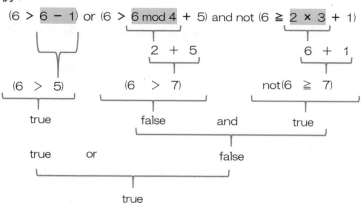

⚙3 変数は値の保管場所

なぜ変数が必要なのでしょうか？ 買い物かごに入れた商品の金額に，消費税を加えた会計金額を求める処理を考えてみましょう。

買い物かごに入れた商品

商品	単価	個数	金額	消費税
おにぎり	120円	2個	240円	8%
お茶	140円	1本	140円	8%
レジ袋	5円	1枚	5円	10%

■変数を使わない場合

120 ×2 × 1.08 ＋ 140 × 1.08 ＋ 5 ×1.1

変数を使わない場合は，買い物かごから全ての商品を取り出して，まとめて計算する必要があります。これだと，商品点数が増えた場合に大変です。

■変数を使う場合

8％商品 ← 120 × 2
8％商品 ← 8％商品 ＋ 140
10％商品 ← 5
会計金額 ← 8％商品 ×1.08 ＋ 10％商品 ×1.1

計算途中の値の保管場所として変数を使えば，買い物かごから商品を取り出しながら計算することができます。消費税の計算も最後にまとめることができます。このように，変数を使うことで，処理を分かりやすく簡潔に表すことができ，より複雑な処理にも対応できるようになります。

⚙4 条件式の結果によって処理を 切り替える「条件分岐」

私たちは，出かける前に外の天気を確認し，傘を持つかどうかを決めます。このように，ある行為を条件式で表して，条件式に対する行動を定義するのが「条件分岐」です。

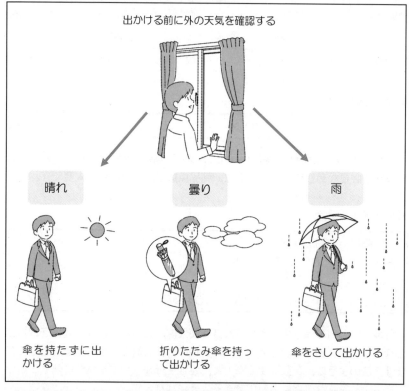

条件式	行動
天気が晴れ	傘を持たずに出かける
天気が曇り	折りたたみ傘を持って出かける
天気が雨	傘をさして出かける

条件分岐を擬似言語で表すと，次のようになります。

擬似言語の表記	説明

if（条件式1）
　処理1
elseif（条件式2）
　処理2
else
　処理3
endif
	・条件式 1 が真の場合
	　処理1を実行する
	・条件式 1 が偽で，条件式 2 が真の場合
	　処理2を実行する
	・条件式 1 が偽で，条件式 2 も偽の場合
	　処理3を実行する

　外の天気によって傘を持つかどうかを決定する行動を，擬似言語で表すと，次のようになります。外の天気が，晴れでも曇りでも雨でもない場合（例えば，台風や雪）は，出かけるのをやめるものとします。

記述例	説明

天気 ← 外の天気を確認した結果
if（天気が晴れ）
　傘を持たずに出かける
elseif（天気が曇り）
　折りたたみ傘を持って出かける
elseif（天気が雨）
　傘をさして出かける
else
　出かけるのをやめる
endif
	・外の天気を確認した結果を変数に代入する
	・天気が晴れの場合
	　晴れの場合の行動
	・天気が曇りの場合
	　曇りの場合の行動
	・天気が雨の場合
	　雨の場合の行動
	・天気が晴れ／曇り／雨のどれでもない場合
	　晴れ／曇り／雨のどれでもない場合の行動

　このように，条件分岐を使うことで，条件式の結果によって処理を切り替えることができます。

33

⚙5 同じ処理を繰り返し実行する 「繰返し」

貯金が 100 万円になるまで，毎月繰り返し 1 万円を ATM に入金する行動を考えてみましょう。この場合，条件式の結果によって処理を切り替えていますが，それを「繰返し」行っています。

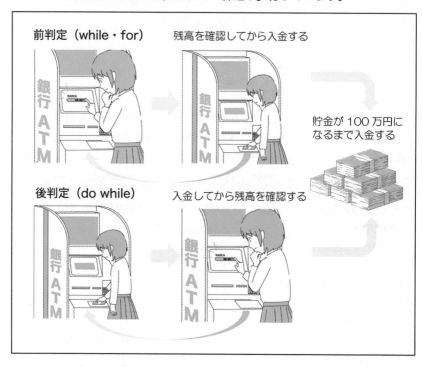

繰返しを継続する条件（この場合は貯金が 100 万円未満）を条件式で定義し，条件式が偽（この場合は貯金が 100 万円以上）になるまで同じ処理を実行するのが「繰返し」です。

繰返しを継続する判断を，処理の前に行うのか後に行うのかによって，前判定と後判定に分かれます。前判定では，先に銀行残高を確認して，貯金が 100 万円に満たなければ ATM に入金します。後判定では，先に入金してから入金

後の残高を確認し，貯金が 100 万円に満たなければ，来月も 1 万円を ATM に入金します。

　繰返しを擬似言語で表すと，次のようになります。

擬似言語の表記	説明
while（条件式） 　　処理 endwhile	条件式が真の間，処理を繰り返し実行する（前判定）
do 　　処理 while（条件式）	条件式が真の間，処理を繰り返し実行する（後判定） ※条件を満たさなくても必ず1度は処理が実行される
for（制御記述） 　　処理 endfor	制御記述の内容に基づいて，処理を繰り返し実行する

　前判定は「while」，後判定は「do ～ while」で表します。前判定では，もともと条件式が偽だったときに，繰返し処理は 1 度も実行されませんが，後判定では条件式が偽でも必ず 1 回は繰返し処理が実行されます。前判定も後判定も，条件式には繰返しの終了条件ではなく「継続条件」を指定する点に注意が必要です。

　「for」では，制御記述によって繰返しの継続を指定します。制御記述には，通常，「初期条件」と「継続条件」と「増分条件」を指定します。上記の記述例では，「i を現在の口座残高から」が初期条件，「100 万円まで」が継続条件，「1 万円ずつ増やす」が増分条件となります。

　貯金が 100 万円になるまで入金する行動を擬似言語で表すと，次のようになります。

記述例	説明

整数型：i ← 口座残高
while (i が100万円未満)
　ATMに1万円を入金する
　i ← 口座残高
endwhile
	・口座残高を変数に代入する
	・口座残高が100万円未満の場合
	　　口座残高が100万円未満の場合の行動
	　　口座残高を更新する

整数型：i ← 口座残高 do 　ATMに1万円を入金する 　i ← 口座残高 while (i が100万円未満)	・口座残高を変数に代入する 　　口座残高が100万円未満の場合の行動 　　口座残高を更新する ・口座残高が100万円未満の場合，継続する

整数型：i
for (i を現在の口座残高から100万円まで1万円ずつ増やす)
　ATMに1万円を入金する
endfor
	・口座残高を代入する変数を宣言
	・口座残高を現在の金額から100万円まで1万円ずつ増やす
	　　口座残高が100万円未満の場合の行動

　繰返し処理はなぜ必要なのでしょうか。貯金が100万円になるまで毎月繰り返し1万円をATMに入金する行動を，繰返しを使わずに擬似言語で表現してみましょう。

■繰返しを使わない場合

```
整数型：i ← 口座残高
if (i が 100 万円未満)
   ATM に 1 万円を入金する
else
   処理を終了する
endif
i ← 口座残高
if (i が 100 万円未満)
   ATM に 1 万円を入金する
else
   処理を終了する
endif
i ← 口座残高
if (i が 100 万円未満)
   ATM に 1 万円を入金する
else
   処理を終了する
endif
・
・
・
・
（100 回繰り返し記述する）
```

　このように，繰返しを使わないと，同じ処理を何度も記述しなければならず，とても冗長です。仮に繰返しが 100 万回になると，同じ処理を 100 万回記述する必要があります。繰返しを使えば，同じ処理の記述は 1 度だけで済み，簡潔で分かりやすくなります。

⚙6 処理のまとまりを定義して 呼び出す「関数（手続）」

朝起きてから出かけるまでの行動は，毎朝ほぼ同じです。一連の処理を定義して呼び出せるようにしたものが「関数（手続）」です。

① 朝起きる
② 歯磨きする
③ 着替える
④ 天気を確認する
⑤ 天気によって傘を持つ

　この①～⑤の行動は，毎朝繰り返し実行します。これらを定義し，関数（手続）としてまとめておけば，朝の支度は関数（手続）を呼び出すだけで実行できます。④の行動は，今日の天気を取得して返す関数（手続）として定義することで，この関数（手続）を呼び出せば，いつでも天気を知ることができます。

関数（手続）を擬似言語で表すと，次のようになります。

擬似言語の表記	説明
○型名：手続名又は関数名（型名：引数，・・・） 　処理 　return	・手続又は関数を宣言する ・処理を定義する ・戻り値を返す
手続名又は関数名（引数，・・・）	手続又は関数を呼び出す
変数 ← 手続名又は関数名（引数，・・・）	手続又は関数の戻り値を代入する

　引数とは，関数（手続）に渡す値のことで，内部の処理で利用することがで
きます。関数（手続）は複数の引数を受け取ることができます。戻り値とは，
関数（手続）が処理結果として返す値です。それでは，朝起きてから出かける
までの行動を関数（手続）として擬似言語で表してみましょう。

```
○朝の支度( )
  朝起きる
  歯磨きする
  着替える
  天気　←　今日の天気( )
  if (天気が晴れ)
    傘を持たずに出かける
  elseif (天気が曇り)
    折りたたみ傘を持って出かける
  elseif (天気が雨)
    傘をさして出かける
  endif

○文字列型：今日の天気( )
  窓を開ける
  天気 ← 外を見て天気を確認する
  return 天気
```

　関数（手続）「今日の天気（ ）」は，今日の天気を取得する目的が達成できれ
ば，呼出し側はどのように天気を取得しているのかを意識する必要がありませ
ん。例えば，インターネットで検索して今日の天気を取得するように処理を変
更したとしても，呼出し側には影響ありません。処理をまとめてパッケージ化
できることも，関数（手続）を使うメリットになります。

⚙7 大域変数（グローバル変数）

大域変数（グローバル変数）とはプログラムのどこからでも参照できる変数です。対して，関数（手続）の中だけで参照できる変数をローカル変数といいます。

建物の中は外から見えない
＝ローカル変数

建物の外はどこからでも見える
＝グローバル変数

　建物の中にあり，外からは見えないのがローカル変数です。建物の外にあり、どこからでも見えるのがグローバル変数です。建物はプログラムにおける関数（手続）となります。関数（手続）内でしか使用しない変数は，ローカル変数として定義し，関数（手続）にまたがって使用される変数はグローバル変数として定義します。
　大域変数（グローバル変数）を擬似言語で表すと次のようになります。

擬似言語の表記	説明
大域：型名：変数名	指定された型、変数名で大域変数（グローバル変数）を宣言する
変数名 ← 値	大域変数（グローバル変数）に値を代入する

大域変数（グローバル変数）の記述例を次に示します。

記述例	説明
大域：整数型：a	・大域変数 a を宣言する
○整数型：関数A（）	・関数Aを宣言する
整数型：ai	・関数A内のローカル変数 ai を宣言する
ai ← a	・ローカル変数 ai に大域変数 a を代入する → 問題ない
○整数型：関数B（）	・関数Bを宣言する
整数型：bi	・関数B内のローカル変数 bi を宣言する
bi ← a	・ローカル変数 bi に大域変数 a を代入する → 問題ない
bi ← ai	・ローカル変数 bi にローカル変数 ai を代入する
	→ 関数Bから関数Aのローカル変数は参照できない

　なぜ，大域変数（グローバル変数）が必要なのでしょうか。ATM を例に考えてみましょう。ATM には，入金処理と出金処理があります。それぞれの関数（手続）で，同じ口座残高を変更する必要があります。この口座残高は，関数（手続）にまたがって変更できるようにするために、大域変数（グローバル変数）として宣言する必要があります。擬似言語で表すと次のようになります。

大域：整数型：口座残高

○入金（整数型：金額）
　口座残高 ← 口座残高 ＋ 金額

○出金（整数型：金額）
　口座残高 ← 口座残高 － 金額

⚙8 条件分岐と繰返しで どんなアルゴリズムも表現できる

ここまで，プログラムの基本要素を見てきましたが，どんなに複雑な アルゴリズムも，条件分岐と繰返しで表現できます。アルゴリズム問 題を解くときのポイントを整理します。

1．アルゴリズムは難しくない！

全てのプログラムは，プログラムの基本要素で構成されます。どんなに複雑 なアルゴリズムであっても，全てのアルゴリズムは条件分岐と繰返しの組合せ で実現できます。つまり，条件分岐と繰返しを理解できれば，どんなに複雑な アルゴリズムでも理解できます。

2．落ち着いてトレースする

一見複雑で難しそうなアルゴリズムでも，落ち着いてトレースすれば，必ず 理解することができます。Chapter1-4で紹介した方法を参考に，プログラム の各変数に具体的な数字を当てはめて，実際の動きを確認しながらトレースし ましょう。初めはゆっくりと時間をかけて，紙に書きながらトレースを行いま す。何度もトレースを繰り返すことで，次第に慣れてきて，時間をかけずに頭 の中でトレースできるようになります。

3．境界条件に注意する

トレースする際は，境界条件に注意しましょう。条件式は「以上」なのか「よ り大きい」なのか，「以下」なのか「未満」なのか，その値が含まれるかどうか が重要です。繰返しの条件式は，継続条件であることにも注意が必要です。

条件分岐と繰返しを理解し，落ち着いてトレースすれば， どんなアルゴリズムでも理解できます。 恐れずに取り組みましょう！

☑確認問題

次の空欄を埋めましょう。

1. 「型」とは，入れ物の〔　　　　〕を表したものである。

2. 「変数」とは，型に〔　　　　〕を付けて用意した入れ物である。

3. 「代入」とは，入れ物に〔　　　　〕ことである。

4. 条件分岐とは，〔　　　　〕によって処理を切り替えるものである。

5. 繰返しとは，〔　　　　〕を繰り返し実行するものである。

6. 繰返しの条件式には〔　　　　〕条件を指定する。

7. 繰返しには前判定と後判定があり，〔　　　　〕では処理が必ず 1 回は実行される。

8. 関数（手続）とは，〔　　　　〕を定義して呼び出せるものである。

9. 大域変数（グローバル変数）とは〔　　　　〕参照できる変数である。

10. 関数（手続）の内部だけで参照できる変数を〔　　　　〕という。

11. 〔　　　　〕と〔　　　　〕の組合せで，どんなアルゴリズムも実現できる。

12. アルゴリズムを理解するには，〔　　　　〕が重要である。

☑ 確認問題：解説

1. 「型」とは，入れ物の大きさや形を表したものである。

2. 「変数」とは，型に名前を付けて用意した入れ物である。

3. 「代入」とは，入れ物に値を入れることである。

4. 条件分岐とは，条件式の結果によって処理を切り替えるものである。

5. 繰返しとは，同じ処理を繰り返し実行するものである。

6. 繰返しの条件式には継続条件を指定する。

7. 繰返しには前判定と後判定があり，後判定では処理が必ず1回は実行される。

8. 関数（手続）とは，処理のまとまりを定義して呼び出せるものである。

9. 大域変数（グローバル変数）とはプログラムのどこからでも参照できる変数である。

10. 関数（手続）の内部だけで参照できる変数をローカル変数という。

11. 条件分岐と繰返しの組合せで，どんなアルゴリズムも実現できる。

12. アルゴリズムを理解するには，トレースが重要である。

演習問題

演習問題にチャレンジ

（FE 科目 B 試験サンプル問題※ 問 1）

問1　次のプログラム中の 　　　　　 に入れる正しい答えを，解答群の中から選べ。

　　ある施設の入場料は，0 歳から 3 歳までは 100 円，4 歳から 9 歳までは 300 円，10 歳以上は 500 円である。関数 fee は，年齢を表す 0 以上の整数を引数として受け取り，入場料を返す。

〔プログラム〕

```
○整数型: fee(整数型: age)
 整数型: ret
 if (age が 3 以下)
   ret ← 100
 elseif ( ☐ )
   ret ← 300
 else
   ret ← 500
 endif
 return ret
```

解答群

ア　(age が 4 以上) and (age が 9 より小さい)

イ　(age が 4 と等しい) or (age が 9 と等しい)

ウ　(age が 4 より大きい) and (age が 9 以下)

エ　age が 4 以上

オ　age が 4 より大きい

カ　age が 9 以下

キ　age が 9 より小さい

※基本情報技術者試験（科目 B 試験）サンプル問題については，IPA のウェブサイトに掲載された時期によって，以下のように記載しています。

2022 年 4 月 25 日掲載：FE 科目 B 試験サンプル問題

2022 年 12 月 26 日掲載：FE 科目 B 試験サンプル問題セット

サンプル問題掲載 URL：https://www.jitec.ipa.go.jp/1_00topic/topic_20220425.html

（2023 年 3 月時点での情報です）

1 問題文をしっかりと読む

ある施設の入場料は，0 歳から 3 歳までは 100 円，4 歳から 9 歳までは 300 円，10 歳以上は 500 円である。関数 fee は，年齢を表す 0 以上の整数を引数として受け取り，入場料を返す。

2 プログラムの全体像を把握する

〔プログラム〕

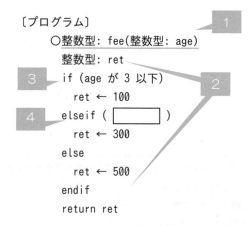

```
○整数型: fee(整数型: age)
  整数型: ret
  if (age が 3 以下)
    ret ← 100
  elseif (          )
    ret ← 300
  else
    ret ← 500
  endif
  return ret
```

1 問題文に入場料についての情報が記載されています。入場料は年齢が条件となり，次のように3段階に設定されていることが分かります。

■入場料詳細

条件（年齢）	入場料
0歳から3歳	100円
4歳から9歳	300円
10歳以上	500円

2 関数 fee についての情報が記載されています。年齢を引数にとり，その値は0以上の整数となります。また入場料を戻り値として返すことが分かります。

1 引数「age」は年齢を表すため0以上の整数値をとります。

2 整数型の変数「ret」は入場料が代入されて，戻り値となることが分かります。

3 条件分岐は全部で三つです。

4 この問題では，入場料が300円のときの条件が問われています。

3 プログラムをトレースする

〔プログラム〕

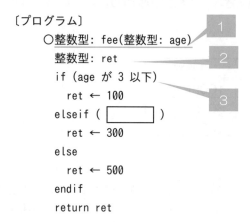

```
○整数型: fee(整数型: age)
  整数型: ret
  if (age が 3 以下)
    ret ← 100
  elseif (          )
    ret ← 300
  else
    ret ← 500
  endif
  return ret
```

4 解答を選択する

解答群

- ア （age が 4 以上）and （age が 9 より小さい）
- イ （age が 4 と等しい）or （age が 9 と等しい）
- ウ （age が 4 より大きい）and （age が 9 以下）
- エ age が 4 以上
- オ age が 4 より大きい
- カ age が 9 以下
- キ age が 9 より小さい

1 整数型の引数「age」を受け取り，関数 fee が実行されます。

2 戻り値となる整数型の変数「ret」が宣言されています。この時点では未定義となります。

3 条件分岐によって ret に数値が設定されます。この数値は入場料です。条件と ret に設定される値を整理すると，次の表となります。

条件	ret
age が 3 以下	100
	300
上記以外	500

空欄には入場料が 300 となる条件が入ることが分かります。

問題文より，入場料が 300 円となる条件は，年齢が 4 歳から 9 歳までであることが分かります。この条件をそのままプログラムに置き換えると，

(age が 4 以上) and (age が 9 以下)

となります。しかし，解答群にはこの条件と一致する解答がありません。

そこで，if 文の最初の条件分岐を考えてみます。最初の条件分岐は，

(age が 3 以下)

となっており，age が 4 より小さい場合は，最初の条件分岐で処理されます。つまり，2 番目の条件分岐には，age が 4 以上の場合にだけ到達します。したがって，必ず age は 4 以上となるため，(age が 4 以上)の条件が必要ないことが分かります。

あらためて解答群を見てみると，「age が 9 以下」となる（カ）が正解であることが分かります。

正解　カ

演習問題にチャレンジ

（オリジナル問題 813468）

問2　次のプログラム中の　　a　　　～　　c　　に入れる正しい答えの組合せを，解答群の中から選べ。

　関数 bmi は，身長と体重を表す 0 より大きい実数を受け取り，身長と体重から BMI を求め，BMI の値によって肥満度を表す文字列を返す。

　BMI は，BMI ＝ 体重 kg ／（身長 m × 身長 m）で求めることができる。BMI と肥満度の関係を表に示す。

表　BMI と肥満度の関係

BMI	肥満度
18.5 未満	痩せ
18.5 以上～25.0 未満	普通体重
25.0 以上～30.0 未満	肥満（1 度）
30.0 以上～35.0 未満	肥満（2 度）
35.0 以上～40.0 未満	肥満（3 度）
40.0 以上	肥満（4 度）

〔プログラム〕　注記　設問のため，網掛け部分を省略している。

```
○文字列型: bmi(実数型: weight, 実数型: height)
  実数型: bmi ← weight ÷ (height × height)
  文字列型: ret
  if (            )
    ret ← "肥満（4 度）"
  elseif (            )
    ret ← "肥満（3 度）"
  elseif (            )
    ret ← "肥満（2 度）"
  elseif (            )
    ret ← "肥満（1 度）"
```

```
elseif (    a    )
    ret ← "    b    "
else
    ret ← "    c    "
endif
return ret
```

解答群

	a	b	c
ア	bmi ＞ 18.5	痩せ	普通体重
イ	bmi ＞ 18.5	普通体重	痩せ
ウ	bmi ≦ 18.5	痩せ	普通体重
エ	bmi ≦ 18.5	普通体重	痩せ
オ	bmi ＜ 18.5	痩せ	普通体重
カ	bmi ＜ 18.5	普通体重	痩せ

問題文をしっかりと読む

　関数 bmi は，身長と体重を表す 0 より大きい実数を受け取り，身長と体重から BMI を求め，BMI の値によって肥満度を表す文字列を返す。

　BMI は，BMI ＝ 体重 kg／（身長 m × 身長 m）で求めることができる。BMI と肥満度の関係を表に示す。

表　BMI と肥満度の関係

BMI	肥満度
18.5 未満	痩せ
18.5 以上～25.0 未満	普通体重
25.0 以上～30.0 未満	肥満（1 度）
30.0 以上～35.0 未満	肥満（2 度）
35.0 以上～40.0 未満	肥満（3 度）
40.0 以上	肥満（4 度）

1 　関数 bmi の引数は，身長と体重を表す「実数」であり，0より大きいことが示されています。

2 　関数 bmi の戻り値は，肥満度を表す「文字列」であることが示されています。関数を理解するために，まずは関数の引数の型と意味，戻り値の型と意味をしっかりと把握することが重要です。

3 　BMI の計算式が示されています。引数の体重の単位が「kg」，身長の単位が「m」であることが分かります。

4 　BMI と肥満度の関係が表で示されています。問題のプログラムは条件分岐が穴埋めとなっているため，この表が問題を解くポイントになります。

Part2

Chap

2

プログラムの基本要素

2 プログラムの全体像を把握する

〔プログラム〕　注記　設問のため，網掛け部分を省略している。

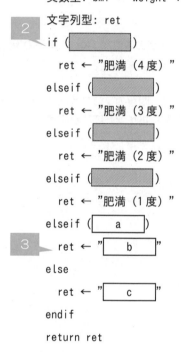

```
1  ○文字列型: bmi(実数型: weight, 実数型: height)
      実数型: bmi ← weight ÷ (height × height)
      文字列型: ret
2    if (              )
        ret ← "肥満（4 度）"
      elseif (          )
        ret ← "肥満（3 度）"
      elseif (          )
        ret ← "肥満（2 度）"
      elseif (          )
        ret ← "肥満（1 度）"
      elseif (    a    )
3       ret ← "   b   "
      else
        ret ← "   c   "
      endif
      return ret
```

1　BMI を計算によって求めています。引数の値がそのまま使用されています。

2　条件分岐で肥満度を表す文字列を戻り値に代入しています。条件はすべて空欄になっていますが，「BMI と肥満度の関係」の表を基に，BMI によって戻り値が変わる条件分岐となっていることが想像できます。

3　条件分岐の最後では，出力される文字列も空欄になっています。条件と併せて検討する必要があります。

3 プログラムをトレースする

表　BMI と肥満度の関係

BMI	肥満度
18.5 未満	痩せ
18.5 以上～25.0 未満	普通体重
25.0 以上～30.0 未満	肥満（1 度）
30.0 以上～35.0 未満	肥満（2 度）
35.0 以上～40.0 未満	肥満（3 度）
40.0 以上	肥満（4 度）

〔プログラム〕　注記　設問のため，網掛け部分を省略している。

○文字列型: bmi(実数型: weight, 実数型: height)
実数型: bmi ← weight ÷ (height × height)
文字列型: ret
if (　　　　　　　)
　ret ← "肥満（4 度）"
elseif (　　　　　　)
　ret ← "肥満（3 度）"
elseif (　　　　　　)
　ret ← "肥満（2 度）"
elseif (　　　　　　)
　ret ← "肥満（1 度）"
elseif (　　a　　)
　ret ← "　　b　　"
else
　ret ← "　　c　　"
endif
return ret

1 　プログラムをトレースする際に重要となるのが，表で示されている「BMI と肥満度の関係」です。関数 bmi に体重と身長を与えて計算された BMI の値と，出力される文字列は，この表に示されている通りになる必要があります。

　体重と身長から求められた具体的な BMI の値と，実際に出力される肥満度の文字列を，次の表に示します。このとき，境界条件が「以上」なのか「より大きい」なのか，「以下」なのか「未満」なのかをしっかりと確認し，その値が含まれるのかどうかに注意する必要があります。

具体的な BMI の値	肥満度
18.4	痩せ
18.5	普通体重
18.6	普通体重
24.9	普通体重
25.0	肥満（1 度）
25.1	肥満（1 度）
29.9	肥満（1 度）
30.0	肥満（2 度）
30.1	肥満（2 度）
34.9	肥満（2 度）
35.0	肥満（3 度）
35.1	肥満（3 度）
39.9	肥満（3 度）
40.0	肥満（4 度）
40.1	肥満（4 度）

　解答を選択したあとは，実際に BMI へ値を入れながら，プログラムの実行結果がこの表の結果のとおりになるかどうかを確認しましょう。

🎓4 解答を選択する

〔プログラム〕　注記　設問のため，網掛け部分を省略している。

○文字列型: bmi(実数型: weight, 実数型: height)

実数型: bmi ← weight ÷ (height × height)

文字列型: ret

（中略）

elseif (　　　　　　)

　ret ← ”肥満（1 度）”

elseif (　　a　　)

　ret ← ”　b　”

else

　ret ← ”　c　”

endif

return ret

解答群

	a	b	c
ア	bmi > 18.5	痩せ	普通体重
イ	bmi > 18.5	普通体重	痩せ
ウ	bmi ≦ 18.5	痩せ	普通体重
エ	bmi ≦ 18.5	普通体重	痩せ
オ	bmi < 18.5	痩せ	普通体重
カ	bmi < 18.5	普通体重	痩せ

これまでのプログラムと解答群から，空欄 b と空欄 c は，「痩せ」と「普通体重」のいずれかであることが分かります。肥満度が「肥満（1 度）」となる条件も空欄になっていますが，「肥満（2 度）」までの条件に一致せずに「肥満（1 度）」となるには，BMI が 25 以上である「bmi ≧ 25.0」が入ることが想定されます。

空欄 b が「普通体重」だとすると，空欄 a には BMI が 18.5 以上を表す「bmi ≧ 18.5」が入ればよいですが，この条件が解答群にありません。となると空欄 b は「痩せ」となり，空欄 a は「bmi ＜ 18.5」となればよいことが分かります。残る空欄 c は「普通体重」となり，正解は（オ）となります。

BMI が 18.5 の境界で出力結果がどうなるか，解答群を空欄に当てはめて，トレースしましょう。

出力されるべき値

具体的な BMI の値	肥満度
18.4	痩せ
18.5	普通体重

トレース結果

解答群	空欄 a	空欄 b	空欄 c	BMI の値	肥満度の結果	判別
ア	bmi ＞ 18.5	痩せ	普通体重	18.4	普通体重	×
	bmi ＞ 18.5	痩せ	普通体重	18.5	普通体重	○
イ	bmi ＞ 18.5	普通体重	痩せ	18.4	痩せ	○
	bmi ＞ 18.5	普通体重	痩せ	18.5	痩せ	×
ウ	bmi ≦ 18.5	痩せ	普通体重	18.4	痩せ	○
	bmi ≦ 18.5	痩せ	普通体重	18.5	痩せ	×
エ	bmi ≦ 18.5	普通体重	痩せ	18.4	普通体重	×
	bmi ≦ 18.5	普通体重	痩せ	18.5	普通体重	○
オ	bmi ＜ 18.5	痩せ	普通体重	18.4	痩せ	○
	bmi ＜ 18.5	痩せ	普通体重	18.5	普通体重	○
カ	bmi ＜ 18.5	普通体重	痩せ	18.4	普通体重	×
	bmi ＜ 18.5	普通体重	痩せ	18.5	痩せ	×

正解：オ

演習問題にチャレンジ

（オリジナル問題 813469）

問3　次のプログラム中の　　a　　と　　b　　に入れる正しい答えの組合せを，解答群の中から選べ。

　　　関数 calendar は指定された年月のカレンダーを表示する処理である。カレンダーは月曜日始まりで，1週間ごとに改行して出力する。関数 numberOfWeeks は，指定された年月の週の数を返す。関数 lastDay は，指定された年月の月末最終日を返す。関数 dayOfWeek は，指定された年月の一日の曜日を返す。曜日は，月曜日が1，日曜日が7となる整数で表す。

〔プログラム〕
```
○calendar(整数型: year, 整数型: month)
    整数型: n ← numberOfWeeks(year, month) // 週の数を取得
    整数型: l ← lastDay(year, month) // 月末最終日を取得
    整数型: dow ← dayOfWeek(year, month) // 一日の曜日を取得
    整数型: day ← 1
    整数型: i, j
    "月 火 水 木 金 土 日"を出力する
    for (i を        a        )
      for (j を        b        )
        if ((i が 1 と等しい) and (j が dow より小さい))
          空白を出力する
        elseif ((i が n と等しい) and (day が l より大きい))
          空白を出力する
        else
          day を 出力する
          day ← day + 1
        endif
      endfor
      改行を出力する
    endfor
```

出力例：関数 calendar 引数に 2023，4 を指定して実行

```
月  火  水  木  金  土  日
                     1   2
 3   4   5   6   7   8   9
10  11  12  13  14  15  16
17  18  19  20  21  22  23
24  25  26  27  28  29  30
```

解答群

	a	b
ア	1 から l まで 1 ずつ増やす	1 から 7 まで 1 ずつ増やす
イ	1 から l まで 1 ずつ増やす	1 から dow まで 1 ずつ増やす
ウ	1 から l まで 1 ずつ増やす	1 から n まで 1 ずつ増やす
エ	1 から n まで 1 ずつ増やす	1 から 7 まで 1 ずつ増やす
オ	1 から n まで 1 ずつ増やす	1 から dow まで 1 ずつ増やす
カ	1 から n まで 1 ずつ増やす	1 から l まで 1 ずつ増やす

1 問題文をしっかりと読む

関数 calendar は指定された年月のカレンダーを表示する処理である。
カレンダーは月曜日始まりで，1 週間ごとに改行して出力する。関数
numberOfWeeks は，指定された年月の週の数を返す。関数 lastDay は，指
定された年月の月末最終日を返す。関数 dayOfWeek は，指定された年月の
一日の曜日を返す。曜日は，月曜日が 1，日曜日が 7 となる整数で表す。

1 関数 calendar の仕様が示されており，引数に年月を受け取り，カレンダーを表示する処理であることが分かります。

2 カレンダーが月曜日始まりであること（日曜日始まりではないこと），1週間ごとに改行して出力する（1週が1行である）ことが分かります。

3 関数 numberOfWeeks の仕様が示されており，引数に年月を受け取り，その年月の週の数を返すことが分かります。

4 関数 lastDay の仕様が示されており，引数に年月を受け取り，その年月の月末最終日を返すことが分かります。

5 関数 dayOfWeek の仕様が示されており，引数に年月を受け取り，その年月の一日の曜日を返すことが分かります。

6 曜日は月曜日が1，日曜日が7の整数であることが分かります。

関数の仕様を次の表に整理します。

関数	引数	戻り値
calendar	年，月	なし
numberOfWeeks	年，月	週の数
lastDay	年，月	月末最終日
dayOfWeek	年，月	一日の曜日

2 プログラムの全体像を把握する

〔プログラム〕

```
1  ○calendar(整数型: year, 整数型: month)
2    整数型: n ← numberOfWeeks(year, month) // 週の数を取得
     整数型: l ← lastDay(year, month) // 月末最終日を取得
     整数型: dow ← dayOfWeek(year, month) // 一日の曜日を取得
     整数型: day ← 1
     整数型: i, j
3    "月 火 水 木 金 土 日"を出力する
     for(i を        a        )
4      for(j を        b        )
5        if((i が 1 と等しい) and (j が dow より小さい))
           空白を出力する
6        elseif((i が n と等しい) and (day が l より大きい))
           空白を出力する
         else
7          day を 出力する
           day ← day + 1
         endif
       endfor
8      改行を出力する
     endfor
```

1 　関数 calendar が宣言されています。戻り値はなしで，引数に年と月を表す整数を受け取ります。つまり，2023 年 4 月のカレンダーを出力するのであれば，「2023」と「4」の数字を引数に与えます。

2 　各変数の初期化を行っています。関数 calendar に渡された年月を基に，用意されている関数を使って，週の数，月末最終日，一日の曜日を取得しています。これらの情報がカレンダーを表示する際に必要となります。

3 　カレンダー表示のヘッダを出力しています。問題文に指定されているように，曜日は月曜日から始まります。

4 　for 文による繰返しが二重に定義されています。これはネスト構造と呼ばれるもので，1 段目の繰返しの 1 回ごとに，2 段目の繰返しが全て行われます。繰返しの継続条件が空欄となっており，1 段目と 2 段目の繰返しが，それぞれ何の繰返しなのかが問われています。

5 　1 段目の繰返しが 1 回目（最初の週）で，変数 j が一日の曜日よりも小さい場合に空白を出力しています。これはカレンダーの最初の空白を出力する処理だと推測できます。

6 　1 段目の繰返しが n 回目（最終週）で，変数 day が月末最終日よりも大きい場合に空白を出力しています。これはカレンダーの最後の空白を出力する処理だと想定できます。

7 　カレンダーに表示する日付を出力しています。

8 　2 段目の繰返しが終わった後に，改行を出力しています。これは問題文中の「1 週間ごとに改行して出力する」処理だと想定できます。つまり，2 段目の繰返しは 1 週間分の繰返しであることが推測できます。

3 プログラムをトレースする

〔プログラム〕

```
○calendar(整数型: year, 整数型: month)
  整数型: n ← numberOfWeeks(year, month) // 週の数を取得
  整数型: l ← lastDay(year, month) // 月末最終日を取得
  整数型: dow ← dayOfWeek(year, month) // 一日の曜日を取得
  整数型: day ← 1
  整数型: i, j
  "月 火 水 木 金 土 日"を出力する
  for(i を [        a        ])
    for(j を [        b        ])
      if((i が 1 と等しい) and (j が dow より小さい))
        空白を出力する
      elseif((i が n と等しい) and (day が l より大きい))
        空白を出力する
      else
        day を 出力する
        day ← day + 1
      endif
    endfor
    改行を出力する
  endfor
```

出力例：関数 calendar 引数に 2023, 4 を指定して実行

```
月  火  水  木  金  土  日
                  1   2
 3   4   5   6   7   8   9
10  11  12  13  14  15  16
17  18  19  20  21  22  23
24  25  26  27  28  29  30
```

　問題に出力例として示されているように，関数 calender に「2023, 4」を
与えて，2023 年 4 月のカレンダーを出力する処理をトレースしてみましょう。

1　それぞれの関数に「2023, 4」を与えて実行した結果，各変数は次のように
初期化されます。それぞれの関数のプログラムは示されていませんが，問題文
の説明のとおりに値を返すものとします。

変数	値	説明
n	5	2023年4月は5週あるので，「5」で初期化される
l	30	2023年4月の月末最終日は30日なので，「30」で初期化される
dow	6	2023年4月1日は土曜日であるため，「6」で初期化される

2　「月　火　水　木　金　土　日」が出力されます。1 度だけ実行されます。

3　継続条件が不明ですが，i が 1 から 1 つずつ増えると仮定して次に進みます。

4　継続条件が不明ですが，j が 1 から 1 ずつ増えると仮定して次に進みます。

5　最初は i が 1 なので，この条件で j が dow より小さい間，空白を出力します。

6　j が dow 以上になると，カレンダーの日付を出力します。

7　j の繰返し条件の最後まで到達すると 2 段目の for 文を抜けて，改行を出力
します。これが 1 週目の出力です。i が 2 となって 2 周目の出力が行われます。

8　i が n となって day が 30 より大きい場合には空白を出力します。これがカ
レンダーの最終週の出力となります。i と j の関係は，次のとおりです。

4 解答を選択する

解答群

	a	b
ア	1 から l まで 1 ずつ増やす	1 から 7 まで 1 ずつ増やす
イ	1 から l まで 1 ずつ増やす	1 から dow まで 1 ずつ増やす
ウ	1 から l まで 1 ずつ増やす	1 から n まで 1 ずつ増やす
エ	1 から n まで 1 ずつ増やす	1 から 7 まで 1 ずつ増やす
オ	1 から n まで 1 ずつ増やす	1 から dow まで 1 ずつ増やす
カ	1 から n まで 1 ずつ増やす	1 から l まで 1 ずつ増やす

　トレース結果から，1 段目の繰返しは縦方向の週ごとの繰返しであることが分かります。また，2 段目の繰返しは，横方向の月曜日から日曜日までの繰返しであることが分かります。

　i の継続条件は，その年月の週の数となるべきなので，「1 から n まで 1 ずつ増やす」となることが分かります。

　j の継続条件は，月曜日から日曜日の 7 日分となるべきなので，「1 から 7 まで 1 ずつ増やす」となることが分かります。

　したがって正解は（エ）となります。

正解：エ

演習問題にチャレンジ

（オリジナル問題 813470）

問4　次のプログラム中の　　a　　と　　b　　に入れる正しい答えの組合せを，解答群の中から選べ。

　関数 leapYear はうるう年を判別する処理である。引数に与えられた西暦年号を表す整数型の変数 year が，うるう年の場合に真を返す。うるう年の判別は以下の順に行う。

① 　西暦年号が 4 で割り切れない年はうるう年でない。

② 　西暦年号が 100 で割り切れて 400 で割り切れない年はうるう年でない。

③ 　①，②以外のとき，うるう年である。

　関数 testLeapYear は，関数 leapYear のテストプログラムである。関数 leapYear を全ての処理を通るように実行して，関数 leapYear の処理結果が全て正しかった場合に真を返す。現在は真を返すようにプログラムが構成されている。

〔プログラム〕
```
○論理型：leapYear(整数型： year)
　論理型：ret
　if (year mod 4 が 0 と等しくない)
　　ret ← false
　elseif ((year mod 100 が 0 と等しい) and (year mod 400 が 0 と
等しくない))
　　ret ← false
　else
　　ret ← true
　endif
　return ret

○論理型：testLeapYear()
　整数型の配列： a ← {　　a　　}
```

整数型の配列: b ← { [____b____] }
整数型: i

```
for (i を 1 から a の要素数 まで 1 ずつ増やす)
  if (leapYear(a[i]))
    return false
  endif
endfor

for (i を 1 から b の要素数 まで 1 ずつ増やす)
  if (not leapYear(b[i]))
    return false
  endif
endfor
return true
```

解答群

	a	b
ア	1900, 2000	2020, 2022
イ	1900, 2022,	2000, 2020
ウ	2000, 2020	1900, 2022
エ	2000, 2022	1900, 2020

問題文をしっかりと読む

1

　関数 leapYear はうるう年を判別する処理である。引数に与えられた西暦年号を表す整数型の変数 year が，うるう年の場合に真を返す。うるう年の判別は以下の順に行う。

2

3

4
　　① 西暦年号が 4 で割り切れない年はうるう年でない。
　　② 西暦年号が 100 で割り切れて 400 で割り切れない年はうるう年でない。
　　③ ①，②以外のとき，うるう年である。

5

　関数 testLeapYear は，関数 leapYear のテストプログラムである。関数 leapYear を全ての処理を通るように実行して，関数 leapYear の処理結果が全て正しかった場合に真を返す。現在は真を返すようにプログラムが構成されている。

6

1　関数 leapYear はうるう年を判別する処理であることが示されています。

2　関数 leapYear に渡す引数は西暦年号を表す整数であることが分かります。例えば 2022 年の場合は「2022」の数字が渡されます。

3　関数 leapYear はうるう年の場合に真（true）を返す（うるう年以外の場合には偽（false）を返す）ことが分かります。

4　うるう年かどうかを判別する条件が示されています。しっかりと理解しておきましょう。うるう年の条件を整理すると次の表のようになります。

西暦年号	うるう年かどうか	説明
2022	うるう年ではない	4で割り切れない
2020	うるう年である	4で割り切れる
2000	うるう年である	4で割り切れる（100でも400でも割り切れる）
1900	うるう年でない	100で割り切れるが400で割り切れない

5　関数 testLeapYear は関数 leapYear のテストプログラムです。テストプログラムとは，テスト対象のプログラムを実際に実行して，想定した結果となることを確認するためのプログラムです。関数 testLeapYear は関数 leapYear が正しく実装されていることを確認します。

6　関数 testLeapYear の処理結果が示されています。「関数 leapYear を全ての処理を通るように実行して，関数 leap Year の処理結果が全て正しかった場合に真を返す」とあるので，1 件でも結果が正しくなかった場合は偽（false）を返します。

2 プログラムの全体像を把握する

〔プログラム〕

1
```
○論理型：leapYear(整数型： year)
  論理型：ret
  if (year mod 4 が 0 と等しくない)
    ret ← false
  elseif ((year mod 100 が 0 と等しい) and (year mod 400 が 0 と
等しくない))
2   ret ← false
  else
    ret ← true
  endif
  return ret
```

3
```
○論理型：testLeapYear()
  整数型の配列: a ← {[      a      ]}
4 整数型の配列: b ← {[   b   ]}
  整数型: i

  for (i を 1 から a の要素数 まで 1 ずつ増やす)
    if (leapYear(a[i]))
5     return false
    endif
  endfor

  for (i を 1 から b の要素数 まで 1 ずつ増やす)
    if (not leapYear(b[i]))
6     return false
    endif
  endfor
7 return true
```

1 　関数 leapYear が宣言されており，引数は整数型，戻り値は true か false を返す論理型になっています。

2 　うるう年を判別する処理です。判別結果を変数 ret に格納して，変数 ret が返されます。この後の関数 testLeapYear では，この部分の処理を確認します。

3 　関数 testLeapYear が宣言されており，引数はなしで，戻り値は論理型となっています。問題文から，関数 leapYear をテストして，全てのテスト結果がOK となったら true を返すことが分かります。

4 　二つの整数型の配列を初期化していますが，初期化する値が空欄になっており，この値が問われています。この配列が，そのままテスト処理で使用されます。

5 　配列 a の繰返し処理となっています。配列 a の値を順に関数 leapYear に渡して，結果が true だった場合に false を返す処理となっています。つまり，配列 a には，関数 leapYear の結果が false となる値（うるう年ではない西暦年号）が想定されており，結果が想定外の true になったときに false を返すことで，テスト失敗として関数 testLeapYear を終了します。

6 　配列 b の繰返し処理となっています。ここでは，関数 leapYear の結果が「not」で反転されているため，関数 leapYear の結果が true になる値（うるう年の西暦年号）を想定しています。

7 　ここまでの処理で false が返される（テストが失敗する）ことなく，最後まで到達した場合に，"テスト OK" として "true" を返します。

3 プログラムをトレースする

〔プログラム〕
　　○論理型：leapYear(整数型： year)
　　　論理型：ret
　　　if (year mod 4 が 0 と等しくない)
　　　　ret ← false
　　　elseif ((year mod 100 が 0 と等しい) and (year mod 400 が 0 と
等しくない))
　　　　ret ← false
　　　else
　　　　ret ← true
　　　endif
　　　return ret

　　○論理型：testLeapYear()
　　　整数型の配列： a ← {｜　　　a　　　｜}
　　　整数型の配列： b ← {｜　　　b　　　｜}
　　　整数型： i
　　　for (i を 1 から aの要素数 まで 1 ずつ増やす)
　　　　if (leapYear(a[i]))
　　　　　return false
　　　　endif
　　　endfor

　　　for (i を 1 から bの要素数 まで 1 ずつ増やす)
　　　　if (not leapYear(b[i]))
　　　　　return false
　　　　endif
　　　endfor
　　　return true

関数 leapYear に解答群に示されている西暦年号を与えた場合の処理結果を，トレースしてみましょう。

西暦年号	処理結果
2022	4で割り切れないので①の条件が真となり，falseを返す
2020	4で割り切れるので①の条件が偽となる 100で割り切れないので②の条件が偽となる ④のelseに到達して，trueを返す
2000	4で割り切れるので①の条件が偽となる 100で割り切れるので②の条件が真となる 400で割り切れるので③の条件が偽となる ④のelseに到達して，trueを返す
1900	4で割り切れるので①の条件が偽となる 100で割り切れるので②の条件が真となる 400で割り切れないので③の条件が真となり，falseを返す

関数 testLeapYear の配列 a と配列 b にそれぞれの値を入れた結果をトレースしてみましょう。

西暦年号	leapYear	配列aに入れた結果 （⑤の条件）	配列bに入れた結果 （⑥の条件）
2022	false	偽	真
2020	true	真	偽
2000	true	真	偽
1900	false	偽	真

4 解答を選択する

解答群

	a	b
ア	1900, 2000	2020, 2022
イ	1900, 2022,	2000, 2020
ウ	2000, 2020	1900, 2022
エ	2000, 2022	1900, 2020

　関数 testLeapYear のテスト結果が全て OK となって true を返すためには，配列 a にはうるう年以外，配列 b にはうるう年となる西暦年号が入る必要があります。解答群をそれぞれ確認してみましょう。

ア：配列 a の 2000 はうるう年のため，誤りである。
イ：配列 a の要素は全てうるう年以外で，配列 b の要素は全てうるう年となっており，正しい。
ウ：配列 a の 2000 も 2020 もうるう年であるため，誤りである。
エ：配列 a の 2000 がうるう年であるため，誤りである。

正解：イ

Chapter 3

データ構造

⚙1 「配列」とは変数を並べたもの

Chapter 2 では，「変数」という入れ物について学びました。
変数の箱を並べたものが「配列」です。変数を並べて配列にすると，
まとめて定義でき，「繰返し」で処理できるようになります。

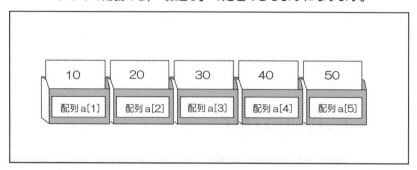

　上の例を見てみましょう。整数型の変数が五つ集まった配列である「配列 a」
を表しています。配列の各要素には，10〜50 の整数が代入されており，各要
素は配列名に「要素番号」を指定すると参照できます。例えば，配列 a[2]（配
列 a の要素番号 2）は 20 となります。
　配列を擬似言語で表すと次のようになります。

擬似言語の表記	説明
〇〇型の配列：配列名	指定された型で，配列を宣言する
配列名 ← {要素1，要素2，・・・}	指定した要素で，配列を初期化（値を入力）する
変数 ← 配列名[要素番号]	配列の指定した番号の要素を，変数に代入する

　要素番号は，0 から始まるのか，1 から始まるのかに注意をする必要があり
ます。上の例では，要素番号は 1 から始まっています。通常は問題文中に指示
がありますので，見逃さないようにしましょう。
　上の例を擬似言語で表すと，次のようになります。

```
整数型：配列a  ← { 10, 20, 30, 40, 50 }  // ①
整数型：変数1  ← 配列a[2]  // ②
```

① 整数型の配列 a を宣言し，10〜50 の五つの要素で初期化しています。
② 変数 1 に配列 a の 2 番目の要素を代入し，変数 1 は「20」となります。

なぜ配列が必要なのでしょうか。スーパーで買い物をした 100 人の顧客の平均客単価を求める場合を考えてみましょう。

■配列を使わない場合

```
客１の売上 ← 1000（円）
客２の売上 ← 1010
 ・
 ・
客 100 の売上 ← 3000
売上合計 ← 客１の売上 ＋ 客２の売上 ＋・・・＋ 客 100 の売上
平均客単価 ← 売上合計 ÷ 100
```

　配列を使わない場合は，100 個の変数を用意して，それぞれに顧客ごとの売上金額を代入し，100 個の変数を全て足し合わせて合計を求めてから，平均を求める必要があります。これだと，客数が増えるたびに，変数を増やす必要があり，平均を求める計算式も修正しなければなりません。また，客数が 1,000人，1 万人と増えた場合には，処理を書くのも大変となります。

■配列を使う場合

```
客の売上[1] ← 1000
客の売上[2] ← 1010
 ・
 ・
客の売上[100] ← 3000
for (i を 1 から 客の売上の要素数 まで 1 ずつ増やす)
   売上合計 ← 売上合計 ＋ 客の売上[ i ]
endfor
平均客単価 ← 売上合計 ÷ 客の売上の要素数
```

　配列を使うと，顧客ごとの売上をまとめて定義することができ，合計処理は繰返しでシンプルに記述できます。配列の要素数を基に処理されるため，顧客数が増えても，平均客単価を求める計算を修正する必要がありません。

⚙2 配列を複数並べたものが 「二次元配列」

配列を二つ以上集めて並べたものが「二次元配列」です。いわば，配列の配列です。二次元配列によって，行と列の表形式のデータ構造を表せます。

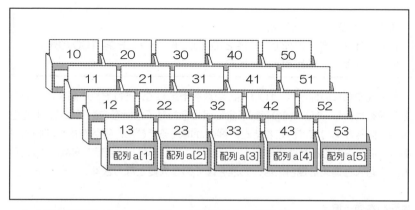

上の例を見てみましょう。五つの要素をもつ配列が，四つ集まっています。これは4行5列の表形式のデータ構造となっています。二次元配列を擬似言語で表すと次のようになります。

擬似言語の表記	説明
○○型配列の配列: 配列名　又は ○○型の二次元配列: 配列名	指定された型で，配列を宣言する
配列名 ← { { 要素1，要素2，・・・ }， 　　　　　{ 要素1，要素2，・・・ }， 　　　　　{ 要素1，要素2，・・・ }， 　　　　}	指定した要素で，二次元配列を初期化する
変数　←　配列名[行番号, 列番号]	指定した行番号，列番号の要素を，変数に代入する

前の例の二次元配列を擬似言語で表すと，次のようになります。

```
整数型配列の配列：配列a ← { { 10, 20, 30, 40, 50 },
                        { 11, 21, 31, 41, 51 },
                        { 12, 22, 32, 42, 52 },
                        { 13, 23, 33, 43, 53 }
                        }
```

二次元配列は，繰返しの中に繰返しのある，ネストした繰返しによってまとめて処理できます。ネストとは，ある構造の中に，同じ構造が入っている「入れ子」構造のことを指します。上の例の二次元配列の全ての値の合計を求めると，次のようになります。

```
整数型：i, j, 合計値 // ①
for (i を 1 から 配列aの行数 まで 1 ずつ増やす) // ②
  for (j を 1 から 配列aの列数 まで 1 ずつ増やす) // ③
      合計値 ← 合計値 + 配列a[ i, j ] // ④
  endfor
endfor
```

① 整数型の変数i, j, 合計値を宣言します。
② i を，1 から配列aの行数である4まで，1 ずつ増加させながら繰返し処理を実行します。つまり③は1 行ごとに4 回呼び出されます。
③ j を，1 から配列aの列数である5まで，1 ずつ増加させながら繰返し処理を実行します。つまり5 回の繰返し処理が行われます。②の1 行ごとの繰返しの中で，③の列ごとの繰返しを行うことで，二次元配列の全ての要素を順に処理します。
④ 変数「合計値」に，配列a[i, j]で示す二次元配列の要素を加算します。結果として，二次元配列の全ての要素が，一つずつ順に加算されます。

このように，二次元配列を使うことで，行と列の表形式のデータ構造を表すことができ，ネストした繰返しによって全体を処理することができます。

⚙3 オブジェクト指向はクラス（型）とインスタンス（モノ）で表現する

「クラス」とは，変数や関数が集まった「型」です。その「型」から作られた「モノ（実体）」が「インスタンス」です。クラスとインスタンスでプログラムを実現するのが「オブジェクト指向」です。

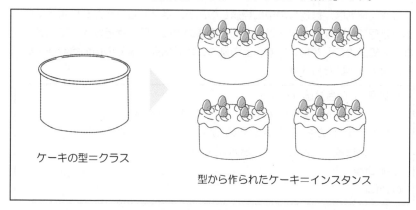

ケーキの型＝クラス

型から作られたケーキ＝インスタンス

　ケーキを例に考えてみましょう。丸いケーキの型があります。この型に，スポンジケーキの材料を入れてオーブンで焼くことで，ケーキができます。この型が「クラス」，型から作られたケーキが「インスタンス」です。型はあくまでも形だけで，実体はありません。一つの型から，同じ型のケーキを複数作ることができ，それぞれは別のケーキです。同じように一つのクラスから複数のインスタンスを生成することができ，それぞれのインスタンスは別のモノとなります。

　「クラス」は，変数と関数の集まりです。変数と関数を一まとまりにすることで，様々な処理を実現します。クラスにおける変数を「メンバ変数」，クラスにおける関数を「メソッド」と呼びます。クラスからインスタンスを生成する特別なメソッドを「コンストラクタ」と呼びます。クラス内のメンバ変数は，インスタンスではインスタンス変数と呼びます。クラスとインスタンスの関係を次に示します。

クラス	インスタンス
・コンストラクタ ・メンバ変数 ・メソッド	・インスタンス変数 ・メソッド

クラスとインスタンスを擬似言語で表すと，次のようになります。

擬似言語の表記	説明
クラス名(引数)	コンストラクタ（クラスからインスタンスを生成する特別なメソッド）
クラス名：変数名 ← クラス名(引数)	コンストラクタを呼び出し，生成したインスタンスを変数に代入する
○○型：変数名	メンバ変数（クラスにおける変数）
メソッド(引数)	メソッド（クラスにおける関数）
変数名.メンバ変数	インスタンスの変数を呼び出す
変数名.メソッド(引数)	インスタンスのメソッドを呼び出す

擬似言語でケーキクラスを表してみましょう。

擬似言語の表記	説明
Cake(卵, 小麦粉, 牛乳)	コンストラクタ（指定した材料でCakeクラスのインスタンスを生成する）
cake ← Cake(卵, 小麦粉, 牛乳)	コンストラクタを呼び出し，生成したインスタンスを変数に代入する（変数cakeから生成したインスタンスが参照できるようになる）
整数型： expiry_days	メンバ変数（賞味期限までの日数）
add_message(文字列型)	メソッド（指定した文字のメッセージプレートを追加する）
cake.expiry_days	インスタンスの変数を呼び出す（cakeの賞味期限までの日数を取得する）
cake.add_message("誕生日おめでとう")	インスタンスのメソッドを呼び出す（cakeにメッセージを追加する）

⚙4 変数には「インスタンスへの参照」が代入される

クラスから生成したインスタンスを変数に代入すると，インスタンスへの参照が代入されます。参照は，インスタンスそのものを表します。

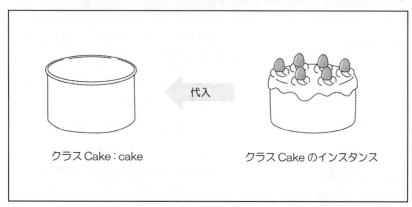

クラス Cake：cake　　　　　　　クラス Cake のインスタンス

　クラス Cake のインスタンスを生成して，クラス Cake 型の変数 cake に代入する例を見てみましょう。変数 cake には，クラス Cake のインスタンスへの参照が代入されます。参照が代入されることで，変数 cake はインスタンスそのものとして扱うことができ，変数 cake からインスタンス変数やメソッドを呼び出せます。さらに参照を他の変数に代入することもできます。
　擬似言語での記述例を次に示します。

```
Cake：cake1, cake2  // クラス Cake 型の変数 cake1 と cake2 を宣言する
cake1 ← Cake(卵，小麦粉，牛乳) // Cake インスタンスを生成して変数cake1 に代入する
cake2 ← cake1 // cake1 を cake2 に代入する ＝ cake1 と cake2 は同じインスタンスを参照する

// 以下は同じインスタンスの同じメソッドを呼び出し，同じ結果となる
cake1.add_message（"誕生日おめでとう"）//メッセージを追加する
cake2.add_message（"誕生日おめでとう"）//メッセージを追加する
```

⚙5 「継承」でクラスの機能を
　　　　拡張できる

元のクラスの特徴（メンバ変数やメソッド）を引き継いだまま，機能を拡張させることを継承といいます。引き続き，ケーキを例に考えてみましょう。

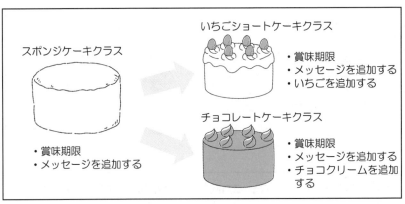

スポンジケーキクラスを継承して，いちごショートケーキクラスとチョコレートケーキクラスを作っています。元のスポンジケーキクラスがもっていた，メンバ変数：賞味期限と，メソッド：メッセージを追加する，はそのまま継承先のクラスにも引き継がれます。いちごショートケーキクラスには，新たに「いちごを追加する」機能を追加しています。チョコレートケーキクラスには，新たに「チョコクリームを追加する」機能を追加しています。このように，継承元のクラスの特徴を引き継いだまま，クラスの機能を拡張するのが継承です。

⚙6 「リスト」は高機能な配列

前節までに学んだ「クラス」を使って，様々なデータ構造が表現できます。配列と同様に，要素を並べて一まとまりにした構造がリストです。配列がもつ特徴に加えて，途中の要素の追加・削除が可能です。

代表的な「リスト」として，単方向リストと双方向リストがあります。単方向リストは，リストの連結方向が一方向だけで，先頭から最後まで順に要素をたどることができます。上の図のように，リレーでは，一方向にだけバトンを渡しますが，そのイメージです。対して双方向リストは，リストの連結方向が双方向になっており，先頭から最後，最後から先頭と，どちらの順でも要素をたどることができます。バスケットボールでは，左右どちらの相手にもパスが出せますが，そのイメージになります。リストの先頭と最後をつなげたものは循環リストと呼びます。

単方向リスト，双方向リストは，リストの一つ一つの要素をクラスで表すことで実現できます。

■単方向リストの例

クラス ListElement

メンバ変数	型	説明
val	文字型	リストに格納する文字
next	ListElement	リストの次の要素への参照

　クラス ListElementがリストの一つの要素を表します。各要素は，次の要素である ListElement インスタンスの「参照」を next に保持します。参照とは，次の要素「そのもの」が格納されているのと同じ意味を表します。つまり，next で次の要素を取得できます。

単方向リストの最後に要素を追加するプログラムの例

大域: ListElement: listHead ← 未定義の値 // ①
○append(文字型: val)
　ListElement: prev, curr
　curr ← ListElement(val) // ②
　if (listHead が 未定義) // ③
　　listHead ← curr
　else
　　prev ← listHead // ④
　　while (prev.next が 未定義でない) // ⑤
　　　prev ← prev.next
　　endwhile
　　prev.next ← curr // ⑥
　endif
	① リストの先頭の要素
	② 追加する要素のインスタンスを生成
	③ リストが空の場合は，先頭の要素に参照を代入して終了
	④ リストが空でない場合は，先頭要素の参照をいったん prev に代入する
	⑤ prev.next が未定義 ＝ 次の要素がない状態 ＝ 最後の要素 になるまで，先頭から順にたどる（prev に次の要素を代入し続ける）
	⑥ 最後の要素に②で生成した追加する要素を代入する

■双方向リストの例

クラス ListElement

メンバ変数	型	説明
val	文字型	リストに格納する文字
prev	ListElement	リストの前の要素への参照
next	ListElement	リストの次の要素への参照

クラス ListElement がリストの一つの要素を表します。各要素は，次の要素への参照をnextに保持し，前の要素への参照をprevに保持します。参照とは，ListElement のインスタンス「そのもの」が格納されているのと同じ意味を表します。つまり，next で次の要素，prev で前の要素を取得できます。

双方向リストの最後に要素を追加するプログラムの例

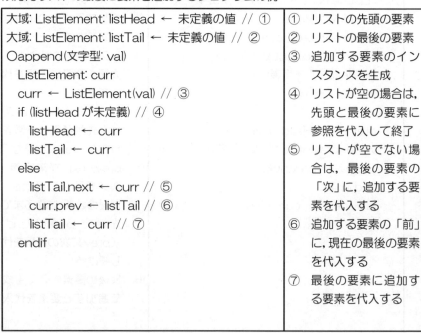

```
大域: ListElement: listHead ← 未定義の値 // ①
大域: ListElement: listTail ← 未定義の値 // ②
○append(文字型: val)
  ListElement: curr
  curr ← ListElement(val) // ③
  if (listHead が未定義) // ④
    listHead ← curr
    listTail ← curr
  else
    listTail.next ← curr // ⑤
    curr.prev ← listTail // ⑥
    listTail ← curr // ⑦
  endif
```

① リストの先頭の要素
② リストの最後の要素
③ 追加する要素のインスタンスを生成
④ リストが空の場合は，先頭と最後の要素に参照を代入して終了
⑤ リストが空でない場合は，最後の要素の「次」に，追加する要素を代入する
⑥ 追加する要素の「前」に，現在の最後の要素を代入する
⑦ 最後の要素に追加する要素を代入する

⚙7 後入れ先出しの「スタック」先入れ先出しの「キュー」

スタックとは，後入れ先出しのデータ構造です。キューとは，先入れ先出しのデータ構造です。

　スーパーでの買い物を例に，考えてみましょう。「スタック」は，積み上げられた買い物かごのイメージです。積み上げられた買い物かごは，一番上から取り出すことしかできません。後に追加した買い物かごほど上となって先に取り出されるので，「後入れ先出し」となります。

　「キュー」は，レジ待ちのイメージです。レジでは，先に並んだ人から順に会計するので，「先入れ先出し」となります。

　スタックとキューの構造のイメージを次に示します。スタックに値を入れることを Push（プッシュ），スタックから値を取り出すことを Pop（ポップ）と呼びます。キューに値を入れることを Enqueue（エンキュー），キューから値を取り出すことを Dequeue（デキュー）と呼びます。

　スタックとキューを使用したプログラムを擬似言語で表すと，次のようになります。

■スタックのプログラムの例

大域: 整数型: top ← 0 // ①	① 整数型の大域変数 top（一番上の要素番号）を宣言して0で初期化する
大域: 文字列型の配列: stack ← { } // ②	② スタック構造を表す，文字列型の空の配列を宣言
○push(文字列型: value) // ③	③ スタックに値を入れる関数
top ← top + 1 // ④	④ 要素番号に1を加算する
stack[top] ← value // ⑤	⑤ 一番上の要素に値を格納
○文字列型: pop( ) // ⑥	⑥ スタックから値を取り出す関数を宣言する
文字列型: ret	
ret ← stack[top] // ⑦	⑦ 一番上の要素の値を返す
stack[top] ← 未定義 // ⑧	⑧ 一番上の要素を未定義にする
top ← top − 1 // ⑨	⑨ 一番上の要素番号を一つ減らす（次の要素が一番上になる）
return ret	

　このプログラムでは，後に追加したものほど，先に取り出されている（後入れ先出し）ことが確認できます。

■キューのプログラムの例

```
大域: 整数型: first ← 0 // ①
大域: 整数型: last ← 0 // ②
大域: 文字列型の配列: queue ← { } // ③

○enq(文字列型: value) // ④
  if (first が 0 と等しい) // ⑤
    first ← 1
  endif
  last ← last + 1 // ⑥
  queue[ last ] ← value // ⑦

○文字列型: deq( ) // ⑧
  文字列型: ret
  if (last が 0 より大きい) // ⑨
    ret ← queue[ first ] // ⑩
    queue[ first ] ← 未定義
    first ← first + 1 // ⑪
  endif
  return ret
```

① キューの最初の要素番号（整数型の大域変数 first）を宣言して0で初期化する
② キューの最後の要素番号（整数型の大域変数 last）を宣言して0で初期化する
③ キュー構造を表す，文字列型の空の配列を宣言
④ キューに値を入れる関数を宣言する
⑤ 最初の要素番号が0の場合（キューが空の場合）は最初の要素番号を1にする
⑥ 最後の要素番号に1を加算する
⑦ 最後の要素に値を格納する
⑧ キューから値を取り出す関数を宣言する
⑨ 最後の要素が0より大きい（キューに要素がある）場合だけ実行する
⑩ キューの最初の要素を取り出す
⑪ 最初の要素番号を一つ増やす（次の要素を指す）

　このプログラムでは，先に追加されたものから，順に取り出されている（先入れ先出し）ことが確認できます。

⚙8 木のような階層構造が「木構造」

木構造とは，ルート（根）とノード（節）とリーフ（葉）によって，木のような階層構造を表したものです。植物の木は根が下で葉が上になりますが，木構造は根が上で葉が下になります。

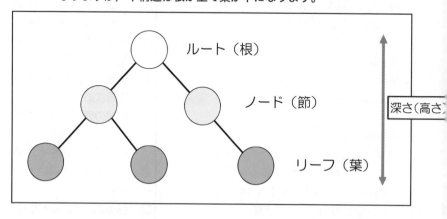

　ルートとは，木構造の最上位の要素であり，必ず一つだけ存在します。ノードとは，ルートの下につながる子要素であり，複数存在する場合もあります。ノードの下にさらにノードが階層のようにつながる場合もあります。リーフとは，木構造の最下位の要素であり，リーフの下に他の要素がつながることはありません。木構造の階層の数を高さ（深さ）と呼びます。木構造にはその形から複数の種類が存在します。木構造の主な種類を次に示します。

木構造の種類	説明
2分木	子ノードを一つか二つしかもたない
多分木	三つ以上の子ノードをもつ
平衡木（バランス木）	全てのリーフの深さが同じ
完全2分木	全ての子ノードが二つで，深さが揃っている
B木	多分木かつ平衡木であるもの

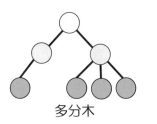
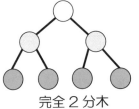

多分木   完全2分木

木構造を擬似言語で表すと，次のようになります。

■文字列型の木構造の例

メンバ変数	型	説明
value	文字列型	ノードがもつ値
neighbors	Node型の配列	隣接する全ての子ノードへの参照を保持する配列

コンストラクタ	説明
Node(文字列型: value)	引数に指定した値をもつノードを生成する

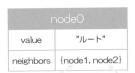

node0	
value	"ルート"
neighbors	{node1, node2}

node1	
value	"ノード1"
neighbors	{node3}

node2	
value	"ノード2"
neighbors	{node4, node5}

node3	
value	"リーフ1"
neighbors	未定義

node4	
value	"リーフ2"
neighbors	未定義

node5	
value	"リーフ3"
neighbors	未定義

■木構造のプログラムの例

Node: node0 ← Node("ルート") // ①	① 各ノードのインスタンスを生成する
Node: node1 ← Node("ノード 1")	
Node: node2 ← Node("ノード 2")	
Node: node3 ← Node("リーフ 1")	
Node: node4 ← Node("リーフ 2")	
Node: node5 ← Node("リーフ 3")	
node0. neighbors ← { node1, node2 } // ②	② ルートの下の階層のノードを設定する
node1. neighbors ← { node3 } // ③	③ ノードの下の階層のリーフを設定する
node2. neighbors ← { node4, node5 }	
// ルートからたどってリーフを一つ取り出す	
Node: n ← node0. neighbors[1] // ④	④ ルートの最初の子ノードを取得する （n は node1 となる）
n ← n. neighbors[1] // ⑤	⑤ 子ノードの最初のリーフを取得する （n は node3 となる）
文字列型: v ← n.value // ⑥	⑥ リーフの値を取得する （v は "リーフ 1" となる）

☑確認問題

次の空欄を埋めましょう。

1. 配列とは，　　　　　　である。

2. 配列を使うと，　　　　　　でまとめて処理できる。

3. 配列を複数並べたものが　　　　　　である。

4. 二次元配列は　　　　　　でまとめて処理できる。

5. クラスは型で，型から作られたモノが　　　　　　である。

6. 変数にはインスタンスの　　　　　　が代入される。

7. 元のクラスの特徴を引き継いだまま，クラスの機能を拡張することを，
　　　　　　という。

8. 単方向リストは，　　　　　　への参照を保持する。

9. 双方向リストは，　　　　　　と　　　　　　への参照を保持する。

10. スタックとは，　　　　　　のデータ構造である。

11. キューとは，　　　　　　のデータ構造である。

12. 木構造の最上位の要素を　　　　　　と呼び，間の要素を　　　　　　と呼び，最下位の要素を　　　　　　と呼ぶ。

13. 全ての子ノードが二つで，深さが揃っている木構造を　　　　　　と呼ぶ。

☑ 確認問題：解説

1. 配列とは，変数を並べたものである。

2. 配列を使うと，繰返し処理でまとめて処理できる。

3. 配列を複数並べたものが二次元配列である。

4. 二次元配列はネストした繰返しでまとめて処理できる。

5. クラスは型で，型から作られたモノがインスタンスである。

6. 変数にはインスタンスの参照が代入される。

7. 元のクラスの特徴を引き継いだまま，クラスの機能を拡張することを継承という。

8. 単方向リストは，次の要素への参照を保持する。

9. 双方向リストは，前の要素と次の要素への参照を保持する。

10. スタックとは，後入れ先出しのデータ構造である。

11. キューとは，先入れ先出しのデータ構造である。

12. 木構造の最上位の要素をルートと呼び，間の要素をノードと呼び，最下位の要素をリーフと呼ぶ。

13. 全ての子ノードが二つで，深さが揃っている木構造を完全2分木と呼ぶ。

演習問題

演習問題にチャレンジ

（FE 科目 B 試験サンプル問題　問 2）

問 1　次のプログラム中の　┌ a ┐　と　┌ b ┐　に入れる正しい答えの
組合せを，解答群の中から選べ。ここで，配列の要素番号は 1 から始まる。

次のプログラムは，整数型の配列 array の要素の並びを逆順にする。

〔プログラム〕
```
        整数型の配列: array ← {1, 2, 3, 4, 5}
        整数型: right, left
        整数型: tmp


        for (left を 1 から (array の要素数 ÷ 2 の商) まで 1 ずつ増や
す)
            right ←  ┌   a   ┐
            tmp ← array[right]
            array[right] ← array[left]
            ┌   b   ┐ ← tmp
        endfor
```

解答群

	a	b
ア	array の要素数 − left	array[left]
イ	array の要素数 − left	array[right]
ウ	array の要素数 − left + 1	array[left]
エ	array の要素数 − left + 1	array[right]

1 問題文をしっかりと読む

問1　次のプログラム中の　 a 　と　 b 　に入れる正しい答えの

組合せを，解答群の中から選べ。ここで，配列の要素番号は 1 から始まる。

次のプログラムは，整数型の配列 array の要素の並びを逆順にする。

2 プログラムの全体像を把握する

〔プログラム〕

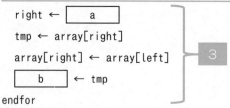

```
整数型の配列: array ← {1, 2, 3, 4, 5}
整数型: right, left
整数型: tmp

for (left を 1 から (array の要素数 ÷ 2 の商) まで 1 ずつ増やす)
    right ←   a
    tmp ← array[right]
    array[right] ← array[left]
      b   ← tmp
endfor
```

1 配列の要素番号が 1 から始まることが示されています。

2 このプログラムが，配列の要素を逆順に並び替える処理であることが分かります。

1 配列 array は五つの要素で初期化されています。

2 配列 array の要素を順に参照する繰返しのように見えますが，「array の要素数÷2の商」つまり，配列 array の半分の要素しか参照しない点に注意が必要です。

3 問題文から，このプログラムは"配列の要素を逆順に並び替える処理"であることが分かっているので，ここで入れ替える処理を行うと想像できます。繰返しで配列 array の要素の半分しか参照していないことから，配列の先頭と最後を順に入れ替える処理だと想像できます。

３ プログラムをトレースする

〔プログラム〕

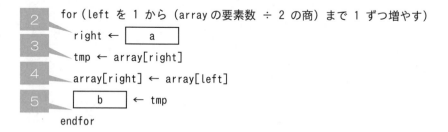

```
整数型の配列: array ← {1, 2, 3, 4, 5}
整数型: right, left
整数型: tmp


for (left を 1 から (array の要素数 ÷ 2 の商) まで 1 ずつ増やす)
    right ←  a
    tmp ← array[right]
    array[right] ← array[left]
     b    ← tmp
endfor
```

４ 解答を選択する

解答群

	a	b
ア	array の要素数 − left	array[left]
イ	array の要素数 − left	array[right]
ウ	array の要素数 − left + 1	array[left]
エ	array の要素数 − left + 1	array[right]

プログラムを順にトレースして，変数の値の変化を見てみましょう。

	array	right	left	tmp	説明
1	1, 2, 3, 4, 5	未定義	未定義	未定義	最初は各変数が未定義
2	1, 2, 3, 4, 5	(a)	1	未定義	rightに代入する値は空欄
3	1, 2, 3, 4, 5	(a)	1	array[a]	tmpはarrayのa番目の要素

逆順に入れ替えるためには以下となる必要があります。

	array	right	left	tmp	説明
1	1, 2, 3, 4, 5	未定義	未定義	未定義	
2	1, 2, 3, 4, 5	5	1	未定義	
3	1, 2, 3, 4, 5	5	1	array[5]	最後の要素をtmpに退避
4	1, 2, 3, 4, 1	5	1	array[5]	最初の要素を最後の要素に代入
5	5, 2, 3, 4, 1	5	1	array[5]	tmpに退避した値を最初の要素に代入し，入れ替え

つまり，空欄 a は left が 1 のときに right が 5 となる処理が必要で，空欄 b は退避した tmp を代入する入替え対象の要素となればよいことが分かります。

Part2

Chap

3

データ構造

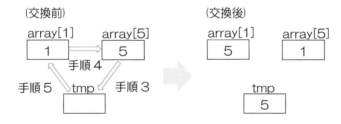

（交換前）　array[1]　array[5]　手順4　手順5　tmp　手順3

（交換後）　array[1]　5　array[5]　1　tmp　5

解答群を当てはめてトレースしてみましょう。

（ア）　left が 1 のときに right が 4 となるため誤りである。

（イ）　left が 1 のときに right が 4 となるため誤りである。

（ウ）　left が 1 のときに right が 5 となり，tmp は入替え対象の要素（left の示す要素）に代入されるため正しい。

（エ）　tmp が right の示す要素に代入されるため誤りである。

したがって，正解は（ウ）となります。

正解：ウ

演習問題にチャレンジ

（FE 科目 B 試験サンプル問題セット　問 12）

問2　次のプログラム中の 　　　　　　 に入れる正しい答えを，解答群の中から選べ。ここで，配列の要素番号は 1 から始まる。

　　関数 simRatio は，引数として与えられた要素数 1 以上の二つの文字列型の配列 s1 と s2 を比較し，要素数が等しい場合は，配列の並びがどの程度似ているのかの指標として，（要素番号が同じ要素の文字同士が一致する要素の組みの個数 ÷ s1 の要素数）を実数型で返す。例えば，配列の全ての要素が一致する場合の戻り値は 1，いずれの要素も一致しない場合の戻り値は 0 である。

　　なお，二つの配列の要素数が等しくない場合は，－1 を返す。

　　関数 simRatio に与える s1，s2 及び戻り値の例を表に示す。プログラムでは，配列の領域外を参照してはならないものとする。

表　関数 simRatio に与える s1，s2 及び戻り値の例

s1	s2	戻り値
{"a", "p", "p", "l", "e" }	{"a", "p", "p", "l", "e" }	1
{"a", "p", "p", "l", "e" }	{"a", "p", "r", "i", "l" }	0.4
{"a", "p", "p", "l", "e" }	{"m", "e", "l", "o", "n" }	0
{"a", "p", "p", "l", "e" }	{"p", "e", "n"}	－1

〔プログラム〕

```
○実数型: simRatio(文字型の配列: s1, 文字型の配列: s2)
  整数型: i, cnt ← 0
  if (s1 の要素数 ≠ s2 の要素数)
    return -1
  endif
  for (i を 1 から s1 の要素数 まで 1 ずつ増やす)
    if (            )
      cnt ← cnt + 1
    endif
  endfor
  return cnt ÷ s1 の要素数   /* 実数として計算する */
```

解答群

ア　s1[i] ≠ s2[cnt]　　　イ　s1[i] ≠ s2[i]

ウ　s1[i] = s2[cnt]　　　エ　s1[i] = s2[i]

🎓 1 問題文をしっかりと読む

問2　次のプログラム中の _____ に入れる正しい答えを，解答群の中から選べ。ここで，配列の要素番号は1から始まる。

　　関数 simRatio は，引数として与えられた要素数1以上の二つの文字列型の配列 s1 と s2 を比較し，要素数が等しい場合は，配列の並びがどの程度似ているのかの指標として，（要素番号が同じ要素の文字同士が一致する要素の組みの個数 ÷ s1 の要素数）を実数型で返す。例えば，配列の全ての要素が一致する場合の戻り値は1，いずれの要素も一致しない場合の戻り値は0である。
　　なお，二つの配列の要素数が等しくない場合は，−1を返す。
　　関数 simRatio に与える s1，s2 及び戻り値の例を表に示す。プログラムでは，配列の領域外を参照してはならないものとする。

表　関数 simRatio に与える s1，s2 及び戻り値の例

s1	s2	戻り値
{"a", "p", "p", "l", "e" }	{"a", "p", "p", "l", "e" }	1
{"a", "p", "p", "l", "e" }	{"a", "p", "r", "i", "l" }	0.4
{"a", "p", "p", "l", "e" }	{"m", "e", "l", "o", "n" }	0
{"a", "p", "p", "l", "e" }	{"p", "e", "n"}	−1

1 　関数 simRatio は「配列の並びがどの程度似ているのかの指標」を「実数型で返す」とあります。

2 　どの程度似ているか，指標を計算するアルゴリズムが示されています。具体的には，「要素番号が同じ要素の文字同士が一致する要素の組みの個数 ÷ s1 の要素数」となります。例えば，5 文字の文字列を比較して，そのうちの要素番号が同じ 2 文字が一致すれば，2 ÷ 5 で 0.4 になります。表の例では，2 行目で「a」と「p」の 2 文字が一致して，結果が 0.4 になっています。

　「例えば，配列の全ての要素が一致する場合の戻り値は 1，いずれの要素も一致しない場合の戻り値は 0 である」とあり，かえって分かりにくく感じられるかもしれませんが，5 文字中の 5 文字が一致すれば 5 ÷ 5 で 1.0 となり，5 文字中 0 文字の一致（つまり完全に不一致）であれば，0 ÷ 5 で 0.0 となることを示しています。表の例では，1 行目では，全ての文字が一致して，結果が 1.0 となっており，3 行目では，全ての文字が不一致となり，結果が 0.0 になっています。

3 　異なる文字数の文字列を比較する場合のアルゴリズムが示されています。「二つの配列の要素数が等しくない場合は，−1 を返す」とありますので，文字数が異なれば無条件で−1 になることが分かります。表の例では，4 行目は文字数が一致しないので，結果が−1 になっています。

2 プログラムの全体像を把握する

〔プログラム〕
```
○実数型: simRatio(文字型の配列: s1, 文字型の配列: s2)
  整数型: i, cnt ← 0
  if (s1 の要素数 ≠ s2 の要素数)        1
    return −1
  endif
                                        2
  for (i を 1 から s1 の要素数 まで 1 ずつ増やす)
    if (            )        3
      cnt ← cnt + 1
    endif
  endfor                4
  return cnt ÷ s1 の要素数   /* 実数として計算する */
```

解答群
  ア s1[i] ≠ s2[cnt]　　　イ s1[i] ≠ s2[i]
  ウ s1[i] = s2[cnt]　　　エ s1[i] = s2[i]

114

1
　文字型の配列 s1 と s2 の要素数が異なる場合は，−1 を返して関数 simRatio
を終了しています。これは，問題文の「二つの配列の要素数が等しくない場合
は，−1 を返す」に該当します。要素数が異なれば無条件に−1 となり，要素
ごとに文字の比較をする必要がないので，最初に要素数が同一かどうかを判別
しています。

2
　for 文の繰返し条件は，「i を 1 から s1 の要素数まで 1 ずつ増やす」とある
ため，s1 の要素を一つずつ繰り返し処理することが分かります。

3
　変数 cnt に 1 を足しています。変数 cnt に 1 を足すのは，すぐ上の if 文の
条件式が真の場合です。条件式は空欄になっているので，どのような場合に変
数 cnt に 1 を足すのかが分からないですが，変数 cnt が何を表しているのか
を理解できれば，条件式が想像できます。

4
　変数 cnt を s1 の要素数で割った値を返しています。問題文に「要素番号が
同じ要素の文字同士が一致する要素の組みの個数 ÷ s1 の要素数」を返すと
ありますので，変数 cnt は「要素番号が同じ要素の文字同士が一致する要素の
組みの個数」であり，簡単にいうと「一致する文字の数」であることが分かり
ます。つまり，二つ目の if の条件式には，同じ要素番号の文字を比較して，一
致するかどうかを判別する条件が入ると想像できます。

3 プログラムをトレースする

〔プログラム〕
　　　○実数型: simRatio(文字型の配列: s1, 文字型の配列: s2)
　　　整数型: i, cnt ← 0
　1　if (s1 の要素数 ≠ s2 の要素数)
　　　　return −1
　2　endif
　　　for (i を 1 から s1 の要素数 まで 1 ずつ増やす)
　　4　if (　　　　　　　　)
　　　　　cnt ← cnt + 1
　　　　endif
　3　endfor
　　　return cnt ÷ s1 の要素数　/* 実数として計算する */

　解答群
　　ア　s1[i] ≠ s2[cnt]　　　　イ　s1[i] ≠ s2[i]
　　ウ　s1[i] = s2[cnt]　　　　エ　s1[i] = s2[i]

表の2行目の例を基にトレースしてみましょう。

s1	s2	戻り値
{"a", "p", "p", "l", "e"}	{"a", "p", "r", "i", "l"}	0.4

1

s1とs2の要素数は等しいので，−1を返さずに比較処理に進みます。

2

for文ではiを1からs1の要素数（＝s2の要素数）まで1ずつ増やしながら繰り返します。iは配列の要素番号を表します。

i	1	2	3	4	5
s1	a	p	p	l	e
s2	a	p	r	i	l

3

先に戻り値を確認しましょう。戻り値は「cnt ÷ s1の要素数」の計算結果を返しており，この例の結果は0.4になる必要があります。s1の要素数は"5"なので，cntは"2"となり，"2 ÷ 5"で0.4を返す必要があります。

4

cntは0で初期化されているので，最終的にcntが2になるには，s1とs2の同じ位置の要素を順に比較して，等しい場合に変数cntに1を加えればよいことが分かります。この場合では，iが1と2のときに，cnt ← cnt ＋ 1　が実行されると，cntが2となります。

このトレース結果から，空欄には，"s1とs2の同じ位置の要素が等しいかどうか"を判別する条件式が入ればよいことが分かります。

4 解答を選択する

〔プログラム〕
```
○実数型: simRatio(文字型の配列: s1, 文字型の配列: s2)
  整数型: i, cnt ← 0
  if (s1 の要素数 ≠ s2 の要素数)
    return -1
  endif
  for (i を 1 から s1 の要素数 まで 1 ずつ増やす)
    if (                )
      cnt ← cnt + 1
    endif
  endfor
  return cnt ÷ s1 の要素数   /* 実数として計算する */
```

解答群
　ア　s1[i] ≠ s2[cnt]　　　イ　s1[i] ≠ s2[i]
　ウ　s1[i] = s2[cnt]　　　エ　s1[i] = s2[i]

　トレース結果から，空欄には，"s1 と s2 の同じ位置の要素が等しいかどう
か"を判別する条件式が入ればよいことが分かりました。選択肢を空欄に当て
はめて，処理結果を確認してみましょう。

　選択肢（ア）を空欄に当てはめてみると，条件式は，if (s1[i] ≠ s2[cnt])
となります。cnt は 0 で初期化されており，配列の要素番号は 1 から始まると
ありますので，s2[0] は参照することができず，誤りとなります。

　選択肢（イ）を空欄に当てはめると，条件式は，if (s1[i] ≠ s2[i]) とな
ります。s1 と s2 が等しくない場合に cnt が加算される処理となるため，誤り
です。

　選択肢（ウ）を空欄に当てはめると，条件式は　if (s1[i] = s2[cnt])と
なり，s2 の参照が誤りとなります。

　選択肢（エ）を空欄に当てはめると，条件式は　if (s1[i] = s2[i])とな
り，s1 と s2 の同じ要素番号 i の要素が等しい場合に，cnt が加算される処理
となり，正しいです。

　したがって正解は（エ）となります。

正解　エ

演習問題にチャレンジ

問3 次のプログラム中の a と b に入れる正しい答えの組合せを，解答群の中から選べ。

（FE 科目 B 試験サンプル問題 問3）

手続 append は，引数で与えられた文字を単方向リストに追加する手続である。単方向リストの各要素は，クラス ListElement を用いて表現する。クラス ListElement の説明を図に示す。ListElement 型の変数はクラス ListElement のインスタンスの参照を格納するものとする。大域変数 listHead は，単方向リストの先頭の要素の参照を格納する。リストが空のときは，listHead は未定義である。

メンバ変数	型	説明
val	文字型	リストに格納する文字。
next	ListElement	リストの次の文字を保持するインスタンスの参照。初期状態は未定義である。

コンストラクタ	説明
ListElement（文字型: qVal）	引数 qVal でメンバ変数 val を初期化する。

図　クラス ListElement の説明

〔プログラム〕

```
大域: ListElement: listHead ←  未定義の値
○append(文字型: qVal)
  ListElement: prev, curr
  curr ← ListElement(qVal)
  if (listHead が    a    )
    listHead ← curr
  else
    prev ← listHead
    while (prev.next が 未定義でない)
      prev ← prev.next
    endwhile
    prev.next ←    b
  endif
```

解答群

	a	b
ア	未定義	curr
イ	未定義	curr.next
ウ	未定義	listHead
エ	未定義でない	curr
オ	未定義でない	curr.next
カ	未定義でない	listHead

1 問題文をしっかりと読む

手続 append は，引数で与えられた文字を単方向リストに追加する手続である。単方向リストの各要素は，クラス ListElement を用いて表現する。クラス ListElement の説明を図に示す。ListElement 型の変数はクラス ListElement のインスタンスの参照を格納するものとする。大域変数 listHead は，単方向リストの先頭の要素の参照を格納する。リストが空のときは，listHead は未定義である。

メンバ変数	型	説明
val	文字型	リストに格納する文字。
next	ListElement	リストの次の文字を保持するインスタンスの参照。初期状態は未定義である。

コンストラクタ	説明
ListElement（文字型: qVal）	引数 qVal でメンバ変数 val を初期化する。

図　クラス ListElement の説明

1

手続 append は，単方向リストに要素を追加する処理であることが分かります。単方向リストとは，先頭から最後まで一方向にだけたどることができる，次のようなリスト構造です。

2

単方向リストの各要素は，クラス ListElement で表されることが分かります。クラス ListElement の構成は図で説明されています。

3

ListElement 型の変数は，「クラス ListElement のインスタンスの参照を格納する」とあります。ここでの ListElement 型の変数は，図にあるように，メンバ変数の next になります。next の説明も併せて確認すると，next には次の要素となる ListElement のインスタンスの参照が代入されることが分かります。参照が代入されることで，next は次の要素となる ListElement のインスタンスそのものとなります。

4

大域変数 listHead には，リストの先頭の要素の参照が代入（格納）されることが分かります。リストが空のときに未定義となる点に注意が必要です。

5

ListElement のインスタンスを生成するコンストラクタの説明です。コンストラクタを呼び出すことで，型であるクラスから，実体であるインスタンスが生成されます。コンストラクタでは，引数に与えられた文字で，メンバ変数 val を初期化することが分かります。

2 プログラムの概要を理解する

〔プログラム〕

```
大域: ListElement: listHead ←  未定義の値
○append(文字型: qVal)
  ListElement: prev, curr
  curr ← ListElement(qVal)
  if (listHead が [    a    ] )

    listHead ← curr
  else
    prev ← listHead
    while (prev.next が  未定義でない)
      prev ← prev.next
    endwhile

    prev.next ← [    b    ]

  endif
```

1 　大域変数として，ListElement 型変数の listHead が宣言されています。問題文から，ここには先頭要素の参照が代入（格納）されることが分かります。最初はリストが空であるため，listHead は未定義で初期化されています。

2 　ListElement 型の変数 "prev" と "curr" が宣言されています。curr には，append の引数の文字で生成した，ListElement インスタンスを代入しています。

3 　if 文の条件式は「listHead が [a] 」と空欄になっていますが，listHead の状態による処理を定義していることは分かります。条件式に一致した場合の処理は，curr をそのまま listHead に代入しているため，リストが空だったときの処理であることが想像できます。

4 　prev に listHead を代入しています。つまり，prev がリストの先頭要素となります。

5 　prev.next が未定義となるまで，繰返し prev に prev.next を代入しています。prev.next が未定義になれば，繰返し処理を抜けます。next は，リストの次の要素を示す ListElement インスタンスの参照です。prev.next が未定義となるのは，次の要素が存在しないリストの最後の要素であることが想定されます。つまり，この繰り返し処理は，リストの最初から最後までを順に参照しているのだと想定されます。

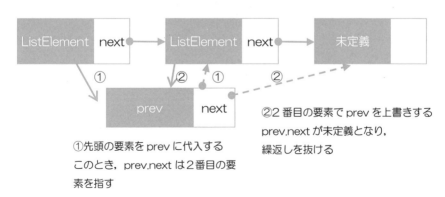

①先頭の要素を prev に代入する
このとき，prev.next は 2 番目の要素を指す

②2 番目の要素で prev を上書きする
prev.next が未定義となり，
繰返しを抜ける

3 プログラムをトレースする

〔プログラム〕

```
大域: ListElement: listHead ← 未定義の値
○append(文字型: qVal)
  ListElement: prev, curr
  curr ← ListElement(qVal)
  if (listHead が   a   )
    listHead ← curr
  else
    prev ← listHead
    while (prev.next が 未定義でない)
      prev ← prev.next
    endwhile
    prev.next ←   b
  endif
```

1

8

2

4

3

5

6

7

手続 append の引数に "あ"，"い"，"う" を順に指定して呼び出した場合の処理をトレースしてみましょう。ここでは「未定義」を「未」と表します。

1

手続 append が最初に呼び出されたとき，listHead は未定義となっています。変数 "prev" "curr" も宣言した時点では，未定義です。

listHead	prev	curr
未	未	未

2

手続 append の引数に "あ" を指定して実行すると，ここではコンストラクタの引数に "あ" を指定して ListElement クラスのインスタンスを生成します。curr に生成した ListElement インスタンスが代入されます。このとき，生成した ListElement インスタンスの "next" は未定義です。

			ListElement(あ)	
listHead	prev	curr	val	next
未	未	(あ)	"あ"	未

3

listHeadが空欄aのとき，if文の条件式を満たし，listHeadにcurrを代入します。つまり，listHeadはListElement(あ)で生成したインスタンスとなります。listHeadはリストの先頭を表す変数なので，前述のとおり，リストが空のときに，最初の要素が追加された処理だと想像できます。

			ListElement(あ)	
listHead	prev	curr	val	next
(あ)	未	(あ)	"あ"	未

4

次に，手続appendの引数に "い" を指定して実行します。コンストラクタの引数に "い" を指定してListElementクラスのインスタンスを生成します。それがListElement(い)の呼出しとなります。ListElement(い)により生成したインスタンスをcurrに代入します。

			ListElement(あ)		ListElement(い)	
listHead	prev	curr	val	next	val	next
(あ)	未	(い)	"あ"	未	"い"	未

〔プログラム〕

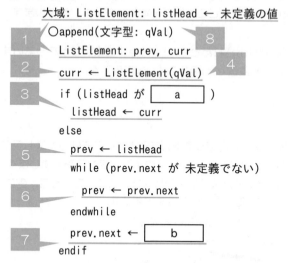

大域: ListElement: listHead ← 未定義の値

```
○append(文字型: qVal)
    ListElement: prev, curr
    curr ← ListElement(qVal)
    if (listHead が [  a  ] )
        listHead ← curr
    else
        prev ← listHead
        while (prev.next が 未定義でない)
            prev ← prev.next
        endwhile
        prev.next ← [  b  ]
    endif
```

※ 前ページと同じ内容を掲載しています。

128

5　listHead が空欄 a 以外のとき，if 文の条件式を満たさず，else の処理が行われて，listHead をそのまま prev に代入します。listHead には ListElement(あ)が代入された状態なので，listHead が空欄 a 以外と仮定すると，prev は，ListElement(あ)インスタンスへの参照となります。

listHead	prev	curr	ListElement(あ)		ListElement(い)	
			val	next	val	next
(あ)	(あ)	(い)	"あ"	未	"い"	未

6　while 文に入り，prev.next が 未定義でなくなるまで，繰り返し prev に prev.next を代入します。prev が(あ)のとき，prev.next は未定義なので，繰り返し処理は実行されず，while 文から抜けます。

listHead	prev	curr	ListElement(あ)		ListElement(い)	
			val	next	val	next
(あ)	(あ)	(い)	"あ"	未	"い"	未

7　prev.next に空欄 b を代入します。このとき，prev は ListElement(あ)インスタンスであり，prev.next には，次の要素である ListElement(い)インスタンスが代入されるべきだと想像できます。

listHead	prev	curr	ListElement(あ)		ListElement(い)	
			val	next	val	next
(あ)	(あ)	(い)	"あ"	b	"い"	未

8　次に，手続 append の引数に "う" を指定して実行すると，ListElement(う)のインスタンスを生成して，curr に代入します。"い" のときと同様に，else の処理が行われると仮定すると，prev は ListElement(あ)インスタンスへの参照となります。ここからが "い" と違い，prev.next には次の要素である ListElement(い)インスタンスが代入されているので，while 文に入り，prev には prev.next である ListElement(い)インスタンスが代入されます。その後，prev.next には，次の要素である ListElement(う)インスタンスが代入されるべきだと想像できます（次図では ListElement(う)の記述は省略）。

listHead	prev	curr	ListElement(あ)		ListElement(い)	
			val	next	val	next
(あ)	(あ)→(い)	(う)	"あ"	"い"	"い"	"う"

4 解答を選択する

解答群

	a	b
ア	未定義	curr
イ	未定義	curr.next
ウ	未定義	listHead
エ	未定義でない	curr
オ	未定義でない	curr.next
カ	未定義でない	listHead

まず，空欄 a の解答を考えてみましょう。空欄 a の選択肢は，「未定義」「未定義ではない」の二者択一となっています。変数 listHead が空欄 a のとき，listHead には curr をそのまま代入しています。つまり，リストが空のとき，最初に要素を追加した際の処理を表していると考えられます。リストが空のとき，listHead は未定義であるため，空欄 a には，「未定義」が入ることが分かります。

続いて空欄 b の解答を考えてみましょう。空欄 b の直前では，prev.next が未定義となるまで prev にリストの要素を代入しています。つまり，次図のようなことが起こっています。

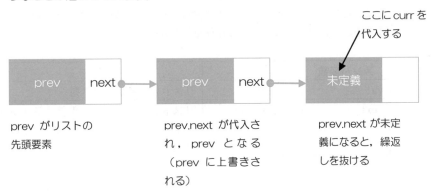

ここに curr を代入する

prev がリストの
先頭要素

prev.next が代入さ
れ，prev となる
（prev に上書きさ
れる）

prev.next が未定
義になると，繰返
しを抜ける

メンバ変数 next は，「次の文字を保持するインスタンスの参照」とあることから，prev.next が未定義となるのは，リストの最後の要素となります。手続き append は，「引数で与えられた文字を単方向リストに追加する手続」なので，引数で与えられた文字＝新たに追加したい要素（curr）を最後の要素に連結するためには，前図のように，prev.next に curr を代入すればよいことが分かります。

したがって，a：未定義　b：curr である（ア）が正解となります。

正解　ア

演習問題にチャレンジ

（オリジナル問題 813473）

問4　次のプログラム中の　　 a 　　と　　 b 　　に入れる正しい答えの
組合せを，解答群の中から選べ。

　手続 insert は，引数 val で与えられた文字列を，双方向リストの中の
引数 index で指定された任意の位置に挿入する手続である。双方向リスト
の位置は，先頭を 1 として 1 ずつ増える整数で表す。追加する位置に既に
要素がある場合は，元からある要素を，ここで追加する要素の次の要素と
してつなげる。双方向リストの各要素は，クラス ListElement を用いて表
現する。クラス ListElement の説明を図に示す。

メンバ変数	型	説明
val	文字列型	リストに格納する文字列
next	ListElement	リストの次の文字列を保持するインスタンスの参照。初期状態は未定義である。
prev	ListElement	リストの前の文字列を保持するインスタンスの参照。初期状態は未定義である。

コンストラクタ	説明
ListElement(文字列型: str)	引数 str でメンバ変数 val を初期化する。

図　クラス ListElement の説明

　ListElement 型の変数は，クラス ListElement のインスタンスの参照を
格納するものとする。ListElement 型の大域変数 head は空文字列""をもち，
リストの先頭の要素への参照を next に格納する。大域変数 tail は空文字
列""をもち，リストの最後の要素への参照を prev に格納する。リストが
空のとき，head の next，及び tail の prev は未定義である。

〔プログラム〕
```
大域: ListElement: head // リストが空のときに初期化される
大域: ListElement: tail // リストが空のときに初期化される
○insert(文字列型: val, 整数型: index)
  整数型: i ← 1
  ListElement: curr ← head.next // 現在の要素
  ListElement: eVal ← ListElement(val) // 追加する要素
  // 指定されたインデックスへの追加処理
  while (curr.next が 未定義でない)
    if (i と index が等しい)
      ┌─────────┐
      │    a    │ ← curr
      └─────────┘
      ┌─────────┐
      │    b    │ ← curr.prev
      └─────────┘
      curr.prev.next ← eVal
      curr.prev ← eVal
    endif
    i ← i + 1
    curr ← curr.next
  endwhile
  // リストが空のときの処理は省略
```

解答群

	a	b
ア	eVal	eVal.next
イ	eVal	eVal.prev
ウ	eVal.next	eVal
エ	eVal.next	eVal.prev
オ	eVal.prev	eVal
カ	eVal.prev	eVal.next

1　問題文をしっかりと読む

　手続 insert は，引数 val で与えられた文字列を，双方向リストの中の引数 index で指定された任意の位置に挿入する手続である。双方向リストの位置は，先頭を1として1ずつ増える整数で表す。追加する位置に既に要素がある場合は，元からある要素を，ここで追加する要素の次の要素としてつなげる。双方向リストの各要素は，クラス ListElement を用いて表現する。クラス ListElement の説明を図に示す。

メンバ変数	型	説明
val	文字列型	リストに格納する文字列
next	ListElement	リストの次の文字列を保持するインスタンスの参照。初期状態は未定義である。
prev	ListElement	リストの前の文字列を保持するインスタンスの参照。初期状態は未定義である。

コンストラクタ	説明
ListElement(文字列型: str)	引数 str でメンバ変数 val を初期化する。

図　クラス ListElement の説明

　ListElement 型の変数は，クラス ListElement のインスタンスの参照を格納するものとする。ListElement 型の大域変数 head は空文字列""をもち，リストの先頭の要素への参照を next に格納する。大域変数 tail は空文字列""をもち，リストの最後の要素への参照を prev に格納する。リストが空のとき，head の next，及び tail の prev は未定義である。

1 　双方向リストの指定された位置に要素を挿入する手続である手続 insert が問われています。双方向リストとは，先頭から後方へ一方向にしかたどれない単方向リストとは異なり，先頭と後方，どちらからもたどることができるリストです。双方向リストの各要素は，前の要素と次の要素への参照を保持します。

2 　手続 insert の処理概要が説明されています。「追加する位置に既に要素がある場合は，元からある要素を，ここで追加する要素の次の要素としてつなげる」とあります。図で示すと次のようになります。

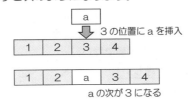

3 　双方向リストの各要素はクラス ListElement で表現されます。クラス ListElement のメンバ変数 next には次の要素のインスタンスの参照を保持します。双方向リストの要素は，クラス ListElement の実体であるインスタンスです。そのインスタンスを変数に代入したものが，インスタンスへの参照であり，インスタンスそのものを表します。

4 　クラス ListElement のメンバ変数 prev には，前の要素のインスタンスの参照を保持します。

5 　大域変数 head の next に，双方向リストの最初の要素が保持されます。つまり，大域変数 head は双方向リストの始点を表します。

6 　大域変数 tail の prev に，双方向リストの最後の要素が保持されます。つまり，大域変数 tail は双方向リストの終点を表します。
　ここで例として，「春」「夏」「秋」「冬」の4つの要素をもつ双方向リストの全体像を次に示します。

head	1番目	2番目	3番目	4番目	tail
val：未定義	val：春	val：夏	val：秋	val：冬	val：未定義
next：1番目	next：2番目	next：3番目	next：4番目	next：tail	next：未定義
prev：未定義	prev：head	prev：1番目	prev：2番目	prev：3番目	prev：4番目

2 プログラムの全体像を把握する

〔プログラム〕

```
大域: ListElement: head // リストが空のときに初期化される
大域: ListElement: tail // リストが空のときに初期化される
○insert(文字列型: val, 整数型: index)
 整数型: i ← 1
 ListElement: curr ← head.next // 現在の要素
 ListElement: eVal ← ListElement(val) // 追加する要素
 // 指定されたインデックスへの追加処理
 while (curr.next が 未定義でない)
  if (i と index が等しい)
     [    a    ] ← curr
     [    b    ] ← curr.prev
    curr.prev.next ← eVal
    curr.prev ← eVal
  endif
  i ← i + 1
  curr ← curr.next
 endwhile
 // リストが空のときの処理は省略
```

1 　大域変数 head と tail は，それぞれ始点と終点で，初期化済みとします。

2 　手続 insert の引数には，追加する要素が保持する文字列と，挿入する位置を指定します。

3 　現在の要素である変数 curr は，head.next（1 番目の要素）で初期化されています。

4 　追加する要素である変数 eVal は，引数で指定された文字列から生成された ListElement インスタンスとして生成されます。

5 　curr.next が未定義となるまで，繰返し curr.next を参照する処理となっています。curr.next が未定義となるのは，tail に到達したときです。つまり，この繰返しでは，次図のように，双方向リストの先頭から最後まで，順に参照していることが分かります。

6 　i と index が等しい場合に，if 文の処理が実行されます。i は繰返しごとに 1 ずつ増えるため，双方向リストを先頭から順に参照し，index で指定された位置になった場合に if 文の処理が実行されます。index = 3 の場合の例を次図に示します。

	head	1番目	2番目	3番目	4番目	tail
	val：未定義	val：春	val：夏	val：秋	val：冬	val：未定義
	next：1番目	next：2番目	next：3番目	next：4番目	next：tail	next：未定義
	prev：未定義	prev：head	prev：1番目	prev：2番目	prev：3番目	prev：4番目

```
i = 1   curr.prev   curr        curr.next
i = 2               curr.prev   curr        curr.next
i = 3                           curr.prev   curr        curr.next
```

for3 回目で i = 3 のとき，引数である index と等しくなり，if 文が実行される
そのときの curr が指し示す要素は，例では 3 番目の「秋」となる

7 　if 文の処理が，問題文の「追加する位置に既に要素がある場合は，元からある要素を，ここで追加する要素の次の要素としてつなげる」処理だと想像できます。curr と curr.prev を代入する先が空欄になっており，追加する位置に存在する要素（curr）に対する処理が問われています。

3 プログラムをトレースする

〔プログラム〕

```
大域: ListElement: head // リストが空のときに初期化される
大域: ListElement: tail // リストが空のときに初期化される
○insert(文字列型: val, 整数型: index)        1
  整数型: i ← 1                            2
  ListElement: curr ← head.next //現在の要素
  ListElement: eVal ← ListElement(val) // 追加する要素
  // 指定されたインデックスへの追加処理
  while (curr.next が 未定義でない)
    if (i と index が等しい)        3      5      7
      ┌─────────┐
      │    a    │ ← curr
      ├─────────┤            8
      │    b    │ ← curr.prev
      └─────────┘
        curr.prev.next ← eVal
        curr.prev ← eVal
    endif
    i ← i + 1                  4
    curr ← curr.next
  endwhile                   6
  // リストが空のときの処理は省略
```

双方向リストが次の図に示す状態のとき，3番目の位置に「初秋」を追加する処理をトレースしてみましょう。

初秋

head	1番目	2番目	3番目	4番目	tail
val：未定義	val：春	val：夏	val：秋	val：冬	val：未定義
next：1番目	next：2番目	next：3番目	next：4番目	next：tail	next：未定義
prev：未定義	prev：head	prev：1番目	prev：2番目	prev：3番目	prev：4番目

1 引数の val には"初秋"が，index には"3"が指定されます。

2 curr は head.next，つまり1番目の要素で初期化されます。

3 i が1，index が3なので処理されません。

4 i が2となり，curr は2番目の要素となります。

5 if 文の条件式の2回目の呼出しです。ここでも，i が2，index が3となり if 文の中は実行されません。

6 i が3となり，curr は3番目の要素となります。

7 i が3，index が3となり，if 文の中が実行されます。

8 双方向リストへの挿入処理が行われます。挿入処理の一部が空欄になっていますが，挿入後の結果は次のようになればよいことが分かります。

2番目	追加要素	3番目
val：夏	val：初秋	val：秋
next：追加要素	next：3番目	next：4番目
prev：1番目	prev：2番目	prev：追加要素

挿入した要素の前後がつながるためには，次の要素を書き換える必要があります。

・2番目の要素の next に追加要素を代入
・追加要素の next に3番目の要素，prev に2番目の要素を代入
・3番目の要素の prev に追加要素を代入

4 解答を選択する

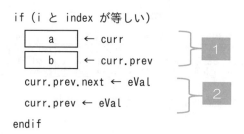

```
if (i と index が等しい)
     a   ← curr
     b   ← curr.prev
  curr.prev.next ← eVal
  curr.prev ← eVal
endif
```

解答群

	a	b
ア	eVal	eVal.next
イ	eVal	eVal.prev
ウ	eVal.next	eVal
エ	eVal.next	eVal.prev
オ	eVal.prev	eVal
カ	eVal.prev	eVal.next

トレース結果から，追加要素を挿入した後の双方向リストは次の図となることが分かりました。

2番目	追加要素	3番目
val：夏	val：初秋	val：秋
next：追加要素	next：3番目	next：4番目
prev：1番目	prev：2番目	prev：追加要素

この例で，追加要素を挿入する時点では，curr は3番目の要素である"秋"，curr.prev は2番目の要素である"夏"です。

head	1番目	2番目	3番目	4番目	tail
val：未定義	val：春	val：夏	val：秋	val：冬	val：未定義
next：1番目	next：2番目	next：3番目	next：4番目	next：tail	next：未定義
prev：未定義	prev：head	prev：1番目	prev：2番目	prev：3番目	prev：4番目

追加要素の挿入時点　　　　　curr.prev　　　curr　　　curr.next

初秋"を3番目に追加するためには，"初秋"の次の要素（eVal.next）を，"秋"（curr）にして，"初秋"の前の要素（eVal.prev）を"夏"（現時点でのcurr.prev）にする必要があります。

1 eVal.next ← curr

eVal.prev ← curr.prev

これによって，次のように，"初秋"から参照された状態になります。

"夏"と"秋"からも参照するように，次を記述します。

2 curr.prev.next ← eVal

curr.prev ← eVal

これによって，"初秋"への参照も行われて，双方向リストが完成します。

したがって，**1** より，空欄 a：eVal.next，空欄 b：eVal.prev となる（エ）が正解となります。

正解　エ

演習問題にチャレンジ

（オリジナル問題 813471）

問 5　次のプログラム中の　　a　　～　　d　　に入れる正しい答えの
組合せを，解答群の中から選べ。ここで，配列の要素番号は 1 から始まる。

　　関数 push は，スタックに文字列を格納する処理である。関数 pop は，
スタックから文字列を取り出す処理である。スタックに要素がないときの
戻り値は未定義となる。スタックのデータ構造は，文字列型の配列 stack
を用いて表現する。大域変数 top には，スタックの最上位の要素番号を格
納する。

〔プログラム〕
　　大域: 整数型: top ← 0
　　大域: 文字列型の配列: stack ← {}

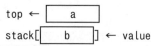

　　○push(文字列型: value)
　　　top ← 　　a
　　　stack[　　b　　] ← value

　　○文字列型: pop()
　　　文字列型: ret
　　　if (top が 0 より大きい)
　　　　ret ← stack[　　c　　]
　　　　stack[　　c　　] ← 未定義
　　　　top ← 　　d
　　　endif
　　　return ret

解答群

	a	b	c	d
ア	1	top + 1	top	top − 1
イ	1	top + 1	top	top + 1
ウ	1	top + 1	top − 1	top − 1
エ	1	top + 1	top − 1	top + 1
オ	top + 1	top	top	top − 1
カ	top + 1	top	top	top + 1
キ	top + 1	top	top − 1	top − 1
ク	top + 1	top	top − 1	top + 1

1 問題文をしっかりと読む

関数 push は，スタックに文字列を格納する処理である。関数 pop は，スタックから文字列を取り出す処理である。スタックに要素がないときの戻り値は未定義となる。スタックのデータ構造は，文字列型の配列 stack を用いて表現する。大域変数 top には，スタックの最上位の要素番号を格納する。

2 プログラムの全体像を把握する

〔プログラム〕

```
大域: 整数型: top ← 0
大域: 文字列型の配列: stack ← {}


○push(文字列型: value)
  top ←  a
  stack[  b  ] ← value


○文字列型: pop()
  文字列型: ret
  if (top が 0 より大きい)
    ret ← stack[  c  ]
    stack[  c  ] ← 未定義
    top ←  d
  endif
  return ret
```

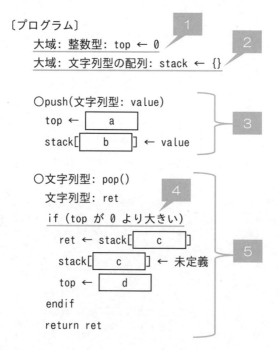

1 スタックに関するプログラムが問われていることが分かります。スタックとは後入れ先出しのデータ構造です。関数 push は，「スタックに文字列を格納する処理」だと示されています。

2 関数 pop は，「スタックから文字列を取り出す処理」だと示されています。スタックは後入れ先出しのデータ構造なので，pop では最後に push した値が取り出されます。

3 スタックに要素がない場合に，"関数 pop の戻り値は未定義となる" ことが示されています。

4 スタックは文字列型の配列 stack で表現されており，大域変数 top には，「スタックの最上位の要素番号を格納する」とあります。つまり，関数 pop で取り出されるのは，"配列 stack の要素番号 top の値" であることが分かります。

1 大域変数 top が 0 で初期化されています。問題文からこの top は「スタックの最上位の要素番号」を表すことが分かります。0 で初期化されていることから，スタックに要素がない状態では，top の値は 0 になります。

2 スタックを表す文字列型の配列 stack を宣言して，空の配列で初期化しています。

3 スタックに要素を格納する処理について問われています。

4 大域変数 top が 0 より大きいかどうかによって処理が変わることから，「スタックに要素があるとき」に対応する処理だと想像できます。

5 スタックに最後に格納した要素を取り出す処理が問われています。

3 プログラムをトレースする

〔プログラム〕
　　　大域: 整数型: top ← 0
　　　大域: 文字列型の配列: stack ← { }

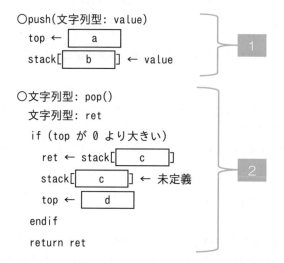

```
○push(文字列型: value)
　top ←     a
　stack[   b   ] ← value
```

1

```
○文字列型: pop()
　文字列型: ret
　if (top が 0 より大きい)
　　ret ← stack[   c   ]
　　stack[   c   ] ← 未定義
　　top ←     d
　endif
　return ret
```

2

スタックが後入れ先出しのデータ構造であることを意識して，このプログラムを pop( )，push(1)，push(2)，push(3)，push(4)，pop( )，push(5)，pop( )，pop( )の順に実行したときの動きをトレースしてみましょう。

呼出	呼出前の top の値	stack				呼出後の top の値	pop の戻り値
		1	2	3	4		
初期状態	0					0	
pop( )	0					0	未定義
push(1)	0	1				1	
push(2)	1	1	2			2	
push(3)	2	1	2	3		3	
push(4)	3	1	2	3	4	4	
pop( )	4	1	2	3		3	4
push(5)	3	1	2	3	5	4	
pop( )	4	1	2	3		3	5
pop( )	3	1	2			2	3

トレース結果から，プログラムは次のようになるべきであることが分かります。

1 push の呼出で，top は 1 加算されて，加算された top の位置に値を格納します。

2 pop の呼出で，top の位置にある値が返されて，top が 1 減算されます。

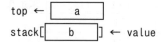 4 解答を選択する

〔プログラム〕

```
大域: 整数型: top ← 0
大域: 文字列型の配列: stack ← { }


○push(文字列型: value)
  top ←  [    a    ]
  stack[    b    ] ← value


○文字列型: pop()
  文字列型: ret
  if (top が 0 より大きい)
    ret ← stack[    c    ]
    stack[    c    ] ← 未定義
    top ←  [    d    ]
  endif
  return ret
```

解答群

	a	b	c	d
ア	1	top + 1	top	top − 1
イ	1	top + 1	top	top + 1
ウ	1	top + 1	top − 1	top − 1
エ	1	top + 1	top − 1	top + 1
オ	top + 1	top	top	top − 1
カ	top + 1	top	top	top + 1
キ	top + 1	top	top − 1	top − 1
ク	top + 1	top	top − 1	top + 1

トレース結果を基に，解答群の選択肢を見ていきましょう。

（ア）（イ）（ウ）（エ）：空欄 a において，top に代入する値が「1」に固定されています。スタックに値がない状態で push するときは，top が 0 から 1 となるので正しい動きになりますが，「1」に固定されていると，以降は何度 push をしても top の位置が変わらないことになり，誤りであることが分かります。

（キ）（ク）：空欄 c において，pop で取り出すときに，stack[top −1]を指定しています。この処理では，最上位の 1 段下の値が取り出されることになります。最上位の位置を表す top は，要素を取り出した後に減算されるべきであり，誤りであることが分かります。

（カ）：空欄 c において，pop で top の値を取り出すまでは正しいですが，空欄 d において，top の値を 1 増加させているため，誤りであることが分かります。

（オ）：空欄 c において，pop で top の値を取り出した後，空欄 d において，top の値は 1 減算される必要があるので，top ← top − 1 が正しいです。したがって，正解は（オ）になります。

正解　オ

演習問題にチャレンジ

（オリジナル問題 813472）

問6　次のプログラム中の　　a　　と　　b　　に入れる正しい答えの組合せを，解答群の中から選べ。

　　関数 enq は，キューに整数を追加する処理である。関数 deq は，キューから整数を取り出す処理である。キューに要素がないときの戻り値は未定義となる。キューのデータ構造は，整数型の配列 queue を用いて表現する。大域変数 first には，キューの先頭の要素の要素番号を格納する。大域変数 last には，キューの最後の要素の要素番号を格納する。配列 queue は十分な大きさが確保されており，enq で要素が格納できないことはないものとする。ここで配列の要素番号は1から始まる。

〔プログラム〕
　　大域: 整数型: first ← 0
　　大域: 整数型: last ← 0
　　大域: 整数型の配列: queue ← {}　　　/* 要素数0の配列 */

　　　○enq(整数型: value)
　　　　if (first が 0 と等しい)
　　　　　first ← 1
　　　　endif
　　　　last ← last + 1
　　　　queue[last] ← value
　　　　return

　　　○整数型: deq()
　　　　整数型: ret ← 未定義の値
　　　　if (last が 0 より大きい)
　　　　　ret ← queue[first]
　　　　　queue[first] ← 未定義の値
　　　　　first ← first + 1
　　　　endif

```
      return ret
```

このプログラムを次の順で実行した結果，v の値は [a] となり，
配列 queue のデータの並びは [b] となる。

整数型: v ← 0
(1) v ← deq()
(2) enq(9)
(3) enq(8)
(4) enq(7)
(5) v ← deq()
(6) enq(7)
(7) enq(8)
(8) v ← deq()
(9) v ← deq()

解答群

	a	b
ア	7	0, 0, 0, 7, 8
イ	7	7, 8
ウ	7	未定義，未定義，未定義，7, 8
エ	8	0, 0, 0, 7, 8
オ	8	7, 8
カ	8	未定義，未定義，未定義，7, 8

1 問題文をしっかりと読む

　関数 enq は，キューに整数を追加する処理である。関数 deq は，キューから整数を取り出す処理である。キューに要素がないときの戻り値は未定義となる。キューのデータ構造は，整数型の配列 queue を用いて表現する。大域変数 first には，キューの先頭の要素の要素番号を格納する。大域変数 last には，キューの最後の要素の要素番号を格納する。配列 queue は十分な大きさが確保されており，enq で要素が格納できないことはないものとする。ここで配列の要素番号は 1 から始まる。

2 プログラムの全体像を把握する

〔プログラム〕
```
大域: 整数型: first ← 0
大域: 整数型: last ← 0
大域: 整数型の配列: queue ← {}      /* 要素数 0 の配列 */

○enq(整数型: value)
  if (first が 0 と等しい)
    first ← 1
  endif
  last ← last + 1
  queue[last] ← value
  return

○整数型: deq()
  整数型: ret ← 未定義の値
  if (last が 0 より大きい)
    ret ← queue[first]
    queue[first] ← 未定義の値
    first ← first + 1
  endif
  return ret
```

1 　先入れ先出しのキューのデータ構造を表すプログラムであることが分かります。キューに値を格納する処理が関数 enq，キューから値を取り出す処理が関数 deq で定義されていることが分かります。

2 　キューに要素がない場合の関数 deq の戻り値は未定義となることが示されています。

3 　キューは整数型の配列で表現されており，先頭の要素番号が first，最後の要素番号が last に格納されていることが分かります。先入れ先出しのデータ構造を表現するために，この first と last をうまく活用するのだと想像できます。

1 　大域変数 first と last は 0 で初期化されており，キューを実現する整数型の配列 queue は空の配列で初期化されています。

2 　キューに値を格納する処理です。first が 0 と等しい場合に first に 1 を代入しています。first は 0 で初期化されているので，first が 0 は queue に値がない状態です。queue に値がない状態で，最初に値が格納されたときの処理だと想像できます。

3 　大域変数 last に 1 を加えた後に，配列 queue の last の要素番号に値を格納しています。

4 　キューから値を取り出す処理です。戻り値となる ret は未定義の値で初期化されています。

5 　last が 0 より大きい場合，つまりキューに値が存在する場合に，if 文の中の処理が実行されます。if 文の中では，queue から要素番号 first の値を取り出して，戻り値となる変数 ret に格納しています。queue から取り出した位置は未定義に更新して，first に 1 を加えています。

6 　変数 ret が返されます。queue に要素がない場合は，if 文の中の処理が実行されずに ret は未定義のままとなり，未定義が返されます。

3 プログラムをトレースする

〔プログラム〕
　　大域: 整数型: first ← 0
　　大域: 整数型: last ← 0
　　大域: 整数型の配列: queue ← {}　　/* 要素数 0 の配列 */

　　○enq(整数型: value)
　　　if (first が 0 と等しい)
　　　　first ← 1
　　　endif
　　　last ← last + 1
　　　queue[last] ← value
　　　return

　　○整数型: deq()
　　　整数型: ret ← 未定義の値
　　　if (last が 0 より大きい)
　　　　ret ← queue[first]
　　　　queue[first] ← 未定義の値
　　　　first ← first + 1
　　　endif
　　　return ret

整数型: v ← 0
　　(1) v ← deq()
　　(2) enq(9)
　　(3) enq(8)
　　(4) enq(7)
　　(5) v ← deq()
　　(6) enq(7)
　　(7) enq(8)
　　(8) v ← deq()
　　(9) v ← deq()

　問題では実行結果が問われていますので，問題文で指定された順序で実際に
実行して，処理の流れをトレースしてみましょう。

	呼出し	呼出し前		queue					呼出し後		deqの 戻り値
		first	last	1	2	3	4	5	first	last	
	初期状態	0	0								
1	deq( )	0	0						0	0	
2	enq(9)	0	0	9					1	1	
3	enq(8)	1	1	9	8				1	2	
4	enq(7)	1	2	9	8	7			1	3	
5	deq( )	1	3	未	8	7			2	3	9
6	enq(7)	2	3	未	8	7	7		2	4	
7	enq(8)	2	4	未	8	7	7	8	2	5	
8	deq( )	2	5	未	未	7	7	8	3	5	8
9	deq( )	3	5	未	未	未	7	8	4	5	7

※「未」は未定義を表す

4 解答を選択する

解答群

	a	b
ア	7	0, 0, 0, 7, 8
イ	7	7, 8
ウ	7	未定義, 未定義, 未定義, 7, 8
エ	8	0, 0, 0, 7, 8
オ	8	7, 8
カ	8	未定義, 未定義, 未定義, 7, 8

　トレース結果から，空欄 a は，最後に返された deq の戻り値である「7」となることが分かります。deq で取り出した要素には未定義が代入されるため，配列 queue のデータの並びを表す空欄 b は「未定義, 未定義, 未定義, 7, 8」となります。したがって，正解は（ウ）となります。

正解　ウ

Part2

Chap

3

データ構造

演習問題にチャレンジ

（オリジナル問題 813474）

問7　クラス Human は人間を表すクラスである。メンバ変数に身長と体重を保持し，メソッド bmi は，身長と体重から計算された bmi 値を返す。クラス Human の説明を次の図に示す。

メンバ変数	型	説明
height	数値型	身長（m）を保持する変数
weight	数値型	体重（kg）を保持する変数

コンストラクタ	説明
Human(数値型: height, 数値型: weight)	引数に指定した身長と体重をもつHumanインスタンスを生成する。

メソッド	型	説明
bmi	数値型	体重（kg）÷（身長(m)×身長(m)）の計算式で求められるbmi値を返す。

図　クラス Human の説明

　ここでクラス Human を継承した，クラス American とクラス Japanese を定義する。クラス American とクラス Japanese には，新たに太り過ぎ度合いを返すメソッド obesity を定義する。クラス American とクラス Japanese の説明を次の図に示す。

コンストラクタ	説明
American(数値型: height, 数値型: weight)	引数に指定した身長と体重で，親クラスHumanのコンストラクタを呼び出す。

メソッド	型	説明
obesity	文字列型	親クラスHumanのメソッドbmiを呼び出し，bmiの値が30.0以上の場合は"肥満"，その他の場合は"普通"を返す。

図　クラス American の説明

コンストラクタ	説明
Japanese(数値型: height, 数値型: weight)	引数に指定した身長と体重で, 親クラスHumanのコンストラクタを呼び出す。

メソッド	型	説明
obesity	文字列型	親クラスHumanのメソッドbmiを呼び出し, bmiの値が25.0以上の場合は"肥満", その他の場合は"普通"を返す。

図　クラス Japanese の説明

　次のプログラムを呼び出した結果の出力を解答群から選べ。なお, bmi は小数第 2 位で四捨五入する。

〔プログラム〕
```
American: a ← American(1.7, 80.0)
Japanese: j ← Japanese(1.7, 80.0)

a.bmi() と a.obesity()の戻り値 を 出力 // ①
j.bmi() と j.obesity()の戻り値 を 出力 // ②
```

解答群

	①	②
ア	27.7　普通	27.7　普通
イ	27.7　普通	27.7　肥満
ウ	27.7　肥満	27.7　肥満
エ	30.0　普通	25.0　普通
オ	30.0　普通	25.0　肥満
カ	30.0　肥満	25.0　肥満

1 問題文をしっかりと読む

クラス Human は人間を表すクラスである。メンバ変数に身長と体重を保持し，メソッド bmi は，身長と体重から計算された bmi 値を返す。クラス Human の説明を次の図に示す。

メンバ変数	型	説明
height	数値型	身長（m）を保持する変数
weight	数値型	体重（kg）を保持する変数

コンストラクタ	説明
Human(数値型: height, 数値型: weight)	引数に指定した身長と体重をもつHumanインスタンスを生成する。

メソッド	型	説明
bmi	数値型	体重（kg）÷（身長(m)×身長(m)）の計算式で求められるbmi値を返す。

図　クラス Human の説明

ここでクラス Human を継承した，クラス American とクラス Japanese を定義する。クラス American とクラス Japanese には，新たに太り過ぎ度合いを返すメソッド obesity を定義する。クラス American とクラス Japanese の説明を次の図に示す。

コンストラクタ	説明
American(数値型: height, 数値型: weight)	引数に指定した身長と体重で，親クラスHumanのコンストラクタを呼び出す。

メソッド	型	説明
obesity	文字列型	親クラスHumanのメソッドbmiを呼び出し，bmiの値が30.0以上の場合は"肥満"，その他の場合は"普通"を返す。

図　クラス American の説明

1 クラス Human の仕様が示されています。クラス Human は身長と体重を保持すること，身長と体重から bmi を計算して返すメソッド bmi が定義されていることが分かります。

2 クラス Human を継承した，クラス American とクラス Japanese を定義することが示されています。継承とは，"元のクラスの特徴を引き継ぎながら拡張した別クラスを定義する" ことで，元のクラスを「親クラス」，拡張した別クラスを「子クラス」と呼びます。この場合，親クラスはクラス Human であり，クラス American とクラス Japanese はクラス Human の特徴を引き継いだ子クラスとなります。子クラスは親クラスの特徴を引き継ぐため，親クラスに定義されたメンバ変数やメソッドは，子クラスから参照することができます。

3 子クラスでは，新たにメソッド obesity を定義することが示されています。obesity は bmi の値を基に肥満度の文字列を返すメソッドです。bmi の計算は親クラスに定義されたメソッド bmi を呼び出すことで実現します。

4 クラス American とクラス Japanese で，メソッド obesity の処理が異なることが示されています（左ページでは，クラス Japanese に関する記述は省略）。

2 プログラムの全体像を把握する

〔プログラム〕

```
American: a ← American(1.7, 80.0)        1

Japanese: j ← Japanese(1.7, 80.0)        2


a.bmi() と a.obesity()の戻り値 を 出力 // ①    
                                              3
j.bmi() と j.obesity()の戻り値 を 出力 // ②
```

1　クラス American のコンストラクタを呼び出して，インスタンスを生成しています。クラスは "型"，インスタンスは "型から生成された実体" です。コンストラクタの引数に身長と体重を指定することで，身長と体重を保持した American インスタンスが生成されます。身長と体重を保持するメンバ変数は，親クラス Human に定義されています。

2　クラス Japanese のコンストラクタを呼び出して，インスタンスを生成しています。引数の値は，クラス American のコンストラクタを呼び出したときと同じです。

3　American と Japanese のインスタンスのメソッドを呼び出した結果を出力しています。American と Japanese のインスタンスは，同じ値の身長と体重をそれぞれが保持しています。

3 プログラムをトレースする

メソッド	型	説明
bmi	数値型	体重（kg）÷（身長(m)×身長(m)）の計算式で求められるbmi値を返す。

図　クラス Human の説明

メソッド	型	説明
obesity	文字列型	親クラスHumanのメソッドbmiを呼び出し，bmiの値が30.0以上の場合は"肥満"，その他の場合は"普通"を返す。

図　クラス American の説明

メソッド	型	説明
obesity	文字列型	親クラスHumanのメソッドbmiを呼び出し，bmiの値が25.0以上の場合は"肥満"，その他の場合は"普通"を返す。

図　クラス Japanese の説明

1 メソッド bmi は親クラスの Human に定義されており，クラス American とクラス Japanese は親クラスの bmi を呼び出して，その結果から肥満度を判別します。

2 クラス American のメソッド obesity では，bmi が 30.0 以上の場合に "肥満"を返すように定義されています。身長が 1.7，体重が 80.0 をコンストラクタに渡してインスタンスを生成しているので，bmi の計算結果は，80.0 ÷（1.7 × 1.7）＝ 27.7 となります。bmi が 30.0 より小さいので，メソッド obesity の戻り値は "普通" になります。

3 クラス Japanese のメソッド obesity では，bmi が 25.0 以上の場合に "肥満"を返すように定義されています。身長が 1.7，体重が 80.0 をコンストラクタに渡してインスタンスを生成しているので，bmi の計算結果は，80.0 ÷（1.7 × 1.7）＝ 27.7 となります。これは，American と同じ結果です（同じクラス Human のメソッド bmi を呼び出している）。しかし，bmi が 25.0 以上なので，Japanese の場合は，メソッド obesity の戻り値は "肥満" になります。

4 解答を選択する

メソッド	型	説明
obesity	文字列型	親クラスHumanのメソッドbmiを呼び出し，bmiの値が30.0以上の場合は"肥満"，その他の場合は"普通"を返す。

図 クラス American の説明

メソッド	型	説明
obesity	文字列型	親クラスHumanのメソッドbmiを呼び出し，bmiの値が25.0以上の場合は"肥満"，その他の場合は"普通"を返す。

図 クラス Japanese の説明

〔プログラム〕

```
American: a ← American(1.7, 80.0)
Japanese: j ← Japanese(1.7, 80.0)

a.bmi() と a.obesity()の戻り値 を 出力 // ①
j.bmi() と j.obesity()の戻り値 を 出力 // ②
```

解答群

	①	②
ア	27.7 普通	27.7 普通
イ	27.7 普通	27.7 肥満
ウ	27.7 肥満	27.7 肥満
エ	30.0 普通	25.0 普通
オ	30.0 普通	25.0 肥満
カ	30.0 肥満	25.0 肥満

　トレース結果から，それぞれのインスタンスの bmi の結果は同じ "27.7" であることが分かります（同じ値で同じ Human のメソッド bmi を実行するので同じ結果となります）。

　American の obesity の実行結果は，トレース結果から "普通" であることが分かります。

　一方，Japanese の obesity の実行結果は，トレース結果から "肥満" であることが分かります。

　したがって，（イ）が正解となります。

正解　イ

Chapter 4

アルゴリズム

1「再帰」とは，自分自身を 繰り返し呼び出すアルゴリズム

自分自身を繰り返し呼び出すアルゴリズムが「再帰」です。再帰を使うことで，複雑な繰返し処理をとてもシンプルに記述できる場合があります。

左の図は，再帰のイメージを表しています。左の女性が右の女性に何かを伝えています。その会話の中で，過去の別の会話に言及しています。さらにその会話の中で，さらに前の会話に言及しています。これによって，大元となる会話の内容を呼び出し，その内容をさらに呼び出し，現在の会話に戻ると全体の会話が終了します。

関数の処理の中で，自分自身の関数を呼び出す関数を再帰関数と呼びます。整数 n の総和を求める処理を例に，再帰関数を考えてみましょう。整数 n の総和とは，n から 1 までの全ての整数を足し合わせた結果を求めるものです。例えば，4 の総和は，「4 ＋ 3 ＋ 2 ＋ 1」で「10」となります。

n の総和を再帰関数で表すと，次のようになります。

■擬似言語の表記例

○整数型: summation（整数型: n） // ①	① 整数 n の総和を求める関数
if (n ＝ 0)	
return 0 // ②	② n が 0 のときは 0 を返す
else	
return n ＋ summation (n – 1) // ③	③ n が 0 以外のときは，n － 1 を引数に自身を呼び出す（再帰）
endif	

nが0以外のときは，③で自身の関数を呼び出しています。これが再帰です。その際，引数には「n － 1」を与えています。次に，「n － 1」で呼び出した処理で，nが0以外のときには，再度，「n － 1」を引数として，③で自身を呼び出します。つまり，nが0になるまで，繰り返し自身の関数の再帰呼出しが行われて，nが0になると，再帰呼出しが終了します。nに4を指定して，処理をトレースしてみましょう。

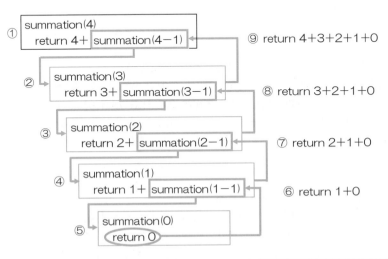

①	nを4で呼び出すと，自身を「4 － 1」で再帰呼出しする この時点では，returnの値は確定していない	⑥	「return 0」が実行されることで，「summation(1 － 1)」は0に確定し，「1 ＋ 0」を返す
②	nが3で呼び出されて，自身を「3 － 1」で再帰呼出しする	⑦	「summation(2 － 1)」が「1 ＋ 0」に確定して，「2 ＋ 1 ＋ 0」を返す
③	nが2で呼び出されて，自身を「2 － 1」で再帰呼出しする	⑧	「summation(3 － 1)」が「2 ＋ 1 ＋ 0」に確定して，「3 ＋ 2 ＋ 1 ＋ 0」を返す
④	nが1で呼び出されて，自身を「1 － 1」で再帰呼出しする	⑨	「summation(4 － 1)」が「3 ＋ 2 ＋ 1 ＋ 0」に確定するので，最終結果として，「4 ＋ 3 ＋ 2 ＋ 1 ＋ 0」を返し，全体の処理が終了する
⑤	「1 － 1」で再帰呼出しするとnは0となり，「return 0」が実行されて再帰呼出しが終了する		

　再帰は，一見しただけでは処理を理解することが難しいですが，次のポイントを押さえることで，理解できます。

（1）　再帰呼出しの終了条件が必ず存在する

　再帰呼出しを行わずに何らかの値を返す処理が，終了条件となります。先程の例では，「n ＝ 0 の場合に 0 を返す」が再帰呼出しの終了条件です。終了条件がないと，永遠に再帰呼出しが繰り返されることになります。まずは，どのような状態で再帰呼出しが終了するのか，しっかりと確認しましょう。

（2）　最後の再帰呼出しが行われるまで値が確定しない

　再帰呼出しが行われると，その再帰呼出しの中で，さらに再帰呼出しが行われます。再帰呼出しを繰り返した後，最後の再帰呼出しが行われて初めて，全ての再帰呼出し結果が確定します。繰り返し再帰呼出しされた結果を連結するとどのような値になるのか，イメージしながら処理を確認すると理解が深まります。

（3）　紙に書きながらトレースする

　再帰呼出しを頭の中だけでトレースしようとすると，今が何回目の再帰呼出しなのかが分からなくなり混乱します。引数に具体的な値を入れて，実際の値を紙に書きながら，じっくりとトレースすることをオススメします。一見，複雑に見える処理でも，落ち着いてトレースすれば，必ず理解できます。

⚙2 「整列（ソート）」とは，順番に並び替えるアルゴリズム

複数の値を，小さい順又は大きい順に並び替えるアルゴリズムが「整列（ソート）」です。小さい順を「昇順」，大きい順を「降順」といいます。下の図では，鉛筆の長さの昇順に整列（ソート）しています。

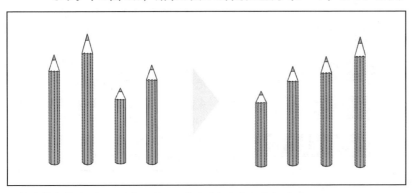

代表的な整列（ソート）のアルゴリズムを次に示します。

アルゴリズム		説明
（1）	選択ソート	昇順の場合は最小値（降順の場合は最大値）を選択して，先頭に配置することを繰り返す
（2）	バブルソート	隣り合う要素を順に比較して入れ替える
（3）	マージソート	整列対象を分割して，並び替えながら結合する
（4）	挿入ソート	未整列部分の先頭から順に要素を取り出して，整列済み部分の適切な位置に挿入することで整列する
（5）	シェルソート	一定間隔おきに取り出した要素で挿入ソートを行い，間隔を狭めながら挿入ソートを繰り返した後に，全体を挿入ソートで並び替える
（6）	クイックソート	基準値でグループ分けをしながら並び替える
（7）	ヒープソート	木構造（ヒープ）を構築することで並び替える

昇順（小さい順）に整列する場合を例に，それぞれのアルゴリズムの具体的な流れと，擬似言語の表記例を見てみましょう。

（1）選択ソート

最小値を選択して，先頭に配置することを繰り返すことで整列します。

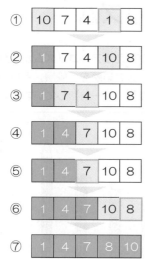

① 先頭より後の要素から最小値である「1」を選択する
② 先頭の「10」と「1」を入れ替える

③ 2番目の「7」より後の要素から，最小値である「4」を選択する
④ 「7」と「4」を入れ替える

⑤ 3番目の「7」は残りの最小値であるため，そのまま次の要素へ
⑥ 4番目の「10」より後の要素から，最小値である「8」を選択する
⑦ 「10」と「8」を入れ替えて，全ての要素の整列が完了する

　次ページに，「選択ソート」の，擬似言語での表記例を掲載しています。上に示した配列{ 10, 7, 4, 1, 8 }を例として，これまでに学んできたように，擬似言語をトレースしてみてください。上の図に示した①→②→③→④…⑦のように，配列の数値がソートされていく様子が実感できるはずです。

　なお，配列の要素番号は，プログラム言語によって，0から始まる場合と，1から始まる場合があります。基本情報技術者試験では，「ここで，配列の要素番号は 1 から始まる」といったように，問題文の中に記載されています。本Chapterに掲載した擬似言語では，要素数は全て「1」から始まるものとします（上の配列を list とすると，次に示すように，list[1]は 10, list[2]は 7, list[3]は 4…となります）。

	[1]	[2]	[3]	[4]	[5]
List	10	7	4	1	8

■擬似言語の表記例

○整数型の配列: sort(整数型の配列: list) // ①	① 引数に整列対象の配列を受け取る
整数型: tmp // ②	② 入替えの退避用
整数型: min // ③	③ 最小値の要素番号
// ④	④ 整列対象の配列を最初から順に参照する
for (i を 1 から list の要素数 まで 1 ずつ増やす)	
min ← i // ⑤	⑤ 最小値の要素番号を現在の要素番号で初期化
// ⑥	
for (j を i+1 から list の要素数 まで 1 ずつ増やす)	⑥ 比較対象より後の要素を順に参照する
if (list[j] ＜ list[min]) // ⑦	⑦ 比較対象よりも小さい値があれば，要素番号を min に代入する
min ← j	
endif	
endfor	
tmp ← list[i]　// ⑧	⑧ 現在の要素をいったん退避して，最小値と入れ替える
list[i] ← list[min]	
list[min] ← tmp	
endfor	
return list	

（2）バブルソート

　隣り合う要素を順に比較して入れ替えることで整列します。泡のように上に上がっていくことから，バブルソートと呼ばれます。

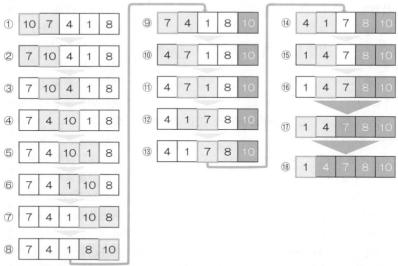

①	先頭から順に隣り合う要素を比較する「10」と「7」を比較	⑨	一番後ろの要素を固定して，再度，先頭から順に隣り合う要素を比較する「7」と「4」を比較	⑭	後ろ二つの要素を固定して，先頭から順に隣り合う要素を比較する「4」と「1」を比較
②	入れ替える	⑩	入れ替える	⑮	入れ替える
③	「10」と「4」を比較	⑪	「7」と「1」を比較	⑯	「4」と「7」を比較するが，「7」の方が大きいためそのまま
④	入れ替える	⑫	入れ替える	⑰	後ろ三つの要素を固定して先頭から比較「1」と「4」を比較するが，「4」の方が大きいためそのまま
⑤	「10」と「1」を比較	⑬	「7」と「8」を比較するが，「8」の方が大きいためそのまま	⑱	後ろ四つの要素を固定して，比較対象がなくなり整列完了
⑥	入れ替える				
⑦	「10」と「8」を比較				
⑧	入れ替える				

■擬似言語の表記例

○整数型の配列: sort(整数型の配列: list) // ①
 	
 　整数型: tmp // ②
 	
 　// ③
 	
 　for (i を 1 から list の要素数まで 1 ずつ増やす)
 　　// ④
 	
 　　for (j を 1 から list の要素数 － i まで 1 ずつ増やす)
 	
 　　　if (list[j] ＞ list[j ＋ 1]) // ⑤
 	
 　　　　tmp ← list[j]
 	
 　　　　list[j] ← list[j ＋ 1]
 	
 　　　　list[j ＋ 1] ← tmp
 	
 　　　endif
 	
 　　endfor
 	
 　endfor
 	
 　return list
	① 引数に整列対象の配列を受け取る
	 ② 入替えの退避用
	 ③ ④を(比較対象を一つずつ減らしながら)繰り返すための for 文
	 ④ 配列の先頭から順に隣り合う要素を参照する
	 ※繰返しごとに, 最後の要素が残りの値の中での最大値として固定されるため, 比較対象が一つずつ減るように「要素数 － i」とする
	 ⑤ 隣り合う要素の方が小さい場合は入れ替える

（3）マージソート

　整列対象を半分に分割することを繰り返し，分割対象が一つの要素になったら，並び替えながら結合（マージ）していきます。再帰呼出しによって実現されます。

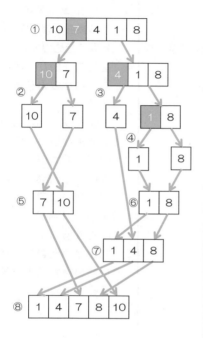

① 　半分に分割する位置を求めて（この場合は「7」），左と右に分割

② 　左側を半分に分割
③ 　右側を半分に分割
④ 　右側をさらに半分に分割

⑤ 　左側の分割結果を並び替えながら結合する
⑥ 　右側の分割結果を並び替えながら結合する

⑦ 　さらに右側の分割結果を並び替えながら結合する

⑧ 　左側の分割結果と右側の分割結果を並び替えながら結合して，全ての要素の整列が完了する

■擬似言語の表記例

<table>
<tr><td>

○整数型の配列: sort(整数型の配列: list) // ①
  整数型: mid // ②
  整数型の配列：left, right ← { } // ③
  if (list の要素数が 1 以下)
    return list // ④
  else
    mid ← list の要素数 ÷ 2 の商 // ⑤
  endif
  for (i を 1 から list の要素数 まで 1 ずつ増やす)// ⑥
    if (i ≦ mid)
      left の末尾に list[i]を追加する
    else
      right の末尾に list[i]を追加する
    endif
  endfor
  left ← sort(left) // ⑦
  right ← sort(right) // ⑧
  return merge(left, right) // ⑨

○整数型の配列: merge(整数型の配列: left,
                整数型の配列: right)// ⑩
  整数型の配列: ret ← { } // ⑪
  整数型: i, j ← 1
  while ((i が left の要素数 以下) and (j が right の要素数 以下)) // ⑫
    if (left[i] ＜ right[j])
      ret の末尾に left [i]を追加する
      i ← i + 1
    else
      ret の末尾に right [j]を追加する
      j ← j + 1
    endif
  endwhile
  ret の末尾に left と right の残りを追加する
  return ret // ⑬

</td><td>

① 引数に整列対象の配列を受け取る
② 真ん中の要素番号
③ 整列対象を左側と右側に分割した結果を格納する配列
④ 引数の配列の要素数が 1 の場合（これ以上分割できない場合）は再帰呼出しを終了する
⑤ 真ん中の要素番号を求める
⑥ 真ん中の要素番号で左側と右側に分割した配列を生成する
⑦ 左側の配列で再帰呼出しをする
⑧ 右側の配列で再帰呼出しをする
⑨ 左側と右側の配列を結合する
⑩ 左側の配列と右側の配列を結合する関数（それぞれの配列は整列されていることが前提）
⑪ 結合した結果を格納する配列
⑫ 先頭から順に大小を比較して格納する
⑬ 整列済みの配列を返す

</td></tr>
</table>

（4）挿入ソート

　未整列部分の先頭から順に要素を取り出して，整列済み部分の適切な位置に挿入することで整列します。

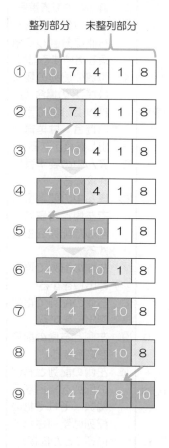

① 最初の要素を整列部分とする

② 未整列部分の最初の要素の「7」を取り出す

③ 未整列部分を一つずつ右にずらし，「10」の手前に挿入する

④ 未整列部分の最初の要素の「4」を取り出す

⑤ 未整列部分を一つずつ右にずらし，「7」の手前に挿入する

⑥ 未整列部分の最初の要素の「1」を取り出す

⑦ 未整列部分を一つずつ右にずらし，「4」の手前に挿入する

⑧ 未整列部分の最初の要素の「8」を取り出す

⑨ 未整列部分を一つずつ右にずらし，「10」の手前に挿入する

■擬似言語の表記例

○整数型の配列: sort(整数型の配列: list) // ①
 　整数型: i, j, tmp ← 0　// ②
 　for (i を 2 から list の要素数 まで 1 ずつ増やす)// ③
 　　j ← i // ④
 　　tmp ← list[i] // ⑤
 　　// ⑥
 　　while ((j > 1) and (list[j − 1] > tmp))
 　　　list[j] ← list[j − 1] // ⑦
 　　　j ← j − 1
 　　endwhile
 　　list[j] ← tmp // ⑧
 　endfor
 　return list
	① 引数に整列対象の配列を受け取る
	
	 ② 要素番号 i,j と入替え退避用の tmp を初期化する
	
	 ③ 未整列部分を順に参照する(最初の要素は整列済みとしてスタートするので, i は2から始まる)
	
	 ④ j は未整列部分の最初の要素番号になる
	
	 ⑤ これから挿入する値を tmp に格納する
	
	 ⑥ 挿入する値より大きい値になるまで, 整列部分を後ろから参照する(挿入位置を求める)
	
	 ⑦ 挿入位置になるまで, 整列部分の要素を右にずらす
	
	 ⑧ 値を挿入する

（5）シェルソート

挿入ソートを改良したアルゴリズムです。まず，一定間隔おきに取り出した
要素のグループで，それぞれ挿入ソートを行います。その後，間隔を狭くしな
がら取り出した要素の挿入ソートを繰り返し，最後には全体を挿入ソートで並
び替えます。例えば，最初に4つおきに取り出した場合は，間隔を4→2→1
と狭くしながら一定間隔おきに取り出し，間隔が1になるまで繰り返し実行し
ます。挿入ソートは，ある程度整列されているデータであれば，少ない手順で
並び替えられるメリットがあります。

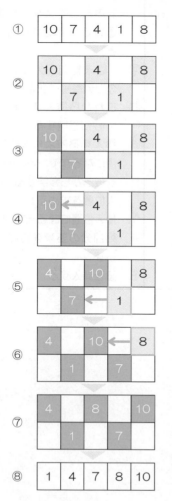

① 整列対象の配列

② 整列対象を一定間隔おきに取り出した
　グループに分けて考える（この例では
　二つおきに取り出している）

③ それぞれのグループの先頭を整列済み
　とする

④ 一つ目のグループの最初の要素を挿入
　ソートで並び替える

⑤ 二つ目のグループの最初の要素を挿入
　ソートで並び替える

⑥ 一つ目のグループの二つ目の要素を挿
　入ソートで並び替える

⑦ それぞれのグループの挿入ソートが完
　了する

⑧ 間隔1で挿入ソートを繰り返す（全体
　を挿入ソートで並び替える）

■擬似言語の表記例

○整数型の配列: sort(整数型の配列: list) // ①	① 引数に整列対象の配列を受け取る
整数型: i, j // ②	② 要素番号
整数型: h ← 2 // ③	③ 間隔を２とする（※）
整数型: tmp // ④	④ 入替えの退避用
while h ＞ 0 // ⑤	⑤ 間隔が０になるまで繰り返す
for (i を h ＋ 1 から list の要素数 まで１ずつ増やす) // ⑥	⑥ 先頭の２要素を整列済みとして, 間隔＋1以降を未整列部分として繰り返し処理する
j ← i	
tmp ← list[i] // ⑦	⑦ これから挿入する値をtmpに格納する
// ⑧	
while ((j ＞ h) and (list[j － h] ＞ tmp))	⑧ 挿入ソートにおける「j - 1」を「j - h」とすることで, 間隔ごとに離れた値を処理する
list[j] ← list[j － h]	
j ← j － h	
endwhile	
list[j] ← tmp	
endfor	⑨ 間隔を狭める（間隔1で処理したら繰返しを抜ける）
h ← h － 1 // ⑨	
endwhile	
return list	

※この例では, 分かりやすくするために, 間隔は２から始めることとする

（6）クイックソート

　整列対象の値の中から，ピボットと呼ばれる基準値を決めて，ピボットよりも大きいグループと小さいグループに分割し，分割されたグループでさらにピボットを決めて分割することを，分割できなくなるまで繰り返します。

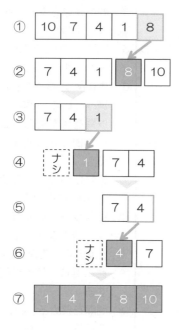

① ピボットを決める（この例では，配列の最後の要素をピボットとする）

② ピボットとした「8」よりも小さいグループと大きいグループに分割する　大きいグループは要素数が 1 であるため繰返しを終了する

③ 小さいグループのピボットを決める

④ ピボットとした「1」よりも小さいグループと大きいグループに分けるが，小さいグループの要素はナシとなる

⑤ 大きいグループでピボットを決める

⑥ ピボットとした「4」よりも小さいグループと大きいグループに分けるが，小さいグループはナシとなる

⑦ これ以上分割できなくなったので，分割した全ての要素を結合して整列完了

■擬似言語の表記例

○整数型の配列: sort(整数型の配列: list) // ①	① 引数に整列対象の配列を受け取る
整数型: i, j // ②	② 要素番号
整数型: pivot // ③	③ ピボットの要素番号
整数型の配列: left, right ← { } // ④	④ 整列対象の要素数が1となった場合に再帰呼出しを終了する
if (list の要素数が 1 以下)	
return list // ④	
endif	
pivot ← list[list の要素数] // ⑤	⑤ 最後の要素をピボットとする
for (i を 1 から list の要素数 − 1 まで 1 ずつ増やす) // ⑥	⑥ 最後の要素はピボットとして取り出したので, 最後の要素の手前までを順に参照
if (list[i] が pivot 以下) // ⑦	⑦ ピボットよりも小さい値を「left」, 大きい値を「right」に格納
left の末尾に list[i]を追加する	
else	
right の末尾に list[i]を追加する	
endif	
endfor	
left ← sort(left) // ⑧	⑧ 再帰呼出し
right ← sort(right)	
return left と pivot と right を結合した配列 // ⑨	⑨ 分割したグループを結合して整列完了

185

（7）ヒープソート

　ヒープとは，Chapter 3 で学習した「木構造」において，ルート（根）を最
大値とした場合は，全ての親ノードが子ノードより大きくなり，ルートを最小
値とした場合は，全ての親ノードが子ノードよりも小さくなる，完全 2 分木の
データ構造のことを指します。完全 2 分木とは，下記の図のように，全ての子
ノードが二つで，深さが揃っている木構造ですが，必ずしもキリのよい要素数
になるとは限らないので，子ノードが一つの要素が存在するときや，ルートか
ら全てのリーフまでの深さの差が一つ以内に収まっている場合も，完全 2 分木
と呼びます。

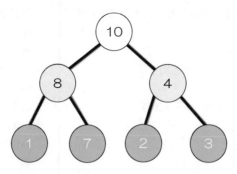

　ヒープソートでは，整列対象の配列をヒープに変換することで整列します。
ヒープソートの流れを次に示します。

まず，整列対象の配列をヒープ構造に変換します。

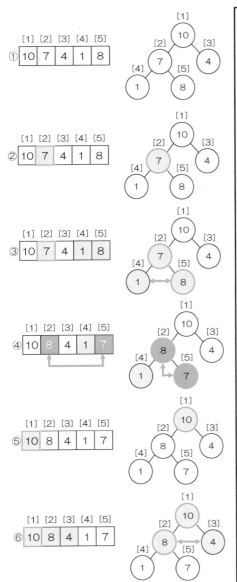

① 整列対象の配列を，そのまま先頭要素をルートとする2分木で表現する（値の大小は考慮しない）

② 2分木がヒープになるように並び替えるため，まずは，子ノードをもつ最下層の親ノードである「7」を選択する

③ 選択した「7」の子ノード同士を比較して，大きい方を選択する（この場合は「8」を選択する）

④ 親ノードの「7」と大きい方の子ノードの「8」を比較し，子ノードの方が大きいため，親ノードと入れ替える

⑤ 次の親ノードである「10」を選択する

⑥ 子ノード同士を比較して，大きい方の「8」を選択するが，親ノードの方が大きいため，何もしない
全ての子ノードが親ノードより小さい状態となり，ヒープの作成が完了する

ヒープを作成する処理を擬似言語で表すと，次のようになります。

■擬似言語の表記例

整数型の配列: list ← { 10, 7, 4, 1, 8 }
整数型: i ← list の要素数 ÷ 2 の商 // ①
for (i を 1 まで 1 ずつ減らす) // ②
　list ← heap(list, i, list の要素数) // ③
endfor
// ④
○整数型の配列: heap(整数型の配列: list，整数型: root，整数型: bottom)
　整数型: left ← root × 2 // ⑤
　整数型: right ← root × 2 + 1 // ⑥
　整数型: max // ⑦
 	
　if ((left が bottom 以下) and (list[left] が list[root] より大きい)) // ⑧
　　max ← left
　else
　　max ← root
　endif
 	
　if ((right が bottom 以下) and (list[right] が list[max] より大きい)) //⑨
　　max ← right
　endif
 	
　if (max と root が等しくない) // ⑩
　　list[root] と list[max] を入れ替える
　　list ← heap(list, max, bottom) // ⑪
　endif
　return list
	① 整列対象の配列の要素数から，最下位の親ノードの要素番号を求める（※1）
	② 親ノードを下から順に参照する
	③ 親ノードをルートとして，heap 作成関数を呼び出す
	　bottom で再構築する範囲を指定する
	④ ヒープを作成する関数
	⑤ 左下の子ノード（※2）
	⑥ 右下の子ノード（※3）
	⑦ 子ノードの大きい方の要素番号
	⑧ 左下の子ノードと親ノードを比較して，大きい方の要素番号を取得（※4）
	⑨ 右下の子ノードと⑧の結果を比較して，大きい方の要素番号を取得
	⑩ 子ノードの大きい方と親ノードを比較し，子ノードの方が大きければ入れ替える（※5）
	⑪ 入れ替えた結果，子ノードの関係性が変わる可能性があるため，max を親ノードとして再帰呼出し

※1 2分木は子ノードを二つずつもつため，要素数を2で割ると最下位の親ノードの要素番号になる。例えば，前述の例のように要素数が5の場合は，最下位の親ノードの要素番号は2となる。

※2 2分木は子ノードを二つずつもつため，親ノードの要素番号を2倍すると，左下の子ノードの要素番号となる。例えば，親ノードの要素番号が2のとき，左下の子ノードの要素番号は4となる。

※3 左下の子ノードの要素番号に1を加えると，右下の子ノードの要素番号になる。

※4 leftとrightが配列の最後の要素より大きくなった場合の考慮は省略する。

※5 入替え処理の詳細は省略する。

　次に，ヒープ構造のルート（配列の先頭）と，最下位のリーフ（配列の最後）を入れ替えながら，全体を整列します。

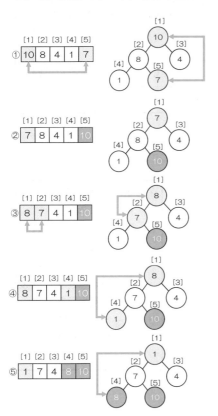

① ルートと最後の要素を入れ替える

② ヒープを作成した時点でルートは最大値となっているため，そのまま最後の要素を固定する

③ ヒープの再構築を行い，「8」がルートになる

④ ルートと最後の要素を入れ替える

⑤ 「8」が最大値のため固定する

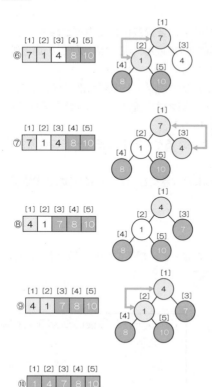

⑥ ヒープの再構築を行い,「7」がルートになる

⑦ ルートと最後の要素を入れ替える

⑧ 「7」が最大値のため固定する

⑨ ヒープの再構築を行うが, 入替えは発生せず, そのままルートと最後の要素を入れ替える

⑩ 全ての要素が固定されて整列が完了する

■擬似言語の表記例

〇整数型の配列: sort(整数型の配列: list) // ①
// ②
　for (i を list の要素数 から1 まで 1 ずつ減らす)
　　list[1]　と list[i] を 入れ替える
　　list ← heap(list, 1, i − 1) // ③
　endfor
　return list
	① 引数には heap に変換した配列を渡す
	② 繰返しのたびに最大値が固定されるため, 要素数から1ずつ減らしながら繰り返す(iは最後の要素番号を示す)
	③ i − 1の範囲まで, ヒープを再構築する

⚙3 「探索」とは，目的の値を探す アルゴリズム

条件に一致する値を探すアルゴリズムが「探索」です。複数の値の集まりである探索対象から，目的の値を探し出します。

代表的な探索のアルゴリズムを次に示します。

	アルゴリズム	説明
（1）	線形探索	探索対象を先頭から順に一つずつ探索する
（2）	2分探索	あらかじめ整列（ソート）された対象を，半分に分けながら探索する
（3）	ハッシュ表探索	値にハッシュ関数を掛けることで，固定長の数値である「ハッシュ値」に変換して，格納場所を決める。また，探したい値にハッシュ関数を掛けることで，格納場所を求める

それぞれのアルゴリズムの詳細を見てみましょう。

（1）線形探索

探索対象を，単純に先頭から順番に比較することで値を探します。とても
シンプルなアルゴリズムです。

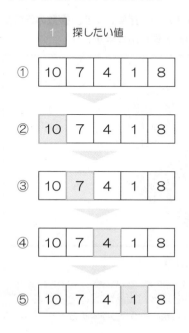

探したい値 **1**	① 配列から「1」を探索する
① 10 7 4 1 8	② 先頭の「10」と「1」を比較し，一致しないので次の要素へ
② 10 7 4 1 8	③ 2番目の「7」と「1」を比較し，一致しないので次の要素へ
③ 10 7 4 1 8	④ 3番目の「4」と「1」を比較し，一致しないので次の要素へ
④ 10 7 4 1 8	⑤ 4番目の「1」と一致するので，探索を終了する
⑤ 10 7 4 1 8	

■擬似言語の表記例

```
○整数型: search(整数型の配列: list, 整数型: val)
//①
  // ②
  for (i を 1 から list の要素数 まで 1 ずつ増や
す)
    if (list[ i ] が  val と等しい)
      return i // ③
    endif
  endfor
  return －1 // ④
```

①	引数に探索対象の配列と探索する値を指定する
②	先頭から順に参照
③	探索する値と一致したら，要素番号を返す
④	一致する値がなかったら，－1を返す

（2）2分探索

あらかじめ探索対象を整列し，探索対象を半分に分割しながら，探したい値が存在しないグループを切り捨てることを繰り返して，探索します。

| 1 | 探したい値 |

① | 1 | 4 | 7 | 8 | 10 |

② | 1 | 4 | | 7 | 8 | 10 |

③ | 1 | | 4 |

① 配列から「1」を探索する
（あらかじめ探索対象は昇順に整列されている）
② 探索対象を半分に分割する
左グループの最大値である「4」と「1」を比較し，「1」の方が小さいため，「1」は左グループに存在することが分かり，右グループを切り捨てる
③ 残った左グループを再度分割し，左グループの最大値と比較したところ，一致したので探索を終了する

■擬似言語の表記例

○整数型: search(整数型の配列: list, 整数型: val) //①	① 引数に探索対象の配列と探索する値を指定する（探索対象の配列は事前に整列されている）
整数型: low, mid, high // ②	② 探索対象の要素番号
low ← 1	low: 最小，mid: 分割位置, high: 最大
high ← list の要素数	③ high よりも low が大きくなる（分割できなくなる）まで繰り返し
while (low ≦ high) // ③	
mid ← (low + high) ÷ 2 の商 // ④	④ 探索対象の真ん中を分割位置とする
if (list[mid] が val と等しい)	⑤ 分割位置の値と一致した場合は分割位置の要素番号を返す
return mid // ⑤	
elseif (list[mid] が val より小さい)	⑥ 分割位置の値の方が小さい場合は, 右のグループを対象にする
low ← mid + 1 // ⑥	
else	⑦ 分割位置の値の方が大きい場合は左のグループを対象とする
high ← mid − 1 // ⑦	
endif	⑧ 見つからない場合は−1を返す
endwhile	
return − 1 // ⑧	

（3）　ハッシュ表探索

　値にハッシュ関数と呼ばれる固有の関数を掛けることで，固定長の数値である「ハッシュ値」に変換して，格納場所を決めます。探したい値にハッシュ関数をかければ，同じ値の格納場所をすぐに求めることができます。

　例えば，「値を5で割った余り ＋ 1」をハッシュ関数としたとき，各値の格納場所は次のようになります。

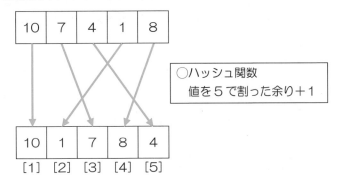

■擬似言語の表記例

○整数型: search(整数型の配列: list, 整数型: val) // ① 整数型: index ← hash(val) // ② if (list[index] と val が等しい) return index // ③ else return −1 // ④ endif ○整数型: hash(整数型: val) // ⑤ return (val mod 5) ＋ 1	① 引数に探索対象の配列と探索する値を指定する 探索対象の配列はハッシュ値の位置に格納されているものとする ② ハッシュ関数によって格納位置を求める ③ 求めた格納位置にある値と等しければ，格納位置を返す ④ 等しくなければ(値が見つからなければ)−1 を返す ⑤ ハッシュ関数

※この例では，理解しやすくするため，異なる値から求めたハッシュ値が同じ場合は考慮しないものとする。通常は，ハッシュ値が同じ場合は，それらのデータをリストでつなげて格納するなどの処理を行う。

⚙4　木構造を探索するアルゴリズムには「深さ優先」と「幅優先」がある

木構造とは，ルート（根）とノード（節）とリーフ（葉）によって，木のような階層構造を表したものです。ルートを起点として，木構造の全ての要素を探索するためのアルゴリズムを考えてみましょう。

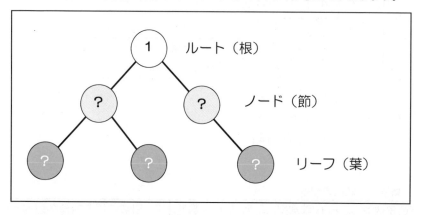

木構造を探索する代表的なアルゴリズムとして，「深さ優先探索」と「幅優先探索」があります。それぞれの特徴を次に示します。

	アルゴリズム	説明
（1）	深さ優先探索（DFS）	縦方向に探索する。とにかく深いところまで到達することを目指して進み，最下層まで到達したら戻ることを繰り返す。
（2）	幅優先探索（BFS）	横方向に探索する。起点に近いところから，同じ階層の全ての要素を横方向に参照してから，下の階層に移動する。

次で，それぞれのアルゴリズムを詳しく見てみましょう。

なお，（1）と（2）の探索アルゴリズムには，厳密には「行きがけ（最初に通ったとき）に訪問済みにする」場合と，「帰りがけに訪問済みにする」場合があります。ここでは，理解しやすくするため，行きがけに訪問済みにする場合だけを説明しています。

（1）深さ優先探索（DFS）

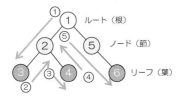

①	左の子ノードを最下層までたどる
②	一つ上の階層に戻る
③	再び、最下層まで戻る
④	左の子ノードが全て探索済みとなったのでルートに戻る
⑤	右の子ノードを最下層までたどる

■擬似言語の表記例

○Node 型の配列: dfs(Node: root) // ①
　Node 型の配列: ret, list ← { }
　ret の末尾に root を追加する
　root.visited ← true // ②
　整数型: i
　for (i を 1 から root.neighbors の要素数
　　　まで 1 ずつ増やす) // ③
　　if (not root.neighbors[i].visited)
　　　list ← dfs(root.neighbors[i]) // ④
　　　ret の末尾に list の全ての要素を追加する
　　endif
　endfor
　return ret // ⑤
	① 引数にルートを受け取り、深さ優先探索で全ての要素を探索して配列を生成して返す関数
	② ルートを配列に格納し、訪問済みとする
	③ 全ての子ノードを順に参照する
	④ 子ノードが未訪問の場合、子ノードをルートとして再帰呼出しをする。呼出し結果をいったん list に格納してから ret に追加する
	⑤ 全ての子ノードを参照したら再帰呼出しを終了する

クラス Node の説明

メンバ変数	型	説明
neighbors	Node 型の配列	隣接する全ての Node への参照を保持する配列
visited	論理型	訪問済みを true で表す

（2）幅優先探索（BFS）

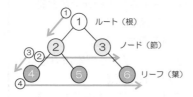

①	ルートから一つ下の階層に降りる
②	その階層の全てのノードを参照する
③	さらに下の階層に降りる
④	その階層の全てのノードを参照する

■擬似言語の表記例

○Node 型の配列: bfs(Node: root) // ①
　Queue: q ← Queue( ) // ②
　q.enq(root) // ③
　Node 型の配列: ret ← { }
　root.visited ← true
　Node 型: node
　整数型: i
　while (not q.empty( )) // ④
　　node ← q.deq( ) // ⑤
　　ret の末尾に node を追加する
　　for (i を 1 から node.neighbors の要素数 まで 1 ずつ増やす) // ⑥
　　　if (not node.neighbors[i].visited)
　　　　node.neighbors[i].visited ← true
　　　　q.enq(node.neighbors[i]) // ⑦
　　　endif
　　endfor
　endwhile
　return ret // ⑧
	① 引数にルートを受け取り、幅優先探索で全ての要素を探索して配列を生成して返す関数
	② 一時格納用のキューを生成する
	　キューはクラスであるためインスタンスを生成する
	③ キューにルートを追加する
	④ キューが空になるまで繰返し
	⑤ キューの最初の要素を取り出してretに追加する
	⑥ ⑤で取り出したノードの全ての子ノードを順に参照する
	⑦ 子ノードが未訪問だったら訪問済みとし, キューに追加する
	⑧ 全ての子ノードを参照したら結果を返す

クラス Node の説明

メンバ変数	型	説明
neighbors	Node 型の配列	隣接する全ての Node への参照を保持する配列
visited	論理型	訪問済みを true で表す

クラス Queue の説明

メソッド	説明
Queue: Queue( )	空のキュー（先入れ先出しのデータ構造）を生成するコンストラクタ
enq(Node: node)	キューにノードを追加する （deq と異なり，入れるだけなので、引数の定義はあるが、戻り値はない）
Node: deq( )	キューからノードを取り出す 取り出したノードはキューから削除される （enq と異なり，取り出すだけなので，戻り値の定義はあるが、引数はない）
論理型: empty( )	キューが空の場合に true を返す

上記のプログラムでは，（1）と（2）で Node が，（2）では Queue がクラスとして定義されています。Chapter 3 を思い出してみましょう。一つの型から同じ型のケーキを複数作ることができるように，「クラス」から複数の「インスタンス」を作ることができました（オブジェクト指向）。ここでも，同じ内容を，プログラム中で何度も記述しなくて済むように，Node や Queue を事前に定義し，プログラム中で活用しています。

⚙5 文字列の中からパターンに一致する 文字列を探す「文字列照合」

「文字列照合」とは，探索対象となる文字列の中から，パターン（検索文字列）に一致する文字列を探すアルゴリズムです。

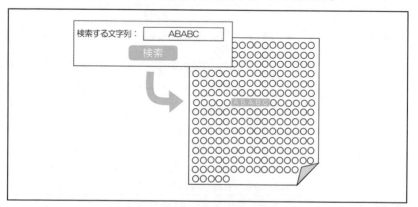

代表的な文字列照合のアルゴリズムを次に示します。

	アルゴリズム	説明
（1）	ナイーブ法	探索対象を先頭から順に一つずつ探索する（順次探索）
（2）	KMP法	ナイーブ法は探索対象を1文字ずつずらしながら探索するが，KMP法ではすでに不一致だった分をまとめてずらすことで，不要な探索を削減する
（3）	BM法	ナイーブ法とKMP法はパターンの先頭から比較するが，BM法はパターンの最後から比較する

「ABABBCABABC」という文字列から，「ABABC」のパターンに一致する文字列を探す例で，それぞれのアルゴリズムの違いを見てみましょう。

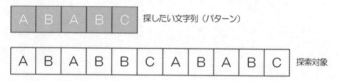

（1）ナイーブ法

ナイーブ法は「力任せ」とも呼ばれ，単純に先頭から 1 文字ずつ比較して，パターンに一致する文字列を探します。

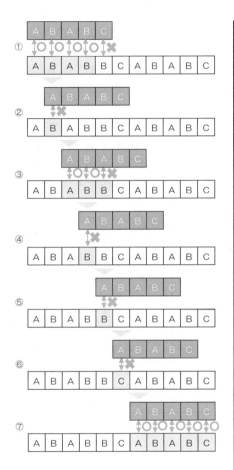

① 探索対象を先頭から順に比較する
1文字目から4文字目までは一致するが，5文字目が一致しないので比較対象を 1 文字ずらして次の比較へ

② 1文字目で一致しないので，比較対象を 1 文字ずらして次の比較へ

③ 1文字目と2文字目は一致するが，3文字目で一致しないので，比較対象を1文字ずらして次の比較へ

④ 1文字目で一致しないので，比較対象を 1 文字ずらして次の比較へ

⑤ 1文字目で一致しないので，比較対象を 1 文字ずらして次の比較へ

⑥ 1文字目で一致しないので，比較対象を 1 文字ずらして次の比較へ

⑦ 1文字ずつ比較し，パターンの全ての文字が一致したら探索を終了する

■擬似言語の表記例

○整数型: search(文字型の配列: str, 文字型の配列: p) // ①	① 引数に探索対象の文字列 str, 探したいパターン文字列 p を渡す
整数型: i, j	
論理型: match	② 探索対象の文字列を先頭から 1 文字ずつ順に参照する（最後に p の先頭となる要素まで）
for (i を 1 から (str の要素数 － p の要素数 ＋ 1) まで 1 ずつ増やす) // ②	
for (j を 1 から p の要素数 まで 1 ずつ増やす) // ③	③ 探したいパターンの文字列を先頭から 1 文字ずつ順に参照し，比較する
if (str[i ＋ j － 1] が p[j] と等しくない)	
match ← false	④ 一致しない文字があった時点でループ（繰返し）を抜ける
③のループを抜ける // ④	
else	⑤ パターンと全ての文字が一致した場合は，i を返すこのとき，i はパターンの先頭の位置となっている
match ← true	
endif	
endfor	⑥ ②の繰返しの最後まで到達した場合(パターンに完全一致する文字列がないため⑤でreturnされなかった場合）は−1 を返す
if (match)	
return i // ⑤	
endif	
endfor	
return －1 // ⑥	

（2）KMP法

KMP法は，ナイーブ法を改良したアルゴリズムです。ナイーブ法では，比較済みの文字列があっても，毎回必ず先頭から比較が行われます。KMP法では，事前に「ずらし表」を定義し，不一致となった位置に応じて，ずらす文字数とスキップ文字数を設定することで，比較回数を削減します。

○ずらし表

A	B	A	B	C	
1	1	3	3	2	ずらす文字数
0	0	0	0	2	スキップ文字数

[1] [2] [3] [4] [5]

　例えば，3文字目の「A」で不一致となった場合は，次の比較では1～3文字目の比較が不要なため，3文字ずらして4文字目から比較を始めます。5文字目の「C」で不一致となった場合，それまで比較した「ABAB」の部分は一致していることになります。2回目の「AB」を先頭として一致する可能性があるため，2文字ずらした位置を先頭とし，一致することが分かっている「AB」の2文字分をスキップした位置から比較を開始します。

○比較処理

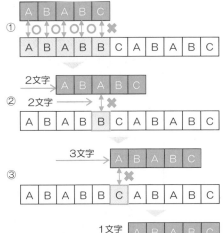

① 探索対象を先頭から順に比較し，5文字目が一致しないので，比較対象を2文字ずらして次の比較へ

② 「AB」は一致することが分かっているので「AB」をスキップして3文字目の「A」から比較を行う
3文字目で一致しないので，比較対象を3文字ずらして次の比較へ

③ 1文字目で一致しないので，比較対象を1文字ずらして次の比較へ

④ 全ての比較対象が一致するので探索完了とする

■擬似言語の表記例

〇整数型: search(文字型の配列: str, 文字型の配列 : p) // ①	① 引数に探索対象の文字列 str, 探したいパターン文字列 p を渡す
整数型: i, j, s i ← 1 s ← 0	② ずらし表のずらす文字数の定義（※）
整数型の配列: shift ← { 1, 1, 3, 3, 2 } // ②	③ ずらし表のスキップ文字数の定義
整数型の配列: skip ← { 0, 0, 0, 0, 2 } // ③	
論理型: match while (i が str の要素数 － p の要素数 ＋ 1 以下) // ④	④ 探索対象を先頭から順に比較する繰返し i の値はずらし表から取得した値で増加する
for (j を 1 ＋ s から p の要素数 まで 1 ずつ増やす) // ⑤	⑤ パターンを先頭＋スキップ文字数から順に比較する
if (str[i ＋ j － 1] が p[j] と等しくない) // ⑥	⑥ 一致しない文字があった時点で, ずらし表からずらす文字数とスキップ文字数を取得して, ループ（繰返し）を抜ける

match ← false
s ← skip[j]
i ← i ＋ shift[j]
⑤のループを抜ける
else
match ← true
endif
endfor	

if (match)
return i // ⑦
endif
	⑦ パターンと全ての文字が一致した場合は, i を返す
	このとき, i はパターンの先頭の位置となっている

endwhile return －1 // ⑧	⑧ 繰返しの最後まで到達した場合（パターンに一致する文字がなく⑦で return されなかった場合）は－1 を返す

※ずらし表を作成する処理は省略する。ずらし表はずらす文字数とスキップ文字数の二つの配列で定義されている。

（3）BM法

　BM法では，ナイーブ法やKMP法と異なり，パターン文字列の末尾から比較します。事前にパターン文字列と不一致だった場合に何文字ずらすかを「ずらし表」に定義し，まとめてずらすことで比較回数を削減します。

〇ずらし表

A	B	-	不一致となった文字
2	1	5	ずらす文字数

　比較して不一致となった文字がずらし表に含まれる場合は，ここに定義された文字数分をずらします。例えば，不一致となった比較対象の文字が「A」だった場合は2文字ずらして次の比較を行います。不一致となった文字がずらし表に含まれない場合は，パターンに一致する可能性がないので，パターン文字数分（この例だと5文字）をずらします。

○比較処理

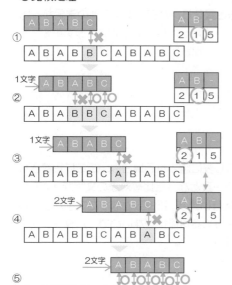

① パターンの末尾から順に比較すると「B」で不一致となる

② 不一致となった「B」はパターンに含まれる文字なので，ずらし表から取得した1文字分をずらす
パターンの末尾から順に比較すると「B」で不一致となる

③ 不一致となった「B」はパターンに含まれる文字なので，ずらし表から取得した 1 文字分をずらす
パターンの末尾から比較すると「A」で不一致となる

④ 不一致となった「A」はパターンに含まれる文字なので，ずらし表から取得した 2 文字分をずらす
パターンの末尾から順に比較すると「A」で不一致となる

⑤ 不一致となった「A」はパターンに含まれる文字なので，ずらし表から取得した 2 文字分をずらす
パターンの末尾から順に比較すると全ての比較対象が一致するので探索が完了する

■擬似言語の表記例

○整数型: search(文字型の配列: str, 文字型の配列: p) // ①	① 引数に探索対象の文字列 str, 探したいパターン文字列 p を渡す
整数型: i, j	
整数型: start	
論理型: match	② 末尾から比較するため, 最初の比較位置をパターンの要素数とする
i ← p の要素数 // ②	
while (i が str の要素数以下) // ③	③ 探索対象の文字列を順に参照する (i はずらし表から取得した結果によって変わる)
start ← i	
for (j を p の要素数から 1 まで 1 ず つ減らす) // ④	
if (str[i] と p[j] が等しくない)	④ パターンの末尾から順に比較する
i ← start ＋ ずらし表から文字数を取得(str[i]) // ⑤	⑤ 一致しない文字があった時点で, ずらし表からずらす文字を取得してループ (繰返し) を抜ける
match ← false	
④のループを抜ける	
else	
match ← true	
endif	⑥ パターンと全ての文字が一致した場合は, i＋1 を返す このとき, i＋1 はパターンの先頭の位置となっている
i ← i － 1	
endfor	
if (match)	
return i ＋ 1// ⑥	
endif	⑦ ③の繰返しの最後まで到達した場合 (パターンに一致する文字がなくて⑥で return されなかった場合) は－1を返す
endwhile	
return －1 // ⑦	

※ずらし表を作成する処理は省略する。ずらし表からずらす文字数を取得する処理は, 関数「○整数型: ずらし表から文字数を取得(文字型)」で定義されており, 引数に与えられた文字に該当するずらし文字数を, ずらし表から取得して返し, ずらし表に該当する文字がなかった場合は, パターンの文字数を返すものとする。

　Chapter 4 はこれで終了です。本 Chapter では,「再帰」「整列」「探索」といった,基本となるアルゴリズムを学びました。これらは試験でも頻出となります。「何をするアルゴリズムなのか」「アルゴリズムの流れはどうなっているのか」を確実に押さえておきましょう。

プログラムが複雑になってきたので,難しく感じる方もいるかもしれません。最初は理解できない部分があっても大丈夫。まずはプログラムの流れをざっくり理解することを意識してみましょう。また,Chapter 2 と 3 を復習してから本 Chapter に戻ると,理解が深まります。

☑ 確認問題

次の空欄を埋めましょう。

1. 「再帰」とは，｜　　　　　｜を繰り返し呼び出すアルゴリズムである。

2. 再帰には必ず｜　　　　　｜が存在する。

3. 「整列（ソート）」とは，｜　　　　　｜アルゴリズムである。

4. 小さい順に並べることを｜　　｜，大きい順に並べることを｜　　｜という。

5. 「バブルソート」では，｜　　　　　｜を繰り返し比較することで並び替える。

6. 「クイックソート」では，｜　　　　　｜でグループ分けしながら並び替える。

7. 「探索」とは，｜　　　　　｜アルゴリズムである。

8. 「2分探索」では，あらかじめ｜　　　　　｜探索対象を，半分に分けながら探索する。

9. 木構造を探索する代表的なアルゴリズムとして，「｜　　　　　｜」と「｜　　　　　｜」がある。

10. 「文字列照合」とは，文字列の中から｜　　　　　｜する文字列を探し出すアルゴリズムである。

11. 「KMP法」では，｜　　　　　｜をまとめてずらすことで，不要な探索を削減する。

12. 「BM法」では，パターンの｜　　　　　｜から比較し，不一致だった場合は｜　　　　　｜の定義を基に比較位置をずらす。

☑ 確認問題：解説

1.　「再帰」とは，自分自身を繰り返し呼び出すアルゴリズムである。

2.　再帰には必ず終了条件が存在する。

3.　「整列（ソート）」とは，順番に並び替えるアルゴリズムである。

4.　小さい順に並べることを昇順，大きい順に並べることを降順という。

5.　「バブルソート」では，隣り合う要素を繰り返し比較することで並び替える。

6.　「クイックソート」では，基準値でグループ分けしながら並び替える。

7.　「探索」とは，目的の値を探すアルゴリズムである。

8.　「2分探索」では，あらかじめ整列した探索対象を，半分に分けながら探索する。

9.　木構造を探索する代表的なアルゴリズムとして，「深さ優先探索」と「幅優先探索」がある。

10.　「文字列照合」とは，文字列の中からパターンに一致する文字列を探し出すアルゴリズムである。

11.　「KMP法」では，不一致だった文字数をまとめてずらすことで，不要な探索を削減する。

12.　「BM法」では，パターンの末尾から比較し，不一致だった場合はずらし表の定義を基に比較位置をずらす。

演習問題

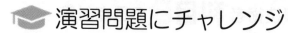

演習問題にチャレンジ

（オリジナル問題 813475）

問1　次のプログラム中の　　a　　と　　b　　に入れる正しい答えの
組合せを，解答群の中から選べ。

次のプログラムの関数 main を実行すると，55 が出力される。

〔プログラム〕
```
○整数型: recursive(整数型: var1,  整数型: var2)
   ┌─────────┐
   │    a    │
   ├─────────┤
   │    b    │
   └─────────┘
  if (var2 が 10 以上)
    return var1
  else
    recursive(var1, var2)
  endif

○整数型: main()
  整数型: ret
  ret ← recursive(0, 0)
  出力関数(ret)
  return 0
```

〔出力結果〕
　　55

解答群

	a	b
ア	var2 ← var1 + var2	var1 ← var1 + 1
イ	var2 ← var1 + var2	var2 ← var2 + 1
ウ	var1 ← var1 + var2	var1 ← var1 + 1
エ	var1 ← var1 + var2	var2 ← var2 + 1
オ	var1 ← var1 + 1	var2 ← var1 + var2
カ	var2 ← var2 + 1	var2 ← var1 + var2
キ	var1 ← var1 + 1	var1 ← var1 + var2
ク	var2 ← var2 + 1	var1 ← var1 + var2

📖 1 問題文をしっかりと読む

次のプログラムの関数 main を実行すると， 55 が出力される。

🎓 2 プログラムの概要を理解する

〔プログラム〕

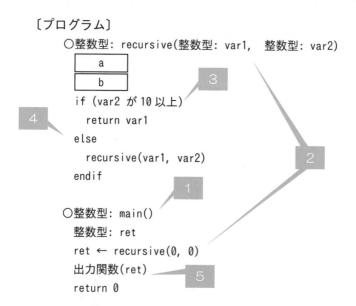

```
○整数型: recursive(整数型: var1,  整数型: var2)
  ┌─────────┐
  │    a    │
  ├─────────┤
  │    b    │
  └─────────┘
  if (var2 が 10 以上)
    return var1
  else
    recursive(var1, var2)
  endif


○整数型: main()
  整数型: ret
  ret ← recursive(0, 0)
  出力関数(ret)
  return 0
```

1 「関数 main を実行すると，55 が出力される」とあります。したがって，55 が出力されるように，プログラムの空欄 a と b を埋めればよいことが分かります。

1 問題文より，関数 main を実行した結果が問われていますので，まずは関数 main から確認しましょう。

2 関数 main では，第1引数に0を，第2引数にも0を与えて，関数 recursive を呼び出しています。結果として，var1 に0が代入され，var2 にも0が代入されます。

3 var2 の値が10以上かどうかを判定する条件式となっています。var2 の値が10以上のときに，return が実行されて，再帰呼出しが終了します。

4 var2 が10未満の場合に適用される else の処理では，第1引数に var1，第2引数に var2 を与えて関数 recursive を再度呼び出しています。var2 が10以上になると再帰呼出しが終了します。逆にいえば，var2 が増加しないと永遠に再帰呼出しが行われ，処理が終了しないことになります。したがって，空欄 a と空欄 b のどちらかは，var2 を加算する処理になっていることが想像できます。

5 関数 recursive の戻り値を，変数 ret に代入し，変数 ret を出力関数に与えて出力しています。問題文から，この結果が55 となるように，空欄 a と空欄 b に入る処理を選択すればよいことが分かります。

3 プログラムをトレースする

〔プログラム〕

```
○整数型: recursive(整数型: var1,  整数型: var2)
    a
    b
  if (var2 が 10 以上)
    return var1
  else
    recursive(var1, var2)
  endif

○整数型: main()
  整数型: ret
  ret ← recursive(0, 0)
  出力関数(ret)
  return 0
```

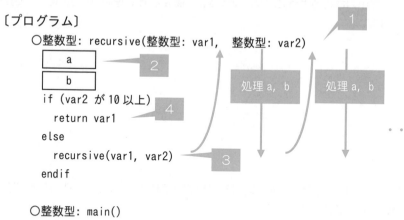

1 プログラムを順にトレースしましょう。まず，関数 main では，関数 recursive の第 1 引数と第 2 引数にそれぞれ 0 を与えて呼び出しているので，var1 と var2 は 0 となります。

var1	var2
0	0

2 空欄 a と b の処理により，var1 と var2 に何らかの値が代入されます。

var1	var2
?	?

3 var2 が 10 以上となるまで，再帰呼出しにより，空欄 a と b の処理が繰り返し実行されます。var2 が 10 以上となったときに再帰呼出しが終了するので，a と b の処理は，var2 を何かしらの形で加算する処理が含まれると想像できます。

var1	var2
?+?···	?+?···

4 var2 が 10 以上となったとき，var1 が戻されて，出力関数によって出力されます。問題文と〔出力結果〕から，このときの var1 が 55 になることが分かります。

var1	var2
55	10

4 解答を選択する

解答群

	a	b
ア	var2 ← var1 + var2	var1 ← var1 + 1
イ	var2 ← var1 + var2	var2 ← var2 + 1
ウ	var1 ← var1 + var2	var1 ← var1 + 1
エ	var1 ← var1 + var2	var2 ← var2 + 1
オ	var1 ← var1 + 1	var2 ← var1 + var2
カ	var2 ← var2 + 1	var2 ← var1 + var2
キ	var1 ← var1 + 1	var1 ← var1 + var2
ク	var2 ← var2 + 1	var1 ← var1 + var2

1 　正解を選ぶために，空欄ａとｂに解答群の選択肢を当てはめて，結果がどうなるか検証してみましょう。解答群の（ア）を当てはめてみると，再帰呼出しの度に各変数の値は次のように変化します。

再帰呼出し	a：var2 ← var1＋var2	var2	b：var1 ← var1 ＋ 1	var1
1回目	0 ← 0 + 0	0	1 ← 0 + 1	1
2回目	1 ← 1 + 0	1	2 ← 1 + 1	2
3回目	3 ← 2 + 1	3	3 ← 2 + 1	3
4回目	6 ← 3 + 3	6	4 ← 3 + 1	4
5回目	10 ← 4 + 6	10	5 ← 4 + 1	5

　var2 が 10 となったとき，var1 は 5 となるため，処理結果は 5 になります。var2 が 10 のときに var1 が 55 となるには（"var1 ＞ var2" となるためには），var1 に var2 を加算する処理が必要となります。この情報から，解答の候補は（ウ），（エ），（キ），（ク）に絞られます。さらに，処理を終了するためには，var2 が 10 以上となる必要があるので，var2 も加算する処理が必要となり，解答の候補は（エ）と（ク）に絞られます。

2 　解答群の（エ）を当てはめて，各値の変化を考えてみます。

再帰呼出し	a：var1 ← var1＋var2	var1	b：var2 ← var2 ＋ 1	var2
1回目	0 ← 0 + 0	0	1 ← 0 + 1	1
2回目	1 ← 0 + 1	1	2 ← 1 + 1	2
3回目	3 ← 1 + 2	3	3 ← 2 + 1	3
4回目	6 ← 3 + 3	6	4 ← 3 + 1	4
5回目	10 ← 6 + 4	10	5 ← 4 + 1	5
6回目	15 ← 10 + 5	15	6 ← 5 + 1	6
7回目	21 ← 15 + 6	21	7 ← 6 + 1	7
8回目	28 ← 21 + 7	28	8 ← 7 + 1	8
9回目	36 ← 28 + 8	36	9 ← 8 + 1	9
10回目	45 ← 36 + 9	45	10 ← 9 + 1	10

　var2 が 10 のとき，var1 は 45 となってしまいました。var1 が 55 になるには，先に var2 の加算処理が行われればよさそうです。したがって，解答群（エ）のａとｂを入れ替えた，（ク）が正解となります。

正解　ク

演習問題にチャレンジ

（オリジナル問題 813476）

問2　次のプログラム中の　　a　　と　　b　　に入れる正しい答えの
組合せを，解答群の中から選べ。

関数 sort は，選択ソートによって配列を昇順に並び替える処理である。

〔プログラム〕
```
○整数型の配列: sort(整数型の配列: list)
    整数型: tmp
    整数型: min

        for (i を 1 から list の要素数 まで 1 ずつ増やす)
        │        a        │

            for (jを i+1 から list の要素数 まで 1 ずつ増やす)
              if ( │      b      │ )
                min ← j
              endif
            endfor

            tmp ← list[i]
            list[i] ← list[min]
            list[min] ← tmp
        endfor
```

解答群

	a	b
ア	min ← 1	list[j] < list[i]
イ	min ← 1	list[i] < list[j]
ウ	min ← 1	list[j] < list[min]
エ	min ← 1	list[min] < list[j]
オ	min ← i	list[j] < list[i]
カ	min ← i	list[i] < list[j]
キ	min ← i	list[j] < list[min]
ク	min ← i	list[min] < list[j]

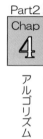

1 問題文をしっかりと読む

関数 sort は, 選択ソートによって配列を昇順に並び替える処理である。

2 プログラムの全体像を把握する

〔プログラム〕
```
○整数型の配列: sort(整数型の配列: list)
  整数型: tmp
  整数型: min


  for ( i を 1 から list の要素数 まで 1 ずつ増やす )
    ┌─────────────┐
    │      a      │
    └─────────────┘

    for ( j を i+1 から list の要素数 まで 1 ずつ増やす )
      if ( ┌──────────┐ )
           │    b     │
           └──────────┘
        min ← j
      endif
    endfor

    tmp ← list[i]
    list[i] ← list[min]
    list[min] ← tmp
  endfor
```

1 選択ソートで昇順（小さい順）に並び替えるプログラムであることが分かります。選択ソートは，整列対象の中から最小値（小さい順の場合）を選択して，先頭に配置することを繰り返すことで並び替えるアルゴリズムです。

1 for 文が 2 段になっています。2 段目の繰返し条件が「i ＋ 1」となっている理由はトレースするときに確認しましょう。

2 ここでは空欄の処理が分からないので，いったん飛ばします。

3 選択肢も併せて参照すると，何かしらの比較条件があり，条件に一致した場合にだけ，min に j を代入していることが分かります。

4 変数 tmp を使って入替えを行っています。list[i]を A，list[min]を B，tmp を一時退避として，入替え処理の流れを次に示します。間に一時退避を挟んで，最終的に A と B の値が入れ替わります。

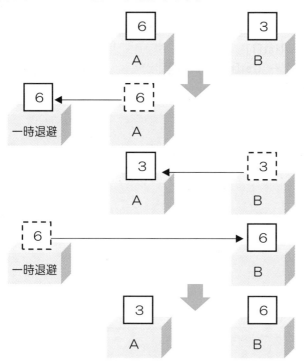

3 プログラムをトレースする

〔プログラム〕

○整数型の配列: sort(整数型の配列: list)
　　整数型: tmp
　　整数型: min

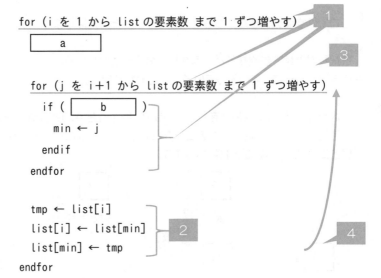

```
for (i を 1 から list の要素数 まで 1 ずつ増やす)
    ┌──────────────┐
    │      a       │
    └──────────────┘

    for (j を i+1 から list の要素数 まで 1 ずつ増やす)
      if (┌──────┐  )
          │  b   │
          └──────┘
        min ← j
      endif
    endfor

    tmp ← list[i]
    list[i] ← list[min]
    list[min] ← tmp
endfor
```

引数に { 30, 60, 70, 100, 80, 10, 90, 50, 20, 40 }が渡されたときの，選択ソートの動きをトレースしてみましょう。

1 1段目の for 文の i が 1，2段目の for 文の j が 2（i ＋ 1）から 10（配列の要素数まで）の繰返しとなり，先頭と比較しながら最小値を探します（先頭と次の要素以降を順に比較するので，2段目の for 文は「i ＋ 1」から始まります）。最小値の位置である "6" を min に代入します。

位置	1	2	3	4	5	6	7	8	9	10
値	30	60	70	100	80	10	90	50	20	40

2 最小値（min に代入した "6" 番目位置にある要素）と先頭の値を入れ替えます。ここで先頭は最小値で固定化されます。

位置	1	2	3	4	5	6	7	8	9	10
値	10	60	70	100	80	30	90	50	20	40

3 1段目の for 文の i が 2，2段目の for 文の j が 3（i ＋ 1）から 10 までの繰返しとなり，先頭と比較しながら最小値を探します。

位置	1	2	3	4	5	6	7	8	9	10
値	10	60	70	100	80	30	90	50	20	40

4 2番目と9番目を入れ替えます。2番目の要素が最小値で固定化されます。

位置	1	2	3	4	5	6	7	8	9	10
値	10	20	70	100	80	30	90	50	60	40

この最小値を入れ替えるという処理を配列の最後まで繰り返します。

4 解答を選択する

〔プログラム〕
　　○整数型の配列: sort(整数型の配列: list)
　　　整数型: tmp
　　　整数型: min

　　　　for (i を 1 から list の要素数 まで 1 ずつ増やす)
　　　　┌──────────────┐ ◄─ 1
　　　　│　　　a　　　　　│
　　　　└──────────────┘

　　　　　for (j を i+1 から list の要素数 まで 1 ずつ増やす)
　　　　　　if (　┌──────┐　) ◄─ 2
　　　　　　　　　│　　b　　│
　　　　　　　　　└──────┘
　　　　　　　min ← j
　　　　　　endif
　　　　　endfor

　　　　　tmp ← list[i]
　　　　　list[i] ← list[min]
　　　　　list[min] ← tmp
　　　　endfor

解答群

	a	b
ア	min ← 1	list[j] < list[i]
イ	min ← 1	list[i] < list[j]
ウ	min ← 1	list[j] < list[min]
エ	min ← 1	list[min] < list[j]
オ	min ← i	list[j] < list[i]
カ	min ← i	list[i] < list[j]
キ	min ← i	list[j] < list[min]
ク	min ← i	list[min] < list[j]

1　空欄 a の選択肢は，変数 min に 1 を代入するか，i を代入するかが問われています。トレース結果から，変数 min は最小値の要素番号を表すことが分かりますが，空欄 a の時点では，どの要素が最小かは分かりません。2 段目の for 文の繰返しの中で，先頭要素と以降の要素を順に比較するので，min は先頭要素を示す i で初期化されるべきであることが分かります。

2　min に j を代入する条件が問われています。2 段目の for 文によって順に要素を参照しながら比較して，値が小さい場合にその要素番号を min に格納していけば，最終的に min は最小値の要素番号になります。つまり，list[j] と list[min] を比較して，list[j] の方が小さければ，j を min に代入する処理となります。したがって，空欄 b には，「list[j] ＜ list[min]」が入ればよいことが分かります。

　これらより，正解は（キ）となります。

正解　キ

Part2
Chap
4
アルゴリズム

演習問題にチャレンジ

（オリジナル問題 813477）

問3　次の記述中の　│　a　│　～　│　c　│　に入れる正しい答えの組合せ
を，解答群の中から選べ。

　　手続 sort は，引数で渡された配列 array を，バブルソートによって昇
順に並び替えるプログラムである。このプログラムは，並び替えの処理は
正しく動作するが，並び替えが完了した後も，繰返し処理を続けてしまう
問題がある。並び替えが完了した時点で処理を終了するために，下記三つ
の処理を追加することとした。

	追加する処理内容
処理A	flag←0
処理B	flag←1

処理C	if (flag = 0)
	　return array
	endif

　　処理 A を　│　a　│，処理 B を　│　b　│，処理 C を　│　c　│，に
入れると，並び替えが完了した時点で処理が終了するようになる。ここで，
配列の要素番号は 1 から始まる。

〔プログラム〕
　　　　〇整数型の配列: sort（整数型の配列: array）
　　　　整数型: i, j, work, flag
　　　　for (i を 1 から array の要素数 − 1 まで 1 ずつ増やす)
　　　　　　│　①　│
　　　　　　for (j を 1 から array の要素数− 1 まで 1 ずつ増やす)
　　　　　　　　│　②　│
　　　　　　if (array[j] ＞ array[j + 1])
　　　　　　　　│　③　│
　　　　　　work ← array[j]

```
              array[j] ← array[j + 1]
              array[j + 1] ← work
          endif
          ┌─────────────┐
          │     ④       │
          └─────────────┘
      endfor
      ┌─────────────┐
      │     ⑤       │
      └─────────────┘
  endfor
  return array
```

解答群

	a	b	c
ア	①	③	④
イ	①	③	⑤
ウ	②	③	④
エ	②	③	⑤

1　問題文をしっかりと読む

　　手続 sort は，引数で渡された配列 array を，バブルソートによって昇順に並び替えるプログラムである。このプログラムは，並び替えの処理は正しく動作するが，並び替えが完了した後も，繰返し処理を続けてしまう問題がある。並び替えが完了した時点で処理を終了するために必要な処理を空欄に追加したい。並び替えが完了した時点で処理を終了するために，下記三つの処理を追加することとした。

	追加する処理内容
処理 A	flag←0
処理 B	flag←1

処理 C	if (flag = 0)
	　return array
	endif

　　処理 A を　　a　　，処理 B を　　b　　，処理 C を　　c　　，に入れると，並び替えが完了した時点で処理が終了するようになる。ここで，配列の要素番号は 1 から始まる。

1 ▸ バブルソートのプログラムであることを示しています。バブルソートとは，隣り合う要素の大小を比較し，入替えを繰り返すことで，全体を並び替えるアルゴリズムです。

2 ▸ このプログラムの並び替え処理は正しく動作するものの，並び替えが完了した後も処理が続く問題があることが示されています。

3 ▸ この問題を解決するために，並び替えが完了した時点で処理を終了するために必要な処理を追加しようとしています。処理の内容は示されており，プログラムのどこに入れるのが適切かを問われています。

Part2
Chap
4
アルゴリズム

2 プログラムの全体像を把握する

〔プログラム〕

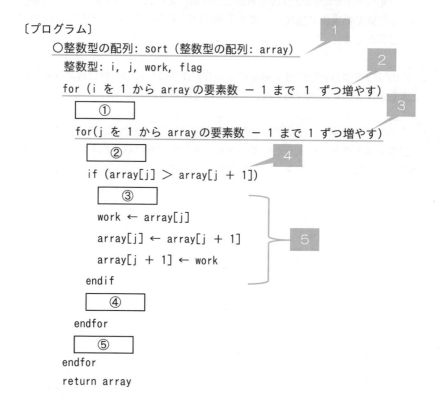

```
○整数型の配列: sort (整数型の配列: array)
  整数型: i, j, work, flag
  for (i を 1 から array の要素数 － 1 まで 1 ずつ増やす)
      ①
    for(j を 1 から array の要素数 － 1 まで 1 ずつ増やす)
        ②
      if (array[j] > array[j + 1])
          ③
        work ← array[j]
        array[j] ← array[j + 1]
        array[j + 1] ← work
      endif
          ④
    endfor
        ⑤
  endfor
  return array
```

1 引数に整列対象となる整数型の配列を受け取り，昇順に並び替えた配列を戻します。

2 for 文の繰返しが 2 段になっています。最初の段では変数 i が「配列の要素数 − 1」まで 1 ずつ増加する繰返しとなっています。配列の最後の要素の手前まで繰り返すことがポイントです。

3 2 段目の繰返しでも，1 段目と同様に，変数 j が「配列の要素数 − 1」まで 1 ずつ増加する繰り返しとなっています。

4 変数 j の値を用いて，array[j] > array[j+1]によって，現在の要素と，一つ隣の要素を比較して，現在の要素の方が大きい（一つ隣の要素の方が小さい）場合に if 文の処理を行います。

5 if 文の処理が隣り合う要素の入れ替え処理だと想像できます。array[j]の値をいったん work に退避させて，array[j]に array[j+1]を代入し，array[j+1]に work を代入することで，配列内の要素の入替えを実現しています。

3 プログラムをトレースする

〔プログラム〕

```
○整数型の配列: sort (整数型の配列: array)
  整数型: i, j, work, flag
  for (i を 1 から array の要素数 － 1 まで 1 ずつ増やす)
        ①
    for (j を 1 から array の要素数 － 1 まで 1 ずつ増やす)
          ②
      if (array[j] > array[j + 1])
            ③
        work ← array[j]
        array[j] ← array[j + 1]
        array[j + 1] ← work
      endif
          ④
    endfor
        ⑤
  endfor
  return array
```

引数に {6, 3, 7, 0, 8, 1, 9, 5, 2, 4} を与えた場合の処理をトレースしてみましょう。開始時は次のようになっています。

6	3	7	0	8	1	9	5	2	4

1

1段目の for で i が1，2段目の for で j が1から9（要素数−1）まで繰返します。j = 1のとき array[j]は6，array[j + 1]は3で，array[j] > array[j + 1]なので1番目と2番目の要素を入れ替えます。

6	3	7	0	8	1	9	5	2	4

j = 2のときは，array[j + 1]の方が大きいので何もしません。

3	6	7	0	8	1	9	5	2	4

j = 3のとき，3番目と4番目を入れ替えます。

3	6	7	0	8	1	9	5	2	4

（j = 4から9まで省略）j = 9 のとき，array[9]と array[10]を比較して入れ替え，配列中の最大値である「9」が最も右に移動します。

3	6	0	7	1	8	5	2	4	9

2

1段目の for で i が2のとき，2段目の for で，j が1から9まで繰り返します。j = 2のとき，右より左の方が大きいので入れ替えます。

3	6	0	7	1	8	5	2	4	9

（j = 3から9まで省略）j = 9 のとき，array[9]と array[10]を比較するが，array[10]は既に最大値なので入れ替えは発生しません。最終的に「8」が9番目に移動します。

3	0	6	1	7	5	2	4	8	9

3

1段目の for で i が6のときに，並び替えは完了しますが，i が9になるまで，繰返しは続きます。

0	1	2	3	4	5	6	7	8	9

4 解答を選択する

〔プログラム〕
```
○整数型の配列: sort (整数型の配列: array)
  整数型: i, j, work, flag
  for (i を 1 から array の要素数 − 1 まで 1 ずつ増やす)
      ┌─────────┐
      │    ①    │
      └─────────┘
    for (j を 1 から array の要素数− 1 まで 1 ずつ増やす)
        ┌─────────┐
        │    ②    │
        └─────────┘
      if (array[j] ＞ array[j + 1])
          ┌─────────┐
          │    ③    │
          └─────────┘
        work ← array[j]
        array[j] ← array[j + 1]
        array[j + 1] ← work
      endif
        ┌─────────┐
        │    ④    │
        └─────────┘
    endfor
      ┌─────────┐
      │    ⑤    │
      └─────────┘
  endfor
  return array
```

解答群

	a	b	c
ア	①	③	④
イ	①	③	⑤
ウ	②	③	④
エ	②	③	⑤

空欄を解答群の（ア）で埋めて，プログラムをトレースしてみます。

1段目のforでiが1となり，①でflagを0で初期化（処理A）した後，2段目のforに入ります。

次図のとおり，左側の値より右側の値の方が小さいため，if文の中に入って③でflag ← 1を実行（処理B）します。

Part2
Chap
4

ア
ル
ゴ
リ
ズ
ム

入替え処理が終わった後，flagは1となっているので，④でif(flag = 0)の条件を満たさず，j = 2で2段目のforに入ります。次図のとおり，左側の値の方が小さいため，if文には入りませんが，flagは1のままです。そのままj = 9までの処理が完了すると，2段目のforを抜けます。

3	6	7	0	8	1	9	5	2	4

i = 2で1段目のforに入り，flagを0で初期化した後，2段目のforに入ります。今回は左側の値の方が小さいため，入替えは発生しません。flagは0のため，④でif (flag = 0)の条件を満たし，並び替えが完了していないのに，処理が終了してしまいます（処理C）。

3	6	0	7	1	8	5	2	4	9

このことから，flagは「入替えが発生したかどうかを表すフラグ」であり，flagが0，つまり，2段目の繰返しの比較において一度も入替えが発生しなかった場合（並び替えが完了している状態）に，処理を終了するのがよさそうだと分かります。入替えが発生したかどうかは，2段目のforが終了（j = 9まで完了）した時点で判断できますので，（ア）のように④に処理Cを入れるのではなく，⑤に処理Cを入れるのが正しいです。

したがって，①に処理A，③に処理B，⑤に処理Cを入れる（イ）が正解となります。

正解　イ

演習問題にチャレンジ

（オリジナル問題 813478）

問4　関数 merge_sort は，引数に指定した整数型の配列 list を昇順に並び替えて返す処理である。関数 merge は，昇順に整列済みの二つの配列を引数に受け取り，二つの配列を一つの配列に昇順に結合する。ここで配列の要素番号は 1 から始まる。

　　関数 merge_sort を，merge_sort({6, 3, 7, 0, 8, 1, 9, 5, 2, 4}) として実行したとき，〔プログラム〕中で，関数 merge_sort と関数 merge が実行される回数の組合せを，解答群の中から選べ。なお，初回の実行も 1 回に含めるものとする。

〔プログラム〕
```
○整数型の配列: merge_sort(整数型の配列: list)
 整数型: mid
 整数型の配列 : left, right ← {}
 if (list の要素数 が 1 以下)
   return list
 else
   mid  ← list の要素数 ÷ 2 の商
 endif
 for (i を 1 から list の要素数 まで 1 ずつ増やす)
   if (i ≦ mid)
     left の末尾 に list[i] を追加する
   else
     right の末尾 に list[i] を追加する
   endif
 endfor
 left ← merge_sort(left)
 right ← merge_sort(right)
 return merge(left, right)
```

○整数型の配列: merge(整数型の配列: left,
                       整数型の配列: right)
    整数型の配列: ret ← {}
    整数型: i, j ← 1
    while ((i が left の要素数 以下) and (j が right の要素数 以
下))
        if (left[i] ＜ right[j])
            ret の末尾 に left [i] を追加する
            i ← i + 1
        else
            ret の末尾 に right [j] を追加する
            j ← j + 1
        endif
    endwhile
    ret の末尾 に left と right の残り を追加する
    return ret

解答群

	関数 merge_sort	関数 merge
ア	9	9
イ	9	10
ウ	10	9
エ	10	10
オ	19	9
カ	19	10
キ	20	9
ク	20	10

🎓1 問題文をしっかりと読む

問 1 　関数 merge_sort は，引数に指定した整数型の配列 list を昇順に並び替
えて返す処理である。関数 merge は，昇順に整列済みの二つの配列を引数
に受け取り，二つの配列を一つの配列に昇順に結合する。ここで配列の要
素番号は 1 から始まる。
　　関数 merge_sort を，merge_sort({ 6, 3, 7, 0, 8, 1, 9, 5, 2, 4 }) と
して実行したとき，〔プログラム〕中で，関数 merge_sort と関数 merge が
実行される回数の組合せを，解答群の中から選べ。なお，初回の実行も 1
回に含めるものとする。

1 関数 merge_sort は，"配列を昇順に並び替える処理" であることが示され
ています。

2 関数 merge の仕様が示されています。整列済みの二つの配列を，昇順に整
列しながら結合します。

3 プログラムの空欄の穴埋めではなく，関数の実行回数を求める問題となって
います。全てのプログラムと引数の値が示されているので，落ち着いてしっか
りとトレースすることが重要です。

2 プログラムの全体像を把握する

〔プログラム〕

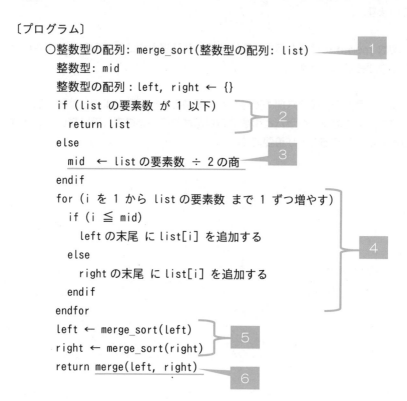

```
○整数型の配列: merge_sort(整数型の配列: list)          1
 整数型: mid
 整数型の配列: left, right ← {}
 if (list の要素数 が 1 以下)                        2
   return list
 else
   mid  ← list の要素数 ÷ 2 の商            3
 endif
 for (i を 1 から list の要素数 まで 1 ずつ増やす)
   if (i ≦ mid)
     left の末尾 に list[i] を追加する
   else                                          4
     right の末尾 に list[i] を追加する
   endif
 endfor
 left ← merge_sort(left)
 right ← merge_sort(right)                     5
 return merge(left, right)                       6
```

242

1. 関数 merge_sort は，再帰呼出しで実行されています。関数 merge_sort の最後で関数 merge を呼び出しています。

2. 並び替え対象の配列の要素数が 1 以下の場合は，並び替え処理を行わずに，配列をそのまま返して処理を終了します。

3. 配列の要素数が 1 より大きい場合は，要素数を 2 で割った商を変数 mid に代入しています。これは，配列の中心の位置を表します。

4. 配列を最初から順に参照して，中心の位置を表す mid よりも前の位置であれば配列 left，後の位置であれば配列 right に格納しています。これは配列を中心から半分に分割している処理です。図に示すと次のようになります。

list

要素番号	1	2	3	4	5	6	7	8	9	10
値	6	3	7	0	8	1	9	5	2	4

left

要素番号	1	2	3	4	5
値	6	3	7	0	8

right

要素番号	1	2	3	4	5
値	1	9	5	2	4

5. 半分に分割したそれぞれの配列で，関数 merge_sort を再帰呼出しします。②で，配列の要素数が 1 以下の場合には何もしないで処理を終了しているので，ここで再帰呼出しが終了します。つまり，配列を半分に分割しながら要素数が 1 になるまで再帰呼出しを繰り返すことが分かります。

6. 再帰呼出しした結果で，関数 merge を呼び出しています。関数 merge の処理は次で見てみましょう。

Part2
Chap
4
アルゴリズム

```
○整数型の配列: merge(整数型の配列: left,          7
                     整数型の配列: right)
  整数型の配列: ret ← {}
  整数型: i, j ← 1                                  8
  while ((i が left の要素数 以下) and (j が right の要素数 以下))
    if (left[i] ＜ right[j])
      ret の末尾 に left[i] を追加する
      i ← i + 1
    else                                           9
      ret の末尾 に right[j] を追加する
      j ← j + 1
    endif
  endwhile
  ret の末尾 に left と right の残り を追加する       10
  return ret
```

7 　関数 merge は二つの配列を引数に受け取ります。

8 　変数 i と j は 1 で初期化されており，変数 i と j がどちらかの配列の要素数以上になるまで繰り返す処理となっています。変数 i と j は配列の要素数を示す変数であることが想像できます。

9 　それぞれの配列の要素を比較して，小さい方の値を配列 ret に格納しています。値を格納した方の要素番号に 1 を加えて，次の要素を参照します。

10 　繰返し処理を抜けるのは，どちらかの配列の最後まで到達したときです。このときに未処理の値が残っていた場合は，まとめて ret に残りの要素を追加しています。問題文中の記述から，関数 merge の引数に指定されるのは "昇順に整列済みの二つの配列" であるので，残りの要素も整列済みであり，そのまま追加できます。

3 プログラムをトレースする

〔プログラム〕

```
○整数型の配列: merge_sort(整数型の配列: list)
  整数型: mid
  整数型の配列: left, right ← {}
  if (list の要素数 が 1 以下)
    return list
  else
    mid ← list の要素数 ÷ 2の商
  endif
  for (i を 1 から list の要素数 まで 1 ずつ増やす)
    if (i ≦ mid)
      left の末尾 に list[i] を追加する
    else
      right の末尾 に list[i] を追加する
    endif
  endfor
  left ← merge_sort(left)
  right ← merge_sort(right)
  return merge(left, right)
```

関数 merge_sort を，問題文に与えられた merge_sort({6, 3, 7, 0, 8, 1, 9, 5, 2, 4}) として呼び出した場合の処理の流れをトレースしてみましょう。ポイントは，半分に分割しながら関数 merge_sort を繰り返し再帰呼出しすることと，要素数が 1 以下になると再帰呼出しが終了することです。

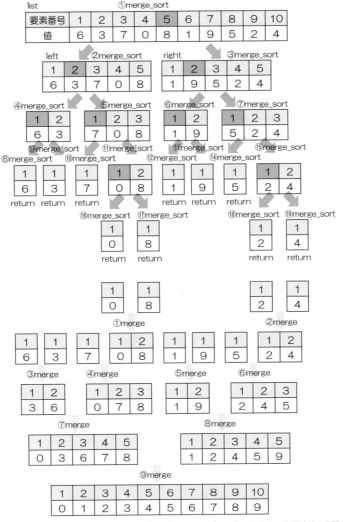

※図中の番号は，実行回数を確認するためのもので，プログラムの処理順序とは異なります。

4 解答を選択する

解答群

	関数 merge_sort	関数 merge
ア	9	9
イ	9	10
ウ	10	9
エ	10	10
オ	19	9
カ	19	10
キ	20	9
ク	20	10

　トレース結果から関数 merge_sort は 19 回呼び出されることが分かります。関数 merge は 9 回呼び出されることが分かります。したがって，（オ）が正解となります。

正解　オ

演習問題にチャレンジ

（オリジナル問題 813479）

問5　次のプログラムの処理数が最も少なくなるように，プログラム中の
　　　　　　　　　　　に入れる正しい答えを，解答群の中から選べ。

　　関数 insertion_sort は，引数に指定した整数型の配列 list を，挿入ソ
ートによって昇順に並び替えて返す処理である。ここで配列の要素番号は
1 から始まる。

〔プログラム〕

```
○整数型の配列: insertion_sort(整数型の配列: list)
  整数型: i, j, tmp ← 0
  for (i を 2 から list の要素数 まで 1 ずつ増やす)
    j ← i
    tmp ← list[i]
    while ((j > 1) and (          ))
      list[j] ← list[j − 1]
      j ← j − 1
    endwhile
    list[j] ← tmp
  endfor
  return list
```

解答群

　ア　list[j] > tmp
　イ　list[j] ≧ tmp
　ウ　list[j − 1] > tmp
　エ　list[j − 1] ≧ tmp
　オ　list[j + 1] > tmp
　カ　list[j + 1] ≧ tmp

1 問題文をしっかりと読む

問5　次のプログラムの処理数が最も少なくなるように，プログラム中の
　　　　　　　　　　に入れる正しい答えを，解答群の中から選べ。

　関数 insertion_sort は，引数に指定した整数型の配列 list を，挿入ソートによって昇順に並び替えて返す処理である。ここで配列の要素番号は1から始まる。

1 「処理数が最も少なくなるように」という条件が付加されています。ただ処理が正しく動くように，空欄に入る答えを選びさえすればよいわけではないことに注意が必要です。

2 "挿入ソートによって昇順に並び替える"処理であることが示されています。選択ソートとは，未整列部分の先頭から順に要素を取り出して，整列済み部分の適切な位置に挿入することで整列するアルゴリズムです。

2 プログラムの全体像を把握する

〔プログラム〕

```
○整数型の配列: insertion_sort(整数型の配列: list)
   整数型: i, j, tmp ← 0
   for (i を 2 から list の要素数 まで 1 ずつ増やす)      1
      j ← i                                          2
      tmp ← list[i]                                  3
      while ((j > 1) and (            ))      4
         list[j] ← list[j − 1]
         j ← j − 1                            5
      endwhile
      list[j] ← tmp      6
   endfor
   return list
```

1 変数 i で配列を順に参照していますが，i が 2 から始まることに注意が必要です。挿入ソートは，未整列部分から整列部分に挿入することで並び替えるアルゴリズムです。先頭を整列済み要素とみなして，2 番目以降を未整列要素として，順に処理しているのだと想像できます。

2 i を j に代入しています。この j が，未整列部分の先頭を表します。

3 未整列部分の先頭の値，つまり，これから整列部分に挿入する値を tmp に代入しています。

4 繰返しの継続条件の一つが空欄になっていますが，もう一つは j が 1 より大きい間は継続する条件となっています。つまり，繰返しの中で j は減少して，j が 0 になったら繰返しを抜けることが分かります。

5 list の「j − 1」の要素を，list の「j」の要素に代入しています。j は未整列部分の先頭要素なので，「j − 1」は整列部分の最後の要素を表します。つまり，整列部分の要素を一つずつ順に後ろにずらす処理となっています。

6 繰返しを抜けた時点の j の位置に，tmp を代入しています。次の例で，i が 6 のときの繰返しの動きを図示すると次のようになります。

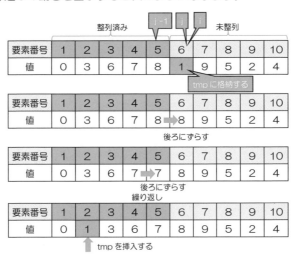

3 プログラムをトレースする

〔プログラム〕

```
○整数型の配列: insertion_sort(整数型の配列: list)
    整数型: i, j, tmp ← 0
    for (i を 2 から list の要素数 まで 1 ずつ増やす)
        j ← i
        tmp ← list[i]
        while ((j > 1) and (          ))
            list[j] ← list[j − 1]
            j ← j − 1
        endwhile
        list[j] ← tmp
    endfor
    return list
```

insertion_sort（{6, 3, 7, 0, 8, 1, 9, 5, 2, 4}）として呼び出した処理の流れをトレースしてみましょう。while 文の継続条件の一部が空欄になっていますが，解答群から tmp と list の要素の大小を比較する条件が入ることが分かります。tmp が list の要素よりも小さくなったとき（＝挿入する場所が見つかったとき）に繰返しを抜けると想定してトレースしてみます。

1　最初は i が 2 からスタートします。j は 2 となり，tmp には 2 番目の値である 3 が格納されます。

要素番号	1	2	3	4	5	6	7	8	9	10
値	6	3	7	0	8	1	9	5	2	4

整列済み　　i　j　　未整列
j－1　　tmp に格納する

2　while の条件に当てはまるので，list[j－1]（list[1]の値）を list[j]（list[2]）に代入します。

3　j を減算した結果，0 になり，while の条件を満たさなくなるので繰返しを抜けます。

list[j-1]を list[j]にコピー

要素番号	1	2	3	4	5	6	7	8	9	10
値	6→6		7	0	8	1	9	5	2	4

4　このときの要素 j（list[1]）に tmp を挿入して，1 番目と 2 番目が整列済みになります。

要素番号	1	2	3	4	5	6	7	8	9	10
値	3	6	7	0	8	1	9	5	2	4

tmp を挿入する

5　i が 3 になり繰り返します。このとき，j は 3 となり，tmp には 7 が格納されます。このとき 7 は「j － 1」の値（list[2]。整列済み要素の最後の値，つまり，整列済み要素の最大値）よりも大きいので，入替え処理を行う必要がありません。つまり，while の繰返しに入らずに終了します。

要素番号	1	2	3	4	5	6	7	8	9	10
値	3	6	7	0	8	1	9	5	2	4

整列済み　　i　j　　未整列
j－1　　tmp に格納する

4 解答を選択する

〔プログラム〕
```
○整数型の配列: insertion_sort(整数型の配列: list)
  整数型: i, j, tmp ← 0
  for (i を 2 から list の要素数 まで 1 ずつ増やす)
    j ← i
    tmp ← list[i]
    while ((j > 1) and (          ))
      list[j] ← list[j − 1]
      j ← j − 1
    endwhile
    list[j] ← tmp
  endfor
  return list
```

解答群
```
ア  list[j] > tmp
イ  list[j] ≧ tmp
ウ  list[j − 1] > tmp
エ  list[j − 1] ≧ tmp
オ  list[j + 1] > tmp
カ  list[j + 1] ≧ tmp
```

　トレース結果から，空欄には，tmp と list[i − 1]を比較して，tmp の方が小さかった場合に，繰返し処理を抜ければよいことが分かります。ここで解答は（ウ）と（エ）に絞られます。（ウ）と（エ）の違いは，tmp と list[j − 1]が等しい場合に繰返しを抜けるかどうかです。

　次の図の状態のとき，選択肢（ウ）と（エ）で動きの違いをトレースしてみましょう。

要素番号	1	2	3	4	5	6	7	8	9	10
値	0	3	6	7	7	8	9	5	2	4

（j−1は要素番号4，jは要素番号5，tmpは要素番号5を指す）

　（ウ）の場合：「list[j − 1] ＞ tmp」の継続条件が偽となり，繰返しを抜けます。そのまま j の位置に tmp を挿入します。

要素番号	1	2	3	4	5	6	7	8	9	10
値	0	3	6	7	7	8	9	5	2	4

tmp を挿入する

　（エ）の場合：「list[j − 1] ≧ tmp」の継続条件が真となるので，繰返しを継続します。要素番号 4 から 5 に 7 をコピーした後に，要素番号 4 の位置に tmp を挿入します。最終的な結果は（ウ）と同じですが，間のコピー処理は無駄になります。もし，同じ値が 100 個あった場合は，無駄なコピー処理を100 回繰り返すことになります。

要素番号	1	2	3	4	5	6	7	8	9	10
値	0	3	6	7	7	8	9	5	2	4

要素番号	1	2	3	4	5	6	7	8	9	10
値	0	3	6	7	7	8	9	5	2	4

tmp を挿入する

　問題文に「処理数が最も少なくなるように」と条件が付加されているので，余計な処理のない（ウ）が正解となります。

正解　ウ

演習問題にチャレンジ

（オリジナル問題 813480）

問6　関数 shell_sort は，引数に指定した整数型の配列 list を，シェルソートによって昇順に並び替えて返す処理である。シェルソートの処理では，引数の整数型 h で指定された間隔ずつ離れた要素を比較する。関数 shell_sort を shell_sort({6, 3, 7, 0, 8, 1, 9, 5, 2, 4}, 2) として実行したとき，〔プログラム〕中で注釈として // ① を付けた処理が実行される回数を解答群の中から選べ。ここで配列の要素番号は 1 から始まる。

〔プログラム〕
```
○整数型の配列: shell_sort(整数型の配列: list, 整数型: h)
  整数型: i, j
  整数型: tmp
  while h ＞ 0
    for (i を h + 1 から list の要素数 まで 1 ずつ増やす)
      j ← i
      tmp ← list[i]
      while ((j ＞ h) and (list[j − h] ＞ tmp))
        list[j] ← list[j − h] // ①
        j ← j − h
      endwhile
      list[j] ← tmp
    endfor
    h ← h ÷ 2の商
  endwhile
  return list
```

解答群
ア　9	イ　10	ウ　11
エ　18	オ　19	カ　20

Part2
Chap
4

アルゴリズム

1 問題文をしっかりと読む

問6　関数 shell_sort は，引数に指定した整数型の配列 list を，シェルソートによって昇順に並び替えて返す処理である。シェルソートの処理では，引数の整数型 h で指定された間隔ずつ離れた要素を比較する。関数 shell_sort を shell_sort({6, 3, 7, 0, 8, 1, 9, 5, 2, 4}, 2) として実行したとき，〔プログラム〕中で注釈として // ①を付けた処理が実行される回数を解答群の中から選べ。ここで配列の要素番号は 1 から始まる。

1 　"シェルソートによって昇順に並び替える"処理であることが示されています。シェルソートとは，一定間隔おきに取り出した要素で挿入ソートを行い，間隔を狭めながら挿入ソートを繰り返した後に，全体を挿入ソートで並び替えるアルゴリズムです。

2 　一定間隔おきに取り出す間隔は，引数hで指定されることが示されています。

3 　関数 shell_sort を指定した引数で実行したときの，プログラム中の指定処理が実行される回数を解答する問題となっています。問題文に指定された引数で実行する流れを落ち着いてトレースすれば，問題を解くことができます。

Part2
Chap
4
アルゴリズム

2 プログラムの全体像を把握する

〔プログラム〕

```
○整数型の配列: shell_sort(整数型の配列: list, 整数型: h)
  整数型: i, j
  整数型: tmp
  while h > 0
    for (i を h + 1 から list の要素数 まで 1 ずつ増やす)
      j ← i
      tmp ← list[i]
      while ((j > h) and (list[j − h] > tmp))
        list[j] ← list[j − h] // ①
        j ← j − h
      endwhile
      list[j] ← tmp
    endfor
    h ← h ÷ 2 の商
  endwhile
  return list
```

1 　繰返しが３段になっているので一見複雑に見えますが，落ち着いてプログラムの全体像を把握しましょう。まず，１段目の繰返しは，hが０より大きいことが継続条件となっています。つまり，hは繰返しのたびに減少し，hが０になったら繰返しを抜けることが分かります。hを減少させる処理はプログラムの下の方にあります。「h÷２の商」をhに代入しているので，hは繰返しのたびに半分になります。例えば，引数hに４を指定した場合，hは４→２→１→０と変化して，繰返しを終了します。

2 　２段目の繰返しです。整列対象の要素を順に参照する繰返しとなっています。iがh+1から始まっていることに注意が必要です。hは，取り出す間隔です。h+1から始めるということは，hが４の場合には，５番目の要素から順に処理することを表します。

3 　３段目の繰返しです。jがhより大きいこと，list[j − h]がtmpよりも大きいことの二つが繰返しの継続条件となっています。「j ← j − h」によってjはhずつ減少するので，間隔hごとに取り出した要素で挿入ソートを行っているのだと想像できます。hが２のときの比較処理の概要を次に示します。

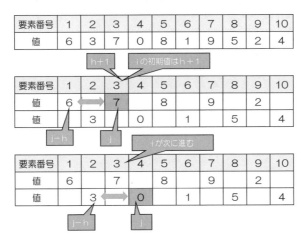

4 　①で問われている処理はどのようなものでしょうか。j番目の要素に，そのh番前の要素を代入していることから，間隔hごとに取り出した要素を，hずつ右に移動する処理であると推測できます。list[j − h]がtmp以下となるまで右に移動して，tmp以下となった位置にtmpを挿入します。

3 プログラムをトレースする

〔プログラム〕

```
○整数型の配列: shell_sort(整数型の配列: list, 整数型: h)
  整数型: i, j
  整数型: tmp
  while h ＞ 0
    for (i を h + 1 から list の要素数 まで 1 ずつ増やす)
      j ← i
      tmp ← list[i]
      while ((j ＞ h) and (list[j − h] ＞ tmp))
        list[j] ← list[j − h]  // ①
        j ← j − h
      endwhile
      list[j] ← tmp
    endfor
    h ← h ÷ 2 の商
  endwhile
  return list
```

shell_sort ({ 6, 3, 7, 0, 8, 1, 9, 5, 2, 4 }, 2) として呼び出した処理の流れをトレースしてみましょう。

1 hが2のときの繰返し

プログラム中の①の移動処理が行われるのは，二つの要素を比較して，前の要素が大きい場合です。つまり，i が 4，6，9，10 のときであることが分かります。具体的な処理の流れは次のとおりです。

〔プログラム〕

```
○整数型の配列: shell_sort(整数型の配列: list, 整数型: h)
  整数型: i, j
  整数型: tmp
  while h ＞ 0
    for (i を h ＋ 1 から list の要素数 まで 1 ずつ増やす)
      j ← i
      tmp ← list[i]                                    1
      while ((j ＞ h) and (list[j － h] ＞ tmp))        2
        list[j] ← list[j － h]  // ①
        j ← j － h
      endwhile
      list[j] ← tmp
    endfor
    h ← h ÷ 2 の商
  endwhile
  return list
```

※前ページと同じ内容を掲載しています。

4 解答を選択する

解答群

ア	9	イ	10	ウ	11
エ	18	オ	19	カ	20

2 hが1のときの繰返し

h÷2の商は1となり，再度，hを1として繰返しが行われます。hが1の場合は，全体を挿入ソートするのと同じ処理になります。①の処理が行われるのは，iが2，4，6，8，10のときであることが分かります。

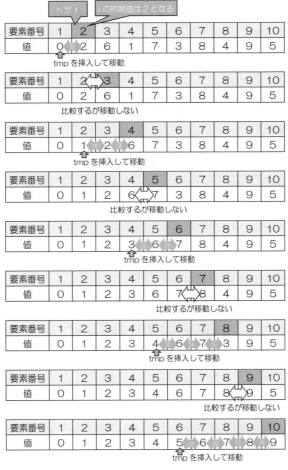

トレース結果から，①の処理は19回実行されることが分かり，正解は（オ）となります。

正解　オ

演習問題にチャレンジ

（オリジナル問題 813481）

問7　次のプログラム中の　　a　　と　　b　　に入れる正しい答えの
　組合せを，解答群の中から選べ。

　関数 quick_sort は，引数に指定した整数型の配列 list を，配列の最初
の要素を基準値とするクイックソートによって，昇順に並び替えて返す処
理である。ここで配列の要素番号は 1 から始まる。

〔プログラム〕
```
○整数型の配列: quick_sort(整数型の配列: list)
  整数型: i, j
  整数型: pivot
  整数型の配列: left, right ← {}
  if (     a     )
    return list
  endif
  pivot ← list[1]
  for (     b     )
    if (list[i] が pivot 以下)
      left の末尾 に list[i] を追加する
    else
      right の末尾 に list[i] を追加する
    endif
  endfor
  left ← quick_sort(left)
  right ← quick_sort(right)
  return left と pivot と right を結合した配列
```

解答群

	a	b
ア	list の要素数 が 0 と等しい	i を 1 から list の要素数 まで 1 ずつ増やす
イ	list の要素数 が 0 と等しい	i を 1 から list の要素数 － 1 まで 1 ずつ増やす
ウ	list の要素数 が 0 と等しい	i を 2 から list の要素数 まで 1 ずつ増やす
エ	list の要素数 が 1 以下	i を 1 から list の要素数 まで 1 ずつ増やす
オ	list の要素数 が 1 以下	i を 1 から list の要素数 － 1 まで 1 ずつ増やす
カ	list の要素数 が 1 以下	i を 2 から list の要素数 まで 1 ずつ増やす
キ	list の要素数 が 1 より小さい	i を 1 から list の要素数 まで 1 ずつ増やす
ク	list の要素数 が 1 より小さい	i を 1 から list の要素数 － 1 まで 1 ずつ増やす
ケ	list の要素数 が 1 より小さい	i を 2 から list の要素数 まで 1 ずつ増やす

🎓1　問題文をしっかりと読む

　関数 quick_sort は，引数に指定した<u>整数型の配列 list</u> を，<u>配列の最初の要素を基準値とするクイックソート</u>によって，<u>昇順に並び替えて返す処理</u>である。ここで配列の要素番号は 1 から始まる。

🎓2　プログラムの全体像を把握する

〔プログラム〕
```
○整数型の配列: quick_sort(整数型の配列: list)
   整数型: i, j
   整数型: pivot
   整数型の配列: left, right ← {}
   if (        a        )
     return list
   endif
   pivot ← list[1]
   for (      b      )
     if (list[i] が pivot 以下)
       left の末尾 に list[i] を追加する
     else
       right の末尾 に list[i] を追加する
     endif
   endfor
   left ← quick_sort(left)
   right ← quick_sort(right)
   return left と pivot と right を結合した配列
```

1 「配列の最初の要素を基準値とするクイックソート」であることが示されています。クイックソートは，基準値よりも大きい値と小さい値に分割することを要素数が1になるまで繰り返し，分割できなくなったら全ての要素を結合することで並び替えるアルゴリズムです。並び替え対象のデータと基準値の決め方によって，計算量が変わります。この問題では，基準値を「配列の最初の要素」としています。

2 クイックソートで並び替えた結果は昇順になることが示されています。

1 条件式が空欄になっていますが，条件式が真になったとき，そのまま list を返しています。 4 で関数 quick_sort を再帰呼出ししており，このプログラムには再帰呼出しの終了条件が必要です。このプログラム中で return を行ってるのは，ここだけであることから，list をそのまま返す処理が再帰呼出しの終了になると考えられます。したがって，空欄には再帰呼出しの終了条件が入ると想像できます。

2 変数 pivot をリストの最初の要素で初期化しています。これは，問題文の「配列の最初の要素を基準値とする」処理に該当します。

3 繰返しの条件式が空欄になっていますが，list の値を基準値（変数 pivot）と比較して，基準値以下の場合は配列 left，基準値以上の場合は配列 right に格納しています。これは基準値を基に配列を分割している処理に該当します。

4 分割したそれぞれの配列で，関数 quick_sort を再帰呼出ししています。

5 再帰呼出しした結果を，基準値を中心に結合します。

3 プログラムをトレースする

〔プログラム〕

```
○整数型の配列: quick_sort(整数型の配列: list)
   整数型: i, j
   整数型: pivot
   整数型の配列: left, right ← {}
   if (    a    )
     return list
   endif
   pivot ← list[1]            1
   for (    b    )
     if (list[i] が pivot 以下)
       left の末尾 に list[i] を追加する
     else
       right の末尾 に list[i] を追加する
     endif
   endfor
   left ← quick_sort(left)
   right ← quick_sort(right)
 return left と pivot と right を結合した配列
```

quick_sort ({ 6, 3, 7, 0, 8, 1, 9, 5, 2, 4 }) として呼び出した処理の流れを
トレースしてみましょう。

1 最初の基準値は「6」となり，「6」以下の値と「6」以上の値に配列を分割
します。for 文の条件式が空欄となっていますが，"基準値以外"の要素を順に
参照すればよいことが推測できます。

要素番号	1	2	3	4	5	6	7	8	9	10
値	6	3	7	0	8	1	9	5	2	4

1	2	3	4	5	6
3	0	1	5	2	4

1
6

1	2	3
7	8	9

1	2	3
0	1	2

1
3

1	2
5	4

1
7

1	2
8	9

	1	2
	0	1	2

1	1
4	5

	1	1

1	1
8	9

	1	1
	1	2

Part2
Chap
4
アルゴリズム

2 分割して再帰呼出しが完了したら，基準値を中心として左右の配列を結合し
ます。再帰呼出しは，配列の要素数が0か1の場合に終了すればよいことが分
かります。

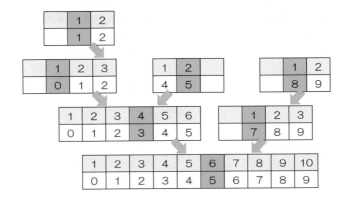

4 解答を選択する

解答群

	a	b
ア	list の要素数 が 0 と等しい	i を 1 から list の要素数 まで 1 ずつ増やす
イ	list の要素数 が 0 と等しい	i を 1 から list の要素数 − 1 まで 1 ずつ増やす
ウ	list の要素数 が 0 と等しい	i を 2 から list の要素数 まで 1 ずつ増やす
エ	list の要素数 が 1 以下	i を 1 から list の要素数 まで 1 ずつ増やす
オ	list の要素数 が 1 以下	i を 1 から list の要素数 − 1 まで 1 ずつ増やす
カ	list の要素数 が 1 以下	i を 2 から list の要素数 まで 1 ずつ増やす
キ	list の要素数 が 1 より小さい	i を 1 から list の要素数 まで 1 ずつ増やす
ク	list の要素数 が 1 より小さい	i を 1 から list の要素数 − 1 まで 1 ずつ増やす
ケ	list の要素数 が 1 より小さい	i を 2 から list の要素数 まで 1 ずつ増やす

　空欄 a には，list をそのまま返して再帰呼出しを終了する条件が入ります。トレース結果から，list の要素数が 0 か 1 のときに，再帰呼出しを終了すればよいことが分かります。解答群を見ると，空欄 a は次の 3 パターンになります。

①　list の要素数が 0 と等しい
②　list の要素数が 1 以下
③　list の要素数が 1 より小さい

それぞれを解答として正しいか確認します。
①　list の要素数が 0 と等しい
　　→list の要素数が 1 のときに再帰呼出しが終了しないので誤り
②　list の要素数が 1 以下
　　→ list の要素数が 0 か 1 のときに再帰呼出しが終了するので正しい
③　list の要素数が 1 より小さい
　　→list の要素数が 1 のときに再帰呼出しが終了しないので誤り

　空欄 b には，配列の各要素を基準値（変数 pivot）と比較する繰返しの条件式が入ります。基準値以下の値を配列 left，基準値以上の値を配列 right に格納して，関数 quick_sort をそれぞれで再帰呼出しします。再帰呼出しした結果は，基準値を中心として，配列に結合します。最後の結合処理で，left と pivot（基準値）と right を結合しているため，左右に分割する配列には基準値が含まれなくてよい（含まれると基準値が重複してしまう）ことが分かります。
　配列の最初の要素が基準値となるため，i が 1 となる要素は除いて，i が 2 から配列の要素数まで 1 ずつ増加させる必要があります。
　したがって，正解は（カ）となります。

正解　カ

演習問題にチャレンジ

（オリジナル問題 813482）

問8　次のプログラム中の ▢▢▢▢▢ に入れる正しい答えを，解答群の中から選べ。

　関数 heap は，引数 list で指定された配列を，引数 root で指定した要素番号の要素を親として，引数 bottom で指定された要素まで，ルートが最大になるようヒープ構造を再構築するものである。関数 heap_sort は，ルートが最大となるヒープ構造を表した配列を引数として受け取り，ヒープソートによって昇順に整列した配列を返す。ここで，配列の要素番号は 1 から始まる。

〔プログラム〕
```
○整数型の配列: heap(整数型の配列: list, 整数型: root, 整数型: bottom)
    整数型: left ← root × 2
    整数型: right ← root × 2 + 1
    整数型: max

    if ((left が bottom 以下) and (list[left] が list[root] より大きい))
      max ← left
    else
      max ← root
    endif

    if ((right が bottom 以下) and (list[right] が list[max] より大きい))
      max ← right
    endif

    if (max と root が等しくない)
      list[root] と list[max] を入れ替える
```

```
      list ← heap(list, max, bottom)
   endif
   return list


○整数型の配列: heap_sort(整数型の配列: list)
   for (i を list の要素数 から 1 まで 1 ずつ減らす)
     list[1] と list[i] を 入れ替える
     list ← heap(          )
   endfor
   return list
```

ルートが最大となるヒープ構造を表した配列を次に示す。

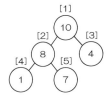

[1]	[2]	[3]	[4]	[5]
10	8	4	1	7

ヒープソートによって整列した結果を次に示す。

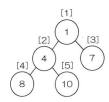

[1]	[2]	[3]	[4]	[5]
1	4	7	8	10

解答群

ア　list, 1, bottom

イ　list, 1, i

ウ　list, 1, i － 1

エ　list, i, bottom

オ　list, i, i

カ　list, i, i － 1

問題文をしっかりと読む

　関数 heap は，引数 list で指定された配列を，引数 root で指定した要素番号の要素を親として，引数 bottom で指定された要素まで，ルートが最大となるようヒープ構造を再構築するものである。関数 heap_sort は，ルートが最大となるヒープ構造を表した配列を引数として受け取り，ヒープソートによって昇順に整列した配列を返す。ここで，配列の要素番号は 1 から始まる。

<中略>

ルートが最大となるヒープ構造を表した配列を次に示す。

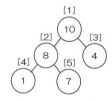

ヒープソートによって整列した結果を次に示す。

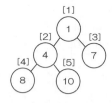

1 　関数 heap は，"引数 root で指定された要素をルート（根）として，ヒープ構造を再構築する"ことが示されています。ヒープ構造とは，ルートを最大値とした場合は，全ての親ノードが子ノードよりも大きくなる木構造です。「引数 bottom で指定された要素まで」とあることから，必ずしもヒープの全ての要素を再構築するわけではないことに注意が必要です。なお，最初は全ての要素が再構築の対象となるため，bottom の設定は，list の要素数となります。

2 　関数 heap_sort は，"ヒープソートによって昇順に並び替える"処理であることが示されています。引数の配列は，ルートを最大としたヒープ構造となる必要があります。

3 　整列前のヒープ構造が図示されています。最大値である 10 がルートとなり，全ての子ノードが親ノードよりも小さくなっています。

4 　整列後のヒープ構造が図示されています。最小値である 1 がルートとなり，全ての子ノードが親ノードよりも大きくなっています。

Part2
Chap
4
アルゴリズム

2 プログラムの全体像を把握する

〔プログラム〕

```
○整数型の配列: heap(整数型の配列: list, 整数型: root, 整数型:
bottom)
  整数型: left ← root × 2
  整数型: right ← root × 2 + 1          1
  整数型: max

  if ((left が bottom 以下) and (list[left] が list[root] より大
きい))
    max ← left
  else                                  2
    max ← root
  endif

  if ((right が bottom 以下) and (list[right] が list[max] より
大きい))
    max ← right                         3
  endif

  if (max と root が等しくない)
    list[root] と list[max] を入れ替える
    list ← heap(list, max, bottom)      4
  endif
  return list
```

1 引数 root で指定されるルートの要素番号を 2 倍した値を変数 left，2 倍して 1 を加えた値を変数 right に代入しています。これは，ルートの，左下の子ノードの要素番号を left に，右下の子ノードの要素番号を right に代入する処理となります。具体例を次に図示します。

　　ルートを[1]としたとき，左下の子ノードは[2]（要素番号 1 の 2 倍）で，右下の子ノードは[3]（要素番号 1 の 2 倍 ＋ 1）となります。ルートを[2]としたとき，左下の子ノードは[4]で，右下の子ノードは[5]となります。

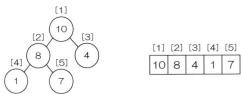

Part2
Chap
4
ア
ル
ゴ
リ
ズ
ム

2 ルートと左下の子ノードを比較して，大きい方の要素番号を変数 max に代入しています。left が bottom より大きい場合は比較の対象外とします。

3 ルート又は左下の子ノードの大きい方と，右下の子ノードを比較して，大きい方を変数 max に代入します。結果として，子ノード二つと親ノードを比較し，最も大きい値の要素番号が変数 max となります。

4 子ノードが親ノードより大きい場合は，子ノードと親ノードを入れ替えて，ヒープの再構築を行います。そのとき，再構築を行う必要があるのは，入れ替えたルート配下だけなので，入れ替えた結果ルートとなった要素番号をルート要素に指定して，関数 heap を再帰呼出しします。

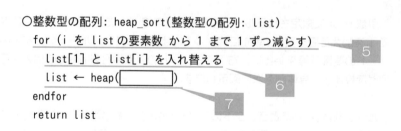

```
○整数型の配列: heap_sort(整数型の配列: list)
  for (i を list の要素数 から 1 まで 1 ずつ減らす)    5
    list[1] と list[i] を入れ替える            6
    list ← heap(          )
  endfor                         7
  return list
```

5　ヒープソートによる並替え処理です。引数に渡される配列は，ヒープ構造であり，その配列の末尾から順に参照しています。これは，ヒープの最下層のノード（リーフ）を表す要素であり，少なくとも親ノードには，この値より小さい値が存在しないことを意味します。

6　ルートノードと最下層のノードを入れ替えています。ルートノードは最大値であることが分かっているので，最下層のノードと入れ替えることで，配列の末尾が最大値となり，整列済みとして確定します。入替え処理の概要を次に図示します。

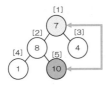

7　ノードの入替えを行ったので，ヒープの再構築を行います。再構築で指定する引数が空欄となっています。

🎓 3 プログラムをトレースする

〔プログラム〕

```
○整数型の配列: heap(整数型の配列: list, 整数型: root, 整数型:
bottom)
    整数型: left ← root × 2
    整数型: right ← root × 2 + 1
    整数型: max

    if ((left が bottom 以下) and (list[left] が list[root] より
大きい))
        max ← left
    else
        max ← root
    endif

    if ((right が bottom 以下) and (list[right] が list[max] よ
り大きい))
        max ← right
    endif

    if (max と root が等しくない)
        list[root] と list[max] を入れ替える
        list ← heap(list, max, bottom)
    endif
    return list
```

　関数 heap_sort に {10, 8, 4, 1, 7} を与えたときのプログラムの動きをトレースしてみましょう。配列の末尾と先頭を入れ替えて，ヒープの再構築を繰り返します。ヒープの再構築では，そのときの末尾とルートを入れ替えているので，先頭から末尾の手前までの，未整列の要素を再構築する必要があることが分かります。

① 末尾とルートを入替え

[1] [2] [3] [4] [5]
| 10 | 8 | 4 | 1 | 7 |

② 入替え完了

[1] [2] [3] [4] [5]
| 7 | 8 | 4 | 1 | 10 |

③ ヒープ再構築完了

[1] [2] [3] [4] [5]
| 8 | 7 | 4 | 1 | 10 |

④ 末尾とルートを入替え

[1] [2] [3] [4] [5]
| 8 | 7 | 4 | 1 | 10 |

⑤ 入替え完了

[1] [2] [3] [4] [5]
| 1 | 7 | 4 | 8 | 10 |

⑥ ヒープ再構築完了

[1] [2] [3] [4] [5]
| 7 | 1 | 4 | 8 | 10 |

⑦ 末尾とルートを入替え

[1] [2] [3] [4] [5]
| 7 | 1 | 4 | 8 | 10 |

⑧ 入替え完了

[1] [2] [3] [4] [5]
| 4 | 1 | 7 | 8 | 10 |

※ヒープ再構築なし

⑨ 末尾とルートを入替え

[1] [2] [3] [4] [5]
| 4 | 1 | 7 | 8 | 10 |

⑩ 入替え完了

[1] [2] [3] [4] [5]
| 1 | 4 | 7 | 8 | 10 |

Part2
Chap
4
アルゴリズム

4 解答を選択する

```
○整数型の配列: heap_sort(整数型の配列: list)
  for (i を list の要素数 から 1 まで 1 ずつ減らす)
    list[1] と list[i] を入れ替える
    list ← heap(            )
  endfor
  return list
```

解答群

ア　list, 1, bottom
イ　list, 1, i
ウ　list, 1, i − 1
エ　list, i, bottom
オ　list, i, i
カ　list, i, i − 1

　ヒープの再構築に渡す引数が空欄になっています。ヒープの再構築では，変更されたノードの配下を全て再構築する必要があります。トレース結果から，並び替えによって，ルートと最下層ノードの入替えを行っており，この入替えによって最下層ノードが最大値となり，確定することが分かります。変数 "i" の要素には最大値が配置されて，整列済みの要素として固定されるため，ヒープ再構築の対象から外す必要があります。つまり，ルートから，"i － 1" の要素までを再構築する必要があることが分かります。

　したがって，引数 root には「1」，引数 bottom には i の手前である「i －1」を指定した（ウ）が正解となります。

正解　ウ

演習問題にチャレンジ

(オリジナル問題 813483)

問9 関数 linear_search は引数 list に与えられた配列から，引数 val の値を
探索し，値が一致する要素番号を返す。一致する値が存在しなかった場合
は−1 を返す。配列の中に一致する値が複数存在する場合を考慮して，値
が一致する全ての要素番号を配列で返し，一致する値が存在しなかった場
合は，空の整数型の配列を返すように拡張した関数 search_list を定義し
たい。関数 search_list が正しく動作するために，｜　a　｜ と
｜　b　｜ に入る正しい答えの組合せを，解答群の中から選べ。

〔プログラム〕
```
○整数型: linear_search(整数型の配列: list, 整数型: val)
  for (i を 1 から list の要素数 まで 1 ずつ増やす)
    if (list[i] が val と等しい)
      return i
    endif
  endfor
  return −1
```

〔拡張後のプログラム〕
```
○整数型の配列: search_list(整数型の配列: list, 整数型: val)
  整数型の配列: ret ← {}
  整数型の配列: tmp
  整数型: index ← linear_search(list, val)
  整数型: i, j ← 0
  while (    a    )
    if (ret が 空)
      ret の末尾 に index を追加する
    else
      ret の末尾 に ｜  b  ｜ を追加する
    endif
    j ← j + 1
    tmp ← {}
```

```
          for (i を ret[j]+1 から list の要素数 まで 1 ずつ増やす)
            tmp の末尾に list[i] を追加する
          endfor
          index ← linear_search(tmp, val)
        endwhile
        return ret
```

解答群

	a	b
ア	index が −1 と等しい	index
イ	index が −1 と等しい	index + j
ウ	index が −1 と等しい	index + ret[j]
エ	index が 0 より大きい	index
オ	index が 0 より大きい	index + j
カ	index が 0 より大きい	index + ret[j]

1 問題文をしっかりと読む

問9　関数 linear_search は引数 list に与えられた配列から, 引数 val の値を探索し, 値が一致する要素番号を返す。一致する値が存在しなかった場合は−1 を返す。配列の中に一致する値が複数存在する場合を考慮して, 値が一致する全ての要素番号を配列で返し, 一致する値が存在しなかった場合は, 空の整数型の配列を返すように拡張した関数 search_list を定義したい。関数 search_list が正しく動作するために, ［　　a　　］ と ［　　b　　］ に入る正しい答えの組合せを, 解答群の中から選べ。

1
　関数 linear_search の仕様が示されています。引数に与えられた配列から，引数 val に一致する値を探して，値が一致する要素番号を返す処理であることが分かります。

2
　一致する値がなかった場合には−1 を返します。

3
　元のプログラムを拡張し，一致する値が複数存在する場合は，値が一致する全ての要素番号を配列で返すようにします。一致する値が存在しなかった場合は，空の配列を返すようにします。

2 プログラムの全体像を把握する

〔プログラム〕
```
○整数型: linear_search(整数型の配列: list, 整数型: val)
  for (i を 1 から list の要素数 まで 1 ずつ増やす)
    if (list[i] が val と等しい)
      return i          2
    endif                              1
  endfor
  return −1    3
```

〔拡張後のプログラム〕
```
○整数型の配列: search_list(整数型の配列: list, 整数型: val)    4
  整数型の配列: ret ← {}
  整数型の配列: tmp
  整数型: index ← linear_search(list, val)    5
  整数型: i, j ← 0
  while (      a      )    6
    if (ret が 空)
      ret の末尾 に index を追加する
    else
      ret の末尾 に    b     を追加する
    endif
    j ← j + 1
    tmp ← {}
    for (i を ret[j]+1 から list の要素数 まで 1 ずつ増やす)
      tmp の末尾に list[i] を追加する            7
    endfor
    index ← linear_search(tmp, val)
  endwhile
  return ret
```

1　元のプログラムは，線形探索法で探索する処理となっています。線形探索法とは，探索対象の要素を単純に先頭から順に比較し，一致する値の要素番号を返すアルゴリズムです。

2　値が一致した時点で要素番号が返されて，処理が終了します。一致する値が複数あったとしても，最初に一致する値が見つかった時点で処理を終了します。

3　繰返しの途中でreturnされることなく，繰返しの最後まで到達した場合は，配列中に一致する値が存在しなかったことを表します。そのため，ここで−1を返します。

4　拡張後の関数 search_list の宣言です。複数の値を返せるように，戻り値の型が整数型の配列になっています。

5　関数 linear_search の結果で変数 index を初期化しています。配列中に一致する値が存在する場合には，最初に見つかった値の要素番号が変数 index に代入されます。一致する値が見つからなかった場合は，−1 が変数 index に代入されます。

6　while による繰返し処理となっていますが，継続条件が空欄です。関数 search_list は，一致する全ての値の要素番号を返す処理なので，一致する値が見つからなくなるまで繰り返すのだと想像できます。

7　ret[j]+1 以降の list の要素を tmp に追加して，tmp を引数に再度関数 linear_search を呼び出しています。ret[j]には一致する値の要素番号が代入されているので，ret[j]+1 以降の要素を取り出すことで，既に発見した一致する値を飛ばして，探索を行います。

🎓 3 プログラムをトレースする

〔プログラム〕

```
○整数型: linear_search(整数型の配列: list, 整数型: val)
  for (i を 1 から list の要素数 まで 1 ずつ増やす)
    if (list[i] が val と等しい)
      return i
    endif
  endfor
  return -1
```

〔拡張後のプログラム〕

```
○整数型の配列: search_list(整数型の配列: list, 整数型: val)
  整数型の配列: ret ← {}
  整数型の配列: tmp
  整数型: index ← linear_search(list, val)        1
  整数型: i, j ← 0
  while(      a      )
    if (ret が 空)
      ret の末尾 に index を追加する
    else
      ret の末尾 に      b      を追加する        2
    endif
    j ← j + 1
    tmp ← {}
    for (i を ret[j]+1 から list の要素数 まで 1 ずつ増やす)    3
      tmp の末尾に list[i] を追加する                          5
    endfor
    index ← linear_search(tmp, val)    4
  endwhile                                        7
  return ret    6
```

search_list({ 2，3，4，4，1，4 }，4) として実行したときのプログラムの動きをトレースしてみましょう。次に示すように，結果は { 3，4，6 } となることを期待します。

1 関数 linear_search の結果で index を初期化します。この時点で index は「3」となります。

list

要素番号	1	2	3	4	5	6
値	2	3	4	4	1	4

（indexは3を指す）

2 関数 search_list を実行します。最終的に戻り値となる ret は，「値が一致する全ての要素番号」が格納された配列である必要があります。繰返しの継続条件は不明ですが，繰返しに入ったとして，ret には一致する値の最初の要素番号である 3 が追加されます。

list

要素番号	1	2	3	4	5	6
値	2	3	4	4	1	4

ret

要素番号	1
値	3

3 list から index より先の要素を取り出した配列 tmp を作成します。

list

要素番号	1	2	3	4	5	6
値	2	3	4	4	1	4

tmp

要素番号	1	2	3
値	4	1	4

4 配列 tmp と，val（4）を引数にして，再度，関数 linear_search を実行します。配列 tmp の 1 番目の要素が引数 val の値と一致するので，index は 1 となります。

tmp

要素番号	1	2	3
値	4	1	4

（indexは1を指す）

このとき，ret には元の配列の index である「4」が格納される必要があります。配列 tmp は，元の配列 list の index より先の要素から作成したものでした。

tmp

要素番号	1	2	3
値	4	1	4

list

要素番号	1	2	3	4	5	6
値	2	3	4	4	1	4

※配列 tmp の index＝1 の要素は，元の list では index＝4

〔拡張後のプログラム〕

```
○整数型の配列: search_list(整数型の配列: list, 整数型: val)
  整数型の配列: ret ← {}
  整数型の配列: tmp
  整数型: index ← linear_search(list, val)          1
  整数型: i, j ← 0
  while(      a      )
    if (ret が 空)
      ret の末尾 に index を追加する
    else                                            2
      ret の末尾 に    b    を追加する
    endif
    j ← j + 1
    tmp ← {}
    for (i を ret[j]+1 から list の要素数 まで 1 ずつ増やす)  3
      tmp の末尾に list[i] を追加する
    endfor                                                    5
    index ← linear_search(tmp, val)     4
  endwhile                                                    7
  return ret                              6
```

※前ページと同じ内容を掲載しています。

つまり，■4■で取得した index に，■1■で取得した index を加えた，1＋3＝4が ret に格納されればよいことが分かります。このとき，j は 1 となっているので，この式は「index ＋ ret[j]」で表すことができます。

ret

要素番号	1	2
値	3	4

■5■ 再度，繰返しに入り，j は 2 となります。配列 list から，ret[j]+1 以降の要素を取り出した配列を作成し，tmp を更新します。

list

要素番号	1	2	3	4	5	6
値	2	3	4	4	1	4

tmp

要素番号	1	2
値	1	4

■6■ 更新した配列 tmp と，val（4）を引数にして，再度，関数 linear_search を実行します。配列 tmp の 2 番目の要素が引数 val の値と一致するので，index は 2 となります。

tmp

index

要素番号	1	2
値	1	4

前と同様の処理によって，ret には 2 ＋ 4 ＝ 6が格納されます。

ret

要素番号	1	2	3
値	3	4	6

■7■ 最後に，空の配列で関数 linear_search が実行されます。一致する値が見つからず index は－1 となり，繰返しを終了します。

Part2
Chap
4
アルゴリズム

299

4 解答を選択する

```
○整数型の配列: search_list(整数型の配列: list, 整数型: val)
  整数型の配列: ret ← {}
  整数型の配列: tmp
  整数型: index ← linear_search(list, val)
  整数型: i, j ← 0
  while (    a    )
    if (ret が 空)
      ret の末尾 に index を追加する
    else
      ret の末尾 に [   b   ] を追加する
    endif
    j ← j + 1
    tmp ← {}
    for (i を ret[j]+1 から list の要素数 まで 1 ずつ増やす)
      tmp の末尾に list[i] を追加する
    endfor
    index ← linear_search(tmp, val)
  endwhile
```

解答群

	a	b
ア	index が −1 と等しい	index
イ	index が −1 と等しい	index + j
ウ	index が −1 と等しい	index + ret[j]
エ	index が 0 より大きい	index
オ	index が 0 より大きい	index + j
カ	index が 0 より大きい	index + ret[j]

　トレース結果から, 空欄 a には, index と一致する値が存在しないことから, index が−1 になるまで繰返しを継続する条件が入ればよいことが分かります。空欄 a は継続条件なので, 「index が −1 と等しい」ではなく, 「index が 0 より大きい」が正解となります。

　空欄 b には, トレース結果から, 「index + ret[j]」が入ればよいことが分かります。したがって, 正解は（カ）となります。

正解　カ

Part2
Chap
4
アルゴリズム

演習問題にチャレンジ

（オリジナル問題 813484）

問 10　次のプログラム中の　　a　　と　　b　　に入れる正しい答えの
　　組合せを，解答群の中から選べ。

　　関数 binary_search は，引数 list に与えられた配列から，引数 item の
値を 2 分探索によって探索し，値が一致する要素番号を返す。同じ値の要
素が見つからなかった場合は−1 を返す。ここで，引数 list は昇順に整列
されているものとし，配列の要素番号は 1 から始まる。

〔プログラム〕
```
○整数型の配列: binary_search(整数型の配列: list, 整数型: item)
  整数型: low ← 1
  整数型: high ← list の要素数
  整数型: mid ← 0
  整数型: ret ← −1
  while (low が high 以下である)
    mid ← (low + high) ÷ 2 の商
    if (list[mid] と item が等しい)
      return mid
    elseif (list[mid] が item より大きい)
      high ←    a
    else
      low ←    b
    endif
  endwhile
  return ret
```

解答群

	a	b
ア	mid	mid
イ	mid	mid － 1
ウ	mid	mid ＋ 1
エ	mid － 1	mid
オ	mid － 1	mid － 1
カ	mid － 1	mid ＋ 1
キ	mid ＋ 1	mid
ク	mid ＋ 1	mid － 1
ケ	mid ＋ 1	mid ＋ 1

1 問題文をしっかりと読む

1

　関数 binary_search は，引数 list に与えられた配列から，引数 item の値を 2 分探索によって探索し，値が一致する要素番号を返す。同じ値の要素が見つからなかった場合は−1 を返す。ここで，引数 list は昇順に整列されているものとし，配列の要素番号は 1 から始まる。

2

1 プログラムは2分探索を行う処理であることが分かります。

2 2分探索を行うためには,あらかじめ探索対象の配列が(この場合は昇順に)整列されている必要があります。2分探索では,整列済みの配列を繰り返し二つに分割しながら,探索する値が存在しない方の配列を切り捨てることで,目的の値を探し出します。2分探索の概要を次に示します。

1	探したい値

① | 1 | 4 | 7 | 8 | 10 |

② | 1 | 4 |　| 7 | 8 | 10 |

③ | 1 |　| 4 |

①配列から「1」を探索する
　(あらかじめ探索対象は昇順に整列されている)
②探索対象を半分に分割する
　左グループの最大値である「4」と「1」を比較し,「1」の方が小さいため,「1」は左グループに存在することが分かり,右グループを切り捨てる
③残った左グループを再度分割し,左グループの最大値と比較したところ,一致したので探索を終了する

Part2
Chap
4
アルゴリズム

2 プログラムの全体像を把握する

〔プログラム〕

```
○整数型の配列: binary_search(整数型の配列: list, 整数型: item)
    整数型: low ← 1
    整数型: high ← list の要素数
    整数型: mid ← 0
    整数型: ret ← -1
    while (low が high 以下である)
        mid ← (low + high) ÷ 2 の商
        if (list[mid] と item が等しい)
            return mid
        elseif (list[mid] が item より大きい)
            high ←   a
        else
            low ←   b
        endif
    endwhile
    return ret
```

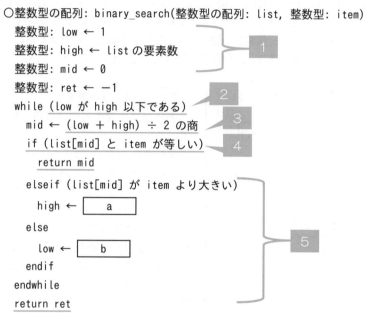

1 　low が 1， high が配列 list の要素数で初期化されています。つまり，low
は探索対象の最初，high は探索対象の最後を表すと想像できます。

2 　low が high 以下であることが繰返しの継続条件となっています。半分に分
割を続けた結果，探索する値が見つからなかった場合に， low よりも high が
大きくなって，繰返しを抜けます。

3 　low ＋ high を 2 で割った商を mid に代入しています。これは真ん中の要
素番号を表します。例えば，low が 1 で high が 5 のとき，（1 ＋ 5）÷ 2
で 3 が mid となります。

Part2

Chap

4

アルゴリズム

4 　list[mid] と item が等しい場合は，探索した値を発見したことになり，処
理を終了します。つまり，真ん中の要素番号の値である list[mid]が探索する
値となるまで分割し続けることを意味します。

5 　list[mid] と item が等しくない場合は，mid の左側と右側のどちらかに，
探索する値が存在すると考えられます。list[mid]より item が大きい場合は，
右側を残します。list[mid]より item が小さい場合は，左側を残します。左右
のいずれかを残すための low と high の更新処理が，空欄になっています。

🎓3 プログラムをトレースする

〔プログラム〕

```
○整数型の配列: binary_search(整数型の配列: list, 整数型: item)
   整数型: low ← 1
   整数型: high ← list の要素数                         1
   整数型: mid ← 0
   整数型: ret ← -1
   while (low が high 以下である)          2            4
      mid ← (low + high) ÷ 2 の商
      if (list[mid] と item が等しい)
         return mid                             6
      elseif (list[mid] が item より大きい)
         high ← [    a    ]       3
      else
         low ← [    b    ]        5
      endif
   endwhile
   return ret
```

1 binary_search({ 1, 4, 7, 8, 10 }, 4)の実行結果をトレースしてみましょう。
lowは1，highは5で初期化されます。

	low				high
要素番号	1	2	3	4	5
値	1	4	7	8	10

2 lowよりhighが大きいので繰返しに入り，midは3になります。

	low		mid		high
要素番号	1	2	3	4	5
値	1	4	7	8	10

3 list[mid]は7で探索値の4より大きいため，4はmidより左側にいること
が分かります。したがって，highをmidの左隣に移動することで，midの右
側を切り捨てます。

	low	high	mid		
要素番号	1	2	3	4	5
値	1	4	7	8	10

4 次の繰返しでmidは（1 + 2）÷ 2 = 1 となります。

	low	high			
要素番号	1	2	3	4	5
値	1	4	7	8	10
	mid				

5 list[mid]は1で探索値の4より小さいので，4はmidより右側にいること
が分かります。したがって，lowをmidの右隣に移動することで，midの左側
を切り捨てます。ここでmidは（2 + 2）÷ 2 = 2となります。

	low	high			
要素番号	1	2	3	4	5
値	1	4	7	8	10
		mid			

6 list[mid]が4と等しくなって，処理を終了します。

4 解答を選択する

〔プログラム〕
```
○整数型の配列: binary_search(整数型の配列: list, 整数型: item)
    整数型: low ← 1
    整数型: high ← list の要素数
    整数型: mid ← 0
    整数型: ret ← -1
    while (low が high 以下である)
      mid ← (low + high) ÷ 2 の商
      if (list[mid] と item が等しい)
        return mid
      elseif (list[mid] が item より大きい)
        high ← |   a   |
      else
        low ← |   b   |
      endif
    endwhile
    return ret
```

解答群

	a	b
ア	mid	mid
イ	mid	mid − 1
ウ	mid	mid + 1
エ	mid − 1	mid
オ	mid − 1	mid − 1
カ	mid − 1	mid + 1
キ	mid + 1	mid
ク	mid + 1	mid − 1
ケ	mid + 1	mid + 1

　トレース結果から，空欄 a が実行される場合，item が mid の左側に存在することが分かったため，空欄 a には mid から右側を切り捨てる処理を入れる必要があります。右側を切り捨てるためには，high の位置を mid の左隣に移動すればよく，「mid − 1」が入ることが分かります。

　同様に，空欄 b が実行される場合，item が mid より右側に存在することが分かったため，空欄 b には mid から左側を切り捨てる処理を入れる必要があります。左側を切り捨てるためには，high の位置を mid の左隣に移動すればよく，「mid ＋ 1」が入ることが分かります。

　したがって，空欄 a が「mid − 1」となり，空欄 b が「mid ＋ 1」となる（カ）が正解です。

正解　カ

演習問題にチャレンジ

（オリジナル問題 813485）

問 11　次のプログラム中の　　a　　と　　b　　に入れる正しい答えの
組合せを，解答群の中から選べ。

　　次のプログラムはハッシュ表探索を実現する。関数 hash は，引数に与
えられた値からハッシュ値を求める。関数 hash_store は，関数 hash で求
められたハッシュ値を要素番号として，整数型の配列の list に値を格納
する。異なる値から同じハッシュ値が求められて，格納しようとした位置
に既に異なる値が存在する場合には，値が存在しない位置になるまで，要
素番号に 1 を加算する。
　　関数 hash_search は，探索する値を基に，関数 hash で求めたハッシュ
値を要素番号として，同じ値が格納されている要素番号を探して返す。同
じ値が list に存在しない場合は，−1 を返す。ここで配列の要素番号は 1
から始まり，list は十分な大きさがあるものとする。

〔プログラム〕
```
○整数型: hash(整数型: val)
　return (val mod 10) + 1

○整数型の配列: hash_store(整数型の配列: list, 整数型: val)
　整数型: index ← hash(val)
　while (            a            )
　　index ← index + 1
　endwhile
　list[index] ← val
　return list

○整数型: hash_search(整数型の配列: list, 整数型: val)
　整数型: index ← hash(val)
　while (index が list の要素数以下)
　　if (            b            )
　　　return index
```

```
        else
            index ← index + 1
        endif
    endwhile
    return −1
```

解答群

	a	b
ア	list[index] が 未定義	list[index] と val が等しくない
イ	list[index] が 未定義	list[index] と val が等しい
ウ	list[index] が 未定義ではない	list[index] と val が等しくない
エ	list[index] が 未定義ではない	list[index] と val が等しい
オ	list[index] と val が等しい	list[index] と val が等しくない
カ	list[index] と val が等しい	list[index] と val が等しい

1 問題文をしっかりと読む

次のプログラムはハッシュ表探索を実現する。関数 hash は，引数に与えられた値からハッシュ値を求める。関数 hash_store は，関数 hash で求められたハッシュ値を要素番号として，整数型の配列の list に値を格納する。異なる値から同じハッシュ値が求められて，格納しようとした位置に既に異なる値が存在する場合には，値が存在しない位置になるまで，要素番号に 1 を加算する。

関数 hash_search は，探索する値を基に，関数 hash で求めたハッシュ値を要素番号として，同じ値が格納されている要素番号を探して返す。同じ値が list に存在しない場合は，−1 を返す。ここで配列の要素番号は 1 から始まり，list は十分な大きさがあるものとする。

1 　関数 hash は "ハッシュ値を求める" 処理であることが示されています。

2 　関数 hash_store は，"関数 hash で求められたハッシュ値を要素番号として値を格納する" 処理であることが示されています。

3 　異なる値から同じハッシュ値が求められてしまうことを，"ハッシュの衝突" といいます。例えば，関数 hash では，値を 10 で割った余り＋1 をハッシュ値としているため，「10」と「20」はどちらもハッシュ値が「1」となります。求められたハッシュ値を要素番号として値を格納するため，「10」と「20」は同じ位置に格納しようとして，衝突します。このハッシュの衝突を回避するために，値が存在しない要素になるまで，要素番号に 1 を加えることが示されています。

4 　関数 hash_search は，"探索する値が格納されている場所を探して返す" 処理であることが示されています。同じ値が見つかった場合はその要素番号を，見つからなかった場合は−1 を返すことが分かります。

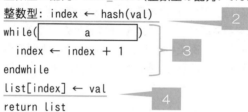

2 プログラムの全体像を把握する

〔プログラム〕

```
○整数型: hash(整数型: val)
  return (val mod 10) + 1          1

○整数型の配列: hash_store(整数型の配列: list, 整数型: val)
  整数型: index ← hash(val)          2
  while(         a         )
    index ← index + 1              3
  endwhile
  list[index] ← val                4
  return list

○整数型: hash_search(整数型の配列: list, 整数型: val)
5  整数型: index ← hash(val)
  while (index が list の要素数以下)
    if (         b         )
      return index
    else                           6
      index ← index + 1
    endif
  endwhile
  return -1                        7
```

1
　値を 10 で割った余り＋1 がハッシュ値となることが分かります。

2
　格納する値からハッシュ値を求めて，そのハッシュ値を格納する要素番号として index を初期化しています。

3
　ハッシュが衝突した場合の処理です。while の継続条件が空欄となっていますが，ハッシュの衝突が解消されるまで，要素番号に 1 を加算する処理であると想像できます。

4
　求めた要素番号に値を格納しています。

5
　探索する値からハッシュ値を求めています。

6
　if 文の条件が空欄となっていますが，ハッシュ値を要素番号として，指定された値を探索する処理だと想像できます。

7
　while 文の最後まで到達した場合（一致する値が見つからなかった場合）に－1 を返します。

3 プログラムをトレースする

〔プログラム〕
```
○整数型: hash(整数型: val)
  return (val mod 10) + 1


○整数型の配列: hash_store(整数型の配列: list, 整数型: val)
  整数型: index ← hash(val)
  while(        a        )
    index ← index + 1
  endwhile
  list[index] ← val
  return list


○整数型: hash_search(整数型の配列: list, 整数型: val)
  整数型: index ← hash(val)
  while (index が list の要素数以下)
    if (        b        )
      return index
    else
      index ← index + 1
    endif
  endwhile
  return -1
```

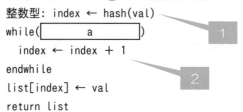

値を格納する処理（関数 hash_store）と，探索する処理（関数 hash_search）をトレースしてみましょう。

1
値を格納する処理で，最初に 10 を格納する場合，ハッシュ値は 1 となるので，要素番号 1 に格納します。

格納する値 10　ハッシュ値 1

要素番号	1	2	3	4	5	6	7	8	9	10
値	10									

2
次に 20 を格納する場合，ハッシュ値は同じ 1 となります。要素番号 1 には既に 10 が格納されているため，要素番号を 1 ずらして，要素番号 2 に格納します。

格納する値 20　ハッシュ値 1

要素番号	1	2	3	4	5	6	7	8	9	10
値	10	20								

3
値を探索する処理で，10 を探索する場合，10 から求められたハッシュ値は 1 となり，要素番号 1 の要素と一致するので，「1」を返します。

要素番号	1	2	3	4	5	6	7	8	9	10
値	10	20								

探索する値 10　ハッシュ値 1

4
20 を探索する場合，20 から求められたハッシュ値も 1 となり，要素番号 1 の要素と比較しても一致しないので，要素番号を 1 ずらすと，要素番号 2 の値と一致するので，「2」を返します。

要素番号	1	2	3	4	5	6	7	8	9	10
値	10	20								

探索する値 20　ハッシュ値 1

5
一致する要素がなかった場合は，−1 を返します。

4 解答を選択する

○整数型の配列: hash_store(整数型の配列: list, 整数型: val)
　整数型: index ← hash(val)
　while (┌─────────────┐)
　　　　　│   a   │
　　　　　└─────────────┘
　　index ← index ＋ 1
　endwhile
　list[index] ← val
　return list

○整数型: hash_search(整数型の配列: list, 整数型: val)
　整数型: index ← hash(val)
　while (index が list の要素数以下)
　　if (┌─────────────┐)
　　　　 │   b   │
　　　　 └─────────────┘
　　　return index
　　else
　　　index ← index ＋ 1
　　endif
　endwhile
　return －1

解答群

	a	b
ア	list[index] が 未定義	list[index] と val が等しくない
イ	list[index] が 未定義	list[index] と val が等しい
ウ	list[index] が 未定義ではない	list[index] と val が等しくない
エ	list[index] が 未定義ではない	list[index] と val が等しい
オ	list[index] と val が等しい	list[index] と val が等しくない
カ	list[index] と val が等しい	list[index] と val が等しい

空欄 a：

　トレース結果から，ハッシュが衝突した場合に，値が存在しない位置まで要素番号に 1 を加算する処理であることが分かります。したがって，「list［ index ］が未定義ではない」が入ります。「list［ index ］が未定義」だと，継続条件ではなく終了条件となります。「list［ index ］と val が等しい」だと，index ＋ 1 の位置に既に値が格納されていた場合に，endwhile 後の「list［ index ］← val」の処理によって上書きされてしまいます。

空欄 b：

　トレース結果から，値が一致する要素番号を探す処理であることが分かります。値が一致するまで要素を移動して，値が一致した場合にその要素番号を返せばよいので，空欄 b には「list［ index ］と val が等しい」が入ることが分かります。

　したがって，正解は（エ）となります。

Part2
Chap
4
アルゴリズム

正解　エ

演習問題にチャレンジ

（オリジナル問題 813486）

問 12　次のプログラム中の　｜　a　｜　と　｜　b　｜　に入れる正しい答えの
　　　組合せを，解答群の中から選べ。

　　関数 dfs は，深さ優先探索で木構造の全ての要素を探索して，要素がも
つ値の配列を生成して返す処理である。深さ優先探索では，要素を根から
上位の節，下位の節又は葉の順で探索する。そしてある節を頂点とする部
分木に含まれる要素全てが探索された場合には，その頂点の節と同じ深さ
の別の節から探索を続ける。具体的な木構造の例を図に示し，探索順序を
数字で表す。

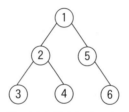

図　深さ優先探索の例

　　木構造の各要素は，クラス Node を用いて表現する。クラス Node の説明
を表に示す。

表　クラス Node の説明

メンバ変数	型	説明
children	Node 型の配列	隣接する全ての Node への参照を保持する配列。
value	数値型	要素がもつ値。
visited	論理型	訪問済みを true で表す。

〔プログラム〕
　　　○整数型の配列: dfs(Node: root)
　　　　　整数型の配列: ret ← {}
　　　　　ret の末尾に root.value を追加する
　　　　　root.visited ← true
　　　　　整数型: i
　　　　　for (i を 1 から root.children の要素数 まで 1 ずつ増や
　　　す)
　　　　　　　if (　　a　　)
　　　　　　　　ret の末尾 に dfs(　　b　　) の結果 を追加する
　　　　　　　endif
　　　　　　endfor
　　　　　return ret

解答群

	a	b
ア	children[i].visited	children[i]
イ	children[i].visited	root.children[i]
ウ	not children[i].visited	children[i]
エ	not children[i].visited	root.children[i]
オ	not root.children[i].visited	children[i]
カ	not root.children[i].visited	root.children[i]

1 問題文をしっかりと読む

関数 dfs は，深さ優先探索で木構造の全ての要素を探索して，要素がもつ値の配列を生成して返す処理である。深さ優先探索では，要素を根から上位の節，下位の節又は葉の順で探索する。そしてある節を頂点とする部分木に含まれる要素全てが探索された場合には，その頂点の節と同じ深さの別の節から探索を続ける。具体的な木構造の例を図に示し，探索順序を数字で表す。

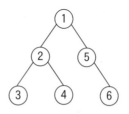

図　深さ優先探索の例

木構造の各要素は，クラス Node を用いて表現する。クラス Node の説明を表に示す。

表　クラス Node の説明

メンバ変数	型	説明
children	Node 型の配列	隣接する全ての Node への参照を保持する配列。
value	数値型	要素がもつ値。
visited	論理型	訪問済みを true で表す。

1 　関数 dfs が，"深さ優先探索のアルゴリズムで木構造を探索する" プログラムであることが示されています。

2 　深さ優先探索のアルゴリズムの説明です。次の図のように，ルートから最下層まで探索して，上に戻り，下位の要素が全て探索済みとなったら横に移動します。

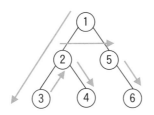

3 　木構造の要素を表すクラス Node の説明が示されています。上記の木構造を，クラス Node を用いて表すと次のようになります。children に子ノードの参照を配列で保持するところがポイントです。

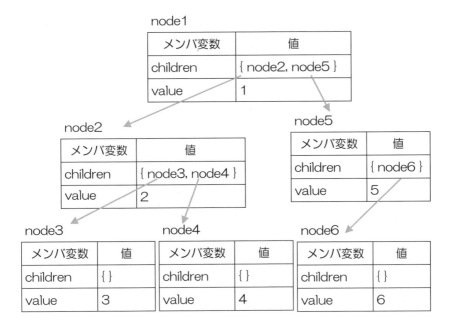

node1

メンバ変数	値
children	{ node2, node5 }
value	1

node2

メンバ変数	値
children	{ node3, node4 }
value	2

node5

メンバ変数	値
children	{ node6 }
value	5

node3

メンバ変数	値
children	{ }
value	3

node4

メンバ変数	値
children	{ }
value	4

node6

メンバ変数	値
children	{ }
value	6

2 プログラムの全体像を把握する

〔プログラム〕

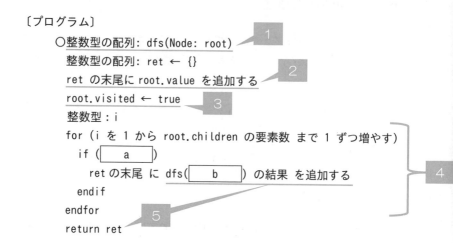

```
○整数型の配列: dfs(Node: root)        1
  整数型の配列: ret ← {}
  ret の末尾に root.value を追加する    2
  root.visited ← true        3
  整数型:i
  for (i を 1 から root.children の要素数 まで 1 ずつ増やす)
    if (    a    )
      ret の末尾 に dfs(    b    ) の結果 を追加する    4
    endif
  endfor        5
  return ret
```

1
　引数にクラス Node のインスタンスを受け取ります。このインスタンスをルートとして，下位のノードを順に参照して，格納した配列を返します。

2
　引数に渡されたインスタンスが保持する値を，戻り値の ret に追加します。

3
　インスタンスを訪問済みに更新します。

4
　children の要素を順に参照する繰返しとなっています。引数のノードの全ての子ノードを参照する処理だと想像できます。for 文の処理では，if 文の条件に一致した場合に，関数 dfs を再帰呼出ししています。if 文の条件式と，関数 dfs を再帰呼出しする際の変数の指定が空欄となっていますが，何らかの形で子ノードを引数に渡すことで，再帰呼出しによって木構造の全てのノードを参照するのだと想像できます。

5
　関数 dfs の最後で，生成した配列 ret を返しています。これが再帰呼出しの実行結果となります。for 文の処理では，再帰呼出しの実行結果を ret の末尾に追加しているので，最終的に，全ての再帰呼出しの実行結果が，ret に格納されて，これが全体の結果となります。

Part2
Chap
4
アルゴリズム

3 プログラムをトレースする

〔プログラム〕

```
○整数型の配列: dfs(Node: root)
  整数型の配列: ret ← {}
  ret の末尾に root.value を追加する
  root.visited ← true
  整数型: i
  for ( i を 1 から root.children の要素数 まで 1 ずつ増やす)
    if (    a    )
      ret の末尾 に dfs(    b    ) の結果 を追加する
    endif
  endfor
  return ret
```

前述の木構造を，引数に渡したときの処理をトレースしてみましょう。

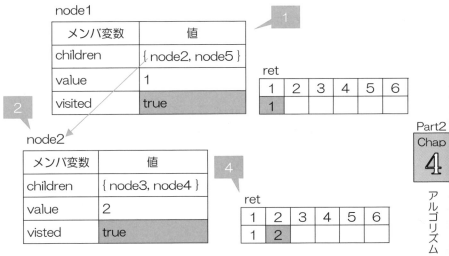

1 　引数にルートノードである node1 を渡して関数 dfs を実行します。node1 の値が ret に格納されて，node1 は訪問済みに更新されます。

2 　node1 の children の要素は { node2, node5 } であり，これを繰り返し処理していると想像できます。

3 　if 文の条件式は不明ですが，children の最初の要素の node2 で関数 dfs を再帰呼出しするものとします。

4 　引数に node2 を渡して関数 dfs を実行します。node2 の値が ret に格納されて，node2 が訪問済みに更新されます。

5 　node2 の children の要素である node3, node4 で，繰返しを実行します。繰返しの中で，node3, node4 を引数に関数 dfs を再帰呼出しするとします。

〔プログラム〕
　　○整数型の配列: dfs(Node: root)
　　　整数型の配列: ret ← {}
　　　ret の末尾に root.value を追加する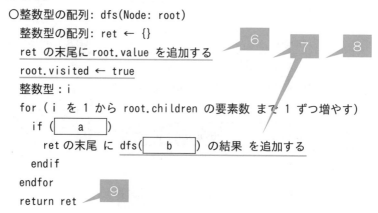
　　　root.visited ← true
　　　整数型 : i
　　　for (i を 1 から root.children の要素数 まで 1 ずつ増やす)
　　　　if (　　a　　)
　　　　　ret の末尾 に dfs(　　b　　) の結果 を追加する
　　　　endif
　　　endfor
　　　return ret

330

6 node3 の値が ret に格納されて，node3 が訪問済みに更新されます。node3 の children は空なので，for 文の繰返しには入らず，再帰呼出しも行われません。

node3

メンバ変数	値
children	{ }
value	3
visted	true

ret

1	2	3	4	5	6
1	2	3			

7 node4 で再帰呼出しが行われます。node4 の値が ret に格納されて，node4 が訪問済みに更新されます。node4 の children も空なので，for 文の繰返しには入らず，再帰呼出しは行われません。

node4

メンバ変数	値
children	{ }
value	4
visted	true

ret

1	2	3	4	5	6
1	2	3	4		

8 node1 の children の繰返しのうち，node2 の処理が完了して，次の要素である node5 の処理に移動します。これまでと同様に，node5，node6 が順に処理されて，それぞれの値が ret に格納されます。

node1

メンバ変数	値
children	{ node2, node5 }
value	1
visited	true

ret

1	2	3	4	5	6
1	2	3	4	5	6

9 全ての処理が完了すると，ret を返します。

4 解答を選択する

〔プログラム〕
```
○整数型の配列: dfs(Node: root)
    整数型の配列: ret ← {}
    ret の末尾に root.value を追加する
    root.visited ← true
    整数型: i
    for (i を 1 から root.children の要素数 まで 1 ずつ増や
す)
        if (       a       )
            ret の末尾 に dfs(     b     ) の結果 を追加する
        endif
    endfor
    return ret
```

解答群

	a	b
ア	children[i].visited	children[i]
イ	children[i].visited	root.children[i]
ウ	not children[i].visited	children[i]
エ	not children[i].visited	root.children[i]
オ	not root.children[i].visited	children[i]
カ	not root.children[i].visited	root.children[i]

　空欄aの条件式が真の場合に，関数dfsの再帰呼出しが行われます。問題文と図から，このプログラムは深さ優先探索のため，ルートの子ノードを探索し，そのまた子ノードを探索し……というように，最下層まで探索して，下位の要素が全て探索済みとなったら（探索する子ノードがなくなったら）横に移動して探索することが分かります。再帰呼出しが行われるのは，訪問済みでない子ノードがある場合です。つまり空欄aには，"訪問済みではない子ノードがある場合に真となる"条件が入ればよいことが分かります。

　空欄bは，関数dfsを再帰呼出しする際の引数の指定方法が問われています。トレース結果から，for文の繰返しでは，rootがchildrenに保持するNodeインスタンスを，それぞれルートとして再帰呼出しすればよいことが分かります。Nodeインスタンスであるrootのchildrenは，root.childrenで参照できます。ここで，childrenはあくまでもrootインスタンス内の変数であり，childrenを直接参照することはできません。

　root.childrenは配列なので，root.children[i]が，rootの子ノードのi番目の要素となります。rootと子ノードの関係を次に図示します。

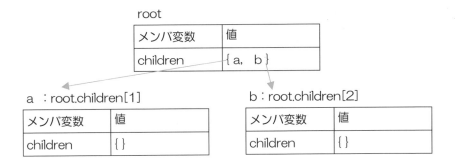

　したがって，空欄aは，子ノードが訪問済みでないことを表すnot root.children[i].visitedとなり，空欄bはroot.children[i]となる（カ）が正解です。

正解　カ

演習問題にチャレンジ

（オリジナル問題 813487）

問13　次の記述中の [＿＿＿＿＿] に入れる正しい答えを，解答群の中から選べ。

　　　関数 bfs は，木構造の全ての要素を探索して，要素がもつ値の配列を生成して返す処理である。木構造の各要素は，クラス Node を用いて表現する。また，探索処理で，先入れ先出しのデータ構造であるクラス Queue を使用する。クラス Node とクラス Queue の説明を次に示す。

表　クラス Node の説明

メンバ変数	型	説明
value	整数型	Node が保持する値
neighbors	Node 型の配列	隣接する全ての Node への参照を保持する配列
visited	論理型	訪問済みを true で表す

表　クラス Queue の説明

メソッド	説明
Queue: Queue( )	空のキューを生成するコンストラクタ
enq(Node: node)	キューにノードを追加する
Node: deq( )	キューからノードを取り出す 取り出したノードはキューから削除される
論理型: empty( )	キューが空の場合に true を返す

〔プログラム〕

```
○整数型の配列: bfs(Node: root)
    Queue: q ← Queue()
    q.enq(root)
    整数型の配列: ret ← {}
    root.visited ← true
    Node: node
    整数型: i
    while(not q.empty())
```

```
        node ← q.deq()
        ret の 末尾に node.value を追加する
        for (i を 1 から node.neighbors の要素数 まで 1 ずつ増や
す)
            if (not node.neighbors[i].visited)
                node.neighbors[i].visited ← true
                q.enq(node.neighbors[i])
            endif
        endfor
    endwhile
    return ret
```

node1 をルートとする木構造を次に示す。関数 bfs を bfs(node1)として
実行した結果は, { [   ] }となる。

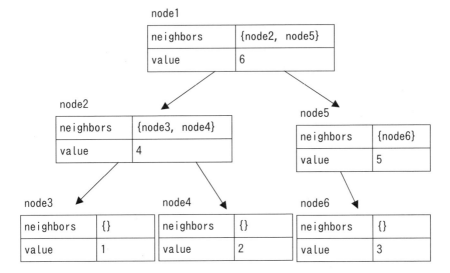

解答群

ア 1, 2, 3, 4, 5, 6

イ 6, 4, 1, 2, 5, 3

ウ 6, 4, 5, 1, 2, 3

エ 6, 5, 4, 3, 2, 1

問題文をしっかりと読む

　関数 bfs は，木構造の全ての要素を探索して，要素がもつ値の配列を生成して返す処理である。木構造の各要素は，クラス Node を用いて表現する。また，探索処理で，先入れ先出しのデータ構造であるクラス Queue を使用する。クラス Node とクラス Queue の説明を次に示す。

表　クラス Node の説明

メンバ変数	型	説明
value	整数型	Node が保持する値
neighbors	Node 型の配列	隣接する全ての Node への参照を保持する配列
visited	論理型	訪問済みを true で表す

表　クラス Queue の説明

メソッド	説明
Queue: Queue( )	空のキューを生成するコンストラクタ
enq(Node: node)	キューにノードを追加する
Node: deq( )	キューからノードを取り出す 取り出したノードはキューから削除される
論理型: empty( )	キューが空の場合に true を返す

1 　関数 bfs は，木構造の探索処理であることが示されています。

2 　木構造はクラス Node を使って表せることが示されています。

3 　探索処理でクラス Queue が使われることが示されています。

4 　クラス Node の仕様が示されています。変数 neighbors に，隣接するノート（子ノード）への参照を配列で保持していることがポイントです。neighbors をたどることで，子ノードにアクセスできます。

5 　クラス Queue の仕様が示されています。先入れ先出しのキュー構造を実現するための関数 enq と関数 deq が定義されています。関数 enq は，キューに値を格納する関数で，戻り値はありません。関数 deq は，キューから値を取り出す関数で，引数はありません。キューが空かどうかを表す関数 empty が定義されています。

Part2
Chap
4
アルゴリズム

2 プログラムの全体像を把握する

〔プログラム〕

```
○整数型の配列: bfs(Node: root)          1
 Queue: q ← Queue()
 q.enq(root)                            2
 整数型の配列 : ret ← {}
 root.visited ← true              3
 Node: node
 整数型 : i               4
 while(not q.empty())
   node ← q.deq()           5
   ret の 末尾に node.value を追加する         6
   for (i を 1 から node.neighbors の要素数 まで 1 ずつ増やす)
     if (not node.neighbors[i].visited )
       node.neighbors[i].visited ← true        7
       q.enq(node.neighbors[i])
     endif
   endfor
 endwhile        8
 return ret
```

1　関数 bfs はルートを表す Node インスタンスを引数に受け取り，全ての値を配列にして返します。

2　キューを実現するクラス Queue のインスタンスを生成して，ルートを格納しています。キューは先入れ先出しのデータ構造なので，次に deq が呼び出されたときに，ルートが取り出されます。

3　ルートを訪問済みに更新します。

4　キューが空になるまでの繰返しになっています。

5　キューから要素を取り出します。

6　取り出した要素の値を，戻り値になる ret に追加します。いったん，キューに入れてから取り出すことで，何らかの整列をしていると想像できます。

7　子ノードを繰返し処理しています。繰返しの中では，訪問済みに更新して，キューに格納しています。繰返しを抜けた後に，⑤でキューから取り出されます。つまり，いったんキューに入れてから取り出すことで，幅優先探索を実現しているのだと想像できます。幅優先探索の概要を次に示します。下図の木構造を番号の順に参照するのが幅優先探索です。

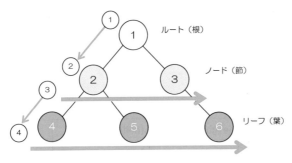

8　生成した配列を返します。この配列には，幅優先探索の順に参照された値が格納されています。

339

3 プログラムをトレースする

〔プログラム〕

```
○整数型の配列: bfs(Node: root)
  Queue: q ← Queue()        1
  q.enq(root)
  整数型の配列: ret ← {}
  root.visited ← true
  Node: node
  整数型: i
  while(not q.empty())      2
    node ← q.deq()
    ret の 末尾に node.value を追加する
    for (i を 1 から node.neighbors の要素数 まで 1 ずつ増やす)    3
      if (not node.neighbors[i].visited )
        node.neighbors[i].visited ← true
        q.enq(node.neighbors[i])      4
      endif
    endfor
  endwhile
  return ret
```

node1 をルートとする木構造を次に示す。関数 bfs を bfs(node1) として実行した結果は, { [   ] }となる。

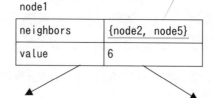

node1	
neighbors	{node2, node5}
value	6

問題文に指定された木構造を引数に渡したときの処理の流れをトレースしてみましょう。問題文の木構造を簡単に図示すると次のようになります。（○の中が保持する値）。

1 root である node1 を q に格納します。この時点で ret は空です。

q

node1					

ret

1	2	3	4	5	6

2 while の繰返しで，q から取り出した要素の値（ここでは node1 の値である "6"）を ret に格納します。node1 は q から削除されます。

q

ret

1	2	3	4	5	6
6					

3 繰返しによってルートノードが neighbors に保持する子ノード{ node2, node5 }を一つずつ参照します。

4 ルートノードの子ノードである node2 と node5 が訪問済みとなり，q に格納されて，for 文の繰返しを抜けます。

q

node2	node5				

ret

1	2	3	4	5	6
6					

```
while(not q.empty())
    node ← q.deq()
    ret の 末尾に node.value を追加する
    for (i を 1 から node.neighbors の要素数 まで 1 ずつ増やす)
        if (not node.neighbors[i].visited )
            node.neighbors[i].visited ← true
            q.enq(node.neighbors[i])
        endif
    endfor
endwhile
return ret
```

node1 をルートとする木構造を次に示す。関数 bfs を bfs(node1) として実行した結果は，{ [   ] }となる。

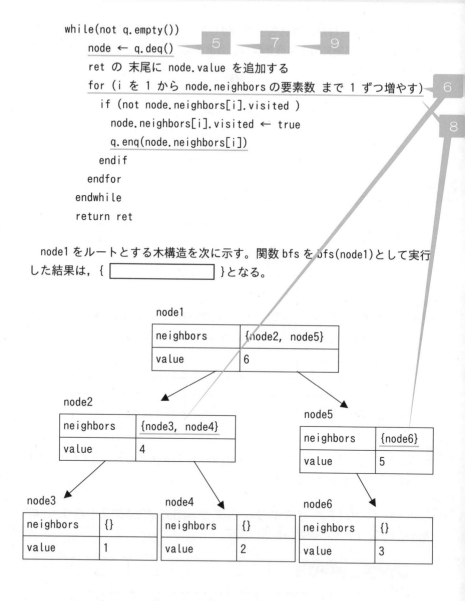

5 q に先に格納されていた node2 が保持する値である "4" が ret に追加されます。node2 は q から削除されます。

q

node5					

ret

1	2	3	4	5	6
6	4				

6 繰返しによって，node2 が neighbors に保持する子ノード{ node3, node4 }を一つずつ参照します。その結果，node3 と node4 が q に格納されます。既に格納されている node5 はそのままとなります。

q

node5	node3	node4			

ret

1	2	3	4	5	6
6	4				

7 for 文を抜けて，q の先頭にある node5 を q から取り出し，その要素の値である "5" を ret に追加します。

q

node3	node4				

ret

1	2	3	4	5	6
6	4	5			

8 繰返しによって，node5 が neighbors に保持する子ノード{ node6 }を参照します。その結果，node6 が q に格納されます。

q

node3	node4	node6			

ret

1	2	3	4	5	6
6	4	5			

9 node3→node4→node6 の順に，q から取り出されて ret に追加されます。これらは子ノードをもたず，neighbors は空なので，for 文の繰り返しには入りません。q が空になり，while 文を抜けて，処理が完了します。

q

ret

1	2	3	4	5	6
6	4	5	1	2	3

Part2
Chap
4
アルゴリズム

🎓4 解答を選択する

node1 をルートとする木構造を次に示す。関数 bfs を bfs(node1) として実行した結果は，{ [   ] }となる。

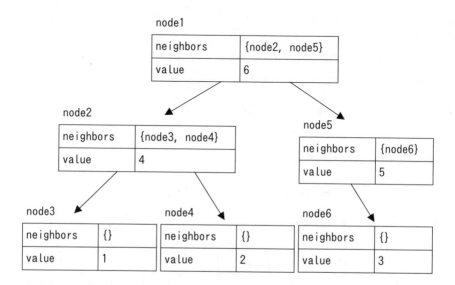

解答群

ア　1, 2, 3, 4, 5, 6

イ　6, 4, 1, 2, 5, 3

ウ　6, 4, 5, 1, 2, 3

エ　6, 5, 4, 3, 2, 1

　トレース結果から，次図の順に値が格納されることが分かります。したがって，空欄に入る戻り値 ret が { 6, 4, 5, 1, 2, 3 } となる（ウ）が正解です。

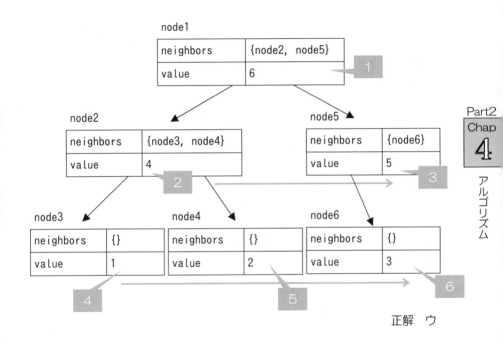

正解　ウ

演習問題にチャレンジ

（オリジナル問題 813488）

問 14　次のプログラム中の ⬚ に入れる正しい答えを，解答群の中から選べ。

関数 naive_search は，文字型の配列 str から，文字型の配列 p に一致するパターンを探索し，見つかった場合は先頭の要素番号を返す。見つからなかった場合は−1 を返す。

〔プログラム〕
```
○整数型: naive_search(文字型の配列: str, 文字型の配列: p)
  整数型: i, j
  論理型: match
  for (i を 1 から (str の要素数 − p の要素数＋1) まで 1 ずつ
増やす)
    for (j を 1 から p の要素数 まで 1 ずつ増やす) // ③
      if (          と等しくない)
        match ← false
        ③のループを抜ける
      else
        match ← true
      endif
    endfor
    if (match)
      return i
    endif
  endfor
  return −1
```

解答群

ア str[i] が p[j]

イ str[i] が p[j + 1]

ウ str[i + j] が p[j]

エ str[i + j] が p[j + 1]

オ str[i + j − 1] が p[j]

カ str[i + j − 1] が p[j + 1]

1 問題文をしっかりと読む

　関数 naive_search は，文字型の配列 str から，文字型の配列 p に一致
するパターンを探索し，見つかった場合は先頭の要素番号を返す。見つか
らなかった場合は−1 を返す。

2 プログラムの全体像を把握する

〔プログラム〕
```
○整数型: naive_search(文字型の配列: str, 文字型の配列: p)
  整数型: i, j
  論理型: match
  for (i を 1 から (str の要素数 ― p の要素数+1) まで 1 ずつ増やす)
    for (j を 1 から p の要素数 まで 1 ずつ増やす) // ③
      if (              と等しくない)
        match ← false
        ③のループを抜ける
      else
        match ← true
      endif
    endfor
    if (match)
      return i
    endif
  endfor
  return −1
```

1
　文字型の配列は，複数の文字が集まったいわゆる文字列のことを指します。
関数 naive_search は，文字列から別の文字列を探索するプログラムであるこ
とが示されています。

2
　文字列が見つからなかった場合は−1を返すことが分かります。

1
　問題文にあるように，文字型の配列 str から，文字型の配列 p を探します。
戻り値は先頭の要素番号の数字で，見つからなかった場合は−1となります。

2
　2段階の繰返しになっています。1段目の繰返しは，i を先頭から "str の要
素数 − p の要素数 ＋ 1" まで順に参照しています。2段目の繰返しは，j を
先頭から p の要素数まで順に参照しています。j は，終わりが「p の要素数」
であることから，p の要素を先頭から最後まで参照していると考えられます。
そこから推測すると，i は str の要素の参照と考えられます。その場合，i の終
わりである "str の要素数 − p の要素数 ＋ 1" は，p を str の最後まで探索
する場合に，p の先頭が来る位置になります。str と p が次の図に示す配列の場
合，"str の要素数 − p の要素数 ＋ 1" は，6 − 3 ＋ 1 で 4 となります。

str	1	2	3	4	5	6	i
	A	B	B	A	B	C	
p				1	2	3	j
				A	B	C	

3
　条件式の一部が空欄ですが，str と p を比較する処理が入ると想像できます。

4
　文字列が一致しなかった時点で，match を false に更新して，2段目の繰返
しを抜けます。文字が一致する場合は match を true に更新するので，2段目
の繰返しを抜けた時点で，match が true の場合は，文字列を最後まで比較し
た結果，全ての文字が一致したことを表すと想像できます。

5
　match が true だった場合に，i を返しています。つまり，④で想像したと
おり，match は全ての文字が一致したことを表していることが分かります。

6
　途中で⑤が実行されることなく，1段目の繰返しの最後まで到達した場合は
−1を返し，一致する文字列が存在しなかったことを表しています。

📖 3 プログラムをトレースする

〔プログラム〕
```
○整数型: naive_search(文字型の配列: str, 文字型の配列: p)
  整数型: i, j
  論理型: match
  for (i を 1 から (strの要素数 − pの要素数+1) まで 1 ずつ増やす)
    for (j を 1 から pの要素数 まで 1 ずつ増やす) // ③
      if (          と等しくない)          2    3    4
        match ← false          5
        ③のループを抜ける
      else
        match ← true
      endif
    endfor
    if (match)
      return i
    endif
  endfor
  return −1
```

次に示すように，関数 naive_search の引数に，str{ A, B, B, A, B, C }と p{ A, B, C }を渡して，str の文字列から p の文字列を探索する処理をトレースしてみましょう。

str

1	2	3	4	5	6
A	B	B	A	B	C

p

1	2	3
A	B	C

1 前述のとおり，1 段目が str の繰返し，2 段目が p の繰返しと考えられます。

2 条件式が空欄になっていますが，最初は str[1]と p[1]を比較する処理となるはずです。str[1]と p[1]は一致するので match が true となり，2 段目の繰返しが 1 進みます。

str

1	2	3	4	5	6
A	B	B	A	B	C

p

1	2	3
A	B	C

3 次に比較すべきは，str[2]と p[2]であり，一致するので次に進みます。

str

1	2	3	4	5	6
A	B	B	A	B	C

p

1	2	3
A	B	C

4 次に比較すべきは，str[3]と p[3]であり，一致しません。

str

1	2	3	4	5	6
A	B	B	A	B	C

p

1	2	3
A	B	C

5 match を false に更新して，2 段目の繰返し（③のループ）を抜けます。1 段目の次の繰返しに入ります。

〔プログラム〕

```
○整数型: naive_search(文字型の配列: str, 文字型の配列: p)
  整数型: i, j
  論理型: match
  for (i を 1 から (str の要素数 ─ p の要素数+1)まで 1 ずつ増やす)
    for (j を 1 から p の要素数 まで 1 ずつ増やす) // ③
      if (            と等しくない)
        match ← false                    6        7
        ③のループを抜ける
      else
        match ← true              8      9      10
      endif
    endfor
    if (match)
      return i              11
    endif
  endfor
  return ─1
```

6 iは2となり，str[2]とp[1]を比較して，一致しないので2段目の繰返しを抜けます。

str

1	2	3	4	5	6
A	B	B	A	B	C

p

1	2	3
A	B	C

7 iは3となり，str[3]とp[1]を比較して，一致しないので2段目の繰返しを抜けます。

str

1	2	3	4	5	6
A	B	B	A	B	C

p

1	2	3
A	B	C

8 iは4となり，str[4]とp[1]を比較して，一致するので次を比較します。

str

1	2	3	4	5	6
A	B	B	A	B	C

p

1	2	3
A	B	C

9 iは4のまま，str[5]とp[2]を比較して，一致するので次を比較します。

str

1	2	3	4	5	6
A	B	B	A	B	C

p

1	2	3
A	B	C

10 iは4のまま，str[5]とp[2]を比較して，一致するので次を比較します。

str

1	2	3	4	5	6
A	B	B	A	B	C

p

1	2	3
A	B	C

11 jがpの要素数まで到達して，2段目のfor文を抜けます。このとき，matchがtrueなので，iの値の"4"を返します。これが一致する文字列の先頭の要素番号となります。

4 解答を選択する

〔プログラム〕
```
○整数型: naive_search(文字型の配列: str, 文字型の配列: p)
整数型: i, j
論理型: match
for (i を 1 から (str の要素数 － p の要素数+1) まで 1 ずつ増やす)
  for (j を 1 から p の要素数 まで 1 ずつ増やす) // ③
    if (          と等しくない)
      match ← false
      ③のループを抜ける
    else
      match ← true
    endif
  endfor
  if (match)
    return i
  endif
endfor
return －1
```

解答群
ア str[i] が p[j]
イ str[i] が p[j + 1]
ウ str[i + j] が p[j]
エ str[i + j] が p[j + 1]
オ str[i + j － 1] が p[j]
カ str[i + j － 1] が p[j + 1]

トレース結果から，空欄にはstrとpを比較する条件が入ることが分かります。strは変数iの要素番号から比較を開始して，pの配列の要素と1つずつ比較します。pの要素番号は2段目の繰返しの変数jによって表されます。

最初はstr[1]とp[1]の比較になればよく，この条件だと（ア）が正しいように見えます。しかし，1文字ずつ比較するために，jを1進めると，str[1]とp[2]を比較することになり，誤りであることが分かります。

strを参照する要素番号は，jの増加にしたがって移動する必要があることが分かりますが，（ウ）のようにstr[i + j]とすると，iが1でjが1のときにstr[2]とp[1]を比較することになり誤りです。

（イ）（エ）（カ）は，p[j + 1]と比較するため，pの配列の2番目の要素から比較することになり，誤りです。

したがって，str[i + j − 1]を p[j]と比較する（オ）が正解となります。

正解　オ

演習問題にチャレンジ

（オリジナル問題 813489）

問 15 次の記述中の　　a　　と　　b　　に入れる正しい答えの組合せを，解答群の中から選べ。

　関数 kmp_search は，引数に渡された文字列型の配列 str から，文字列型の配列 p のパターン文字列を KMP 法で探索する。パターン文字列と一致する文字列が見つかった場合は，その位置を返し，見つからなかった場合は−1 を返す。KMP 法では，事前にパターン文字列から，ずらし表とスキップ表を生成する。ずらし表は，パターン文字列との比較で不一致となった位置によって，次回の比較開始位置を何文字ずらすかを定義する。スキップ表は，ずらし表でずらした後，文字列の比較をスキップする文字数を定義する。ずらし表とスキップ表の生成処理は，それぞれ文字型の配列 p を引数として受け取る，関数「ずらし表生成」と関数「スキップ表生成」に定義されている。ここで，要素番号は 1 から始まる。

〔プログラム〕
```
○整数型: kmp_search(文字型の配列: str, 文字型の配列: p)
  整数型: i, j, s
  i ← 1
  s ← 0
  整数型の配列: shift ← ずらし表生成(p)
  整数型の配列: skip ← スキップ表生成(p)
  論理型: match
  while (i が str の要素数 − p の要素数 ＋ 1 以下)
    for (j を 1 ＋ s から p の要素数 まで 1 ずつ増やす) // ①
      if (str[i ＋ j − 1] が p[j] と等しくない)
        match ← false
        s ← skip[j]
        i ← i ＋ shift[j]
        ①のループを抜ける   // ②
      else
        match ← true
```

```
            endif
        endfor
        if (match)
            return i
        endif
    endwhile
    return -1
```

　文字型の配列：pに{A, B, A, B, C}を与えた場合，ずらし表とスキップ表は次に示す結果となる。
　ずらし表：　{1, 1, 3, 3, 2}
　スキップ表：{0, 0, 0, 0, 2}
　関数 kmp_search({A, B, A, B, B, C, A, B, A, B, C}, {A, B, A, B, C})を実行すると，戻り値は　　a　　となり，プログラム中の②の箇所は　　b　　回実行される。

解答群

	a	b
ア	6	3
イ	6	4
ウ	6	5
エ	7	3
オ	7	4
カ	7	5

1 問題文をしっかりと読む

　関数 kmp_search は，引数に渡された文字列型の配列 str から，文字列型の配列 p のパターン文字列を KMP 法で探索する。パターン文字列と一致する文字列が見つかった場合は，その位置を返し，見つからなかった場合は−1 を返す。KMP 法では，事前にパターン文字列から，ずらし表とスキップ表を生成する。ずらし表は，パターン文字列との比較で不一致となった位置によって，次回の比較開始位置を何文字ずらすかを定義する。スキップ表は，ずらし表でずらした後，文字列の比較をスキップする文字数を定義する。ずらし表とスキップ表の生成処理は，それぞれ文字型の配列 p を引数として受け取る，関数「ずらし表生成」と関数「スキップ表生成」に定義されている。ここで，要素番号は 1 から始まる。

（中略）

　文字型の配列：p に{A, B, A, B, C}を与えた場合，ずらし表とスキップ表は次に示す結果となる。
　ずらし表：　{1, 1, 3, 3, 2}
　スキップ表：{0, 0, 0, 0, 2}
　関数 kmp_search({A, B, A, B, B, C, A, B, A, B, C} , {A, B, A, B, C})を実行すると，戻り値は ［　a　］ となり，プログラム中の②の箇所は ［　b　］ 回実行される。

1　関数 kmp_search は，KMP 法によってパターン文字列の探索を行う処理であることが示されています。

2　パターン文字列に一致する文字列が見つかった場合は，その位置を返し，見つからなかった場合は−1 を返します。

3　KMP 法では，事前にパターン文字からずらし表とスキップ表を定義することで，比較しなくても結果が分かっている部分の比較を省略し，効率的に探索を行います。ずらし表とスキップ表の役割を次に示します。

パターン文字列 { A, B, A, B, C } から生成されたずらし表とスキップ表

A	B	A	B	C	
1	1	3	3	2	ずらし表
0	0	0	0	2	スキップ表

パターン文字列

[1] [2] [3] [4] [5]

文字列 { A, B, A, B, B, C, A, B, A, B, C } から探索

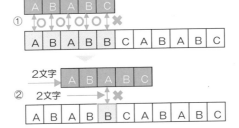

　5 文字目の "C" で不一致となったため，ずらし表からシフト文字数 "2"，スキップ表からスキップ文字数 "2" が取得できます。次回の比較は，2 文字ずらした位置から，2 文字分の比較をスキップして，3 文字目から比較を行います。つまり，これまで比較済みの最初の "AB" の 2 文字分をずらし，初回の比較から，"AB" は一致することが分かっているので，2 文字分の比較をスキップして，3 文字目から比較を行うことになります。

4　関数を実行する際の引数が指定されていて，戻り値と実行回数を答える問題となっています。処理を落ち着いてトレースすれば，解けるはずです。

2 プログラムの全体像を把握する

〔プログラム〕

```
○整数型: kmp_search(文字型の配列: str, 文字型の配列: p)       1
    整数型: i, j, s
    i ← 1
    s ← 0
    整数型の配列: shift ← ずらし表生成(p)         2
    整数型の配列: skip ← スキップ表生成(p)
    論理型: match
    while (i が str の要素数 － p の要素数 ＋ 1 以下)
      for (j を 1 ＋ s から p の要素数 まで 1 ずつ増やす) // ①
        if (str[i + j － 1] が p[j] と等しくない)
          match ← false
          s ← skip[j]                              4       3
          i ← i + shift[j]
          ①のループを抜ける   // ②
        else
          match ← true
        endif
      endfor
      if (match)         5
        return i
      endif
    endwhile         6
    return －1
```

1 　引数の文字型の配列: str から，文字型の配列: p のパターン文字列を探索します。文字型の配列は，いわゆる文字列を表します。

2 　パターン文字列から，ずらし表とスキップ表を生成しています。

3 　while 文と for 文の 2 段の繰返しになっています。1 段目の while 文は，str の要素を先頭から str の要素数 － p の要素数 ＋ 1 まで順に参照しています。2 段目の繰返しは，p の要素を "1 ＋ s" から最後まで順に参照しています。1 からではなく，"1 ＋ s" になっているところがポイントで，この "s" が比較をスキップする文字数だと想像できます。

4 　str と p を比較して，一致しない場合は match を false に更新して，2 段目の繰返しを抜けます。このとき，ずらし表とスキップ表から文字数を取得します。変数 i にはずらし表から取得した文字数を加えることで，次に比較する位置をずらします。

5 　2 段目の繰返しを抜けた時点で match が true の場合，つまり，パターン文字列の全ての文字が一致した場合は，そのときの i を返します。

6 　while 文を抜けた場合は一致する文字列が見つからなかった場合なので，－1 を返します。

3 プログラムをトレースする

〔プログラム〕
```
○整数型: kmp_search(文字型の配列: str, 文字型の配列: p)
  整数型: i, j, s
  i ← 1
  s ← 0
  整数型の配列: shift ← ずらし表生成(p)
  整数型の配列: skip ← スキップ表生成(p)              1
  論理型: match
  while (i が str の要素数 － p の要素数 ＋ 1 以下)
    for (j を 1 ＋ s から p の要素数 まで 1 ずつ増やす) // ①    2
      if (str[i ＋ j － 1] が p[j] と等しくない)              5
        match ← false
        s ← skip[j]
        i ← i ＋ shift[j]              3            6
        ①のループを抜ける  // ②          4
      else
        match ← true
      endif
    endfor
    if (match)
      return i
    endif
  endwhile
  return －1
```

問題文で指定された　関数 kmp_search（ { A, B, A, B, B, C, A, B, A, B, C }, {A, B, A, B, C }）の実行結果をトレースしてみましょう。

1 ずらし表とスキップ表の結果を次に示します。

A	B	A	B	C	
1	1	3	3	2	ずらし表
0	0	0	0	2	スキップ表

[1] [2] [3] [4] [5]

パターン文字列

2 iは1，sは0で初期化されているため，str[1]とp[1]の比較から開始します。jを一つずつ増やしながら，str[i + j − 1] と p[j] を比較して str[5]とp[5]の比較で不一致となります。

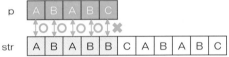

3 ずらし表とスキップ表から，pの要素番号5のときの値を取得します。結果として変数sは2となり，変数iは1 + 2 = 3となります。

4 2段目のfor文を抜けて，while文に戻ります。（1回目）

5 変数iは3，変数jは1+2=3から始まります。つまり，比較はstr[3 + 3 − 1]（str[5]）とp[3]から始まります。

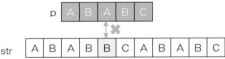

6 最初の比較で不一致となり，jが3であることから，ずらし表とスキップ表からpの要素番号3に対応する値を取得します。変数sは0となり，変数iは3+3=6となります。

〔プログラム〕

```
○整数型: kmp_search(文字型の配列: str, 文字型の配列: p)
  整数型: i, j, s
  i ← 1
  s ← 0
  整数型の配列: shift ← ずらし表生成(p)
  整数型の配列: skip ← スキップ表生成(p)
  論理型: match
  while(i が str の要素数 － p の要素数 ＋ 1 以下)
    for(j を 1 ＋ s から p の要素数 まで 1 ずつ増やす) // ①      8
      if (str[i ＋ j － 1] が p[j] と等しくない)
        match ← false                                     9
        s ← skip[j]
        i ← i ＋ shift[j]
        ①のループを抜ける   // ②           7        10        11
      else
        match ← true
      endif
    endfor
    if (match)
      return i          12
    endif
  endwhile
  return －1
```

7 2段目のfor文を抜けて，while文に戻ります。（2回目）

8 変数iは6，変数jは1+0=1から始まります。つまり，比較はstr[6 ＋ 1 － 1]（str[6]）とp[1]から始まります。

9 最初の比較で不一致となり，jが1であることから，ずらし表とスキップ表からpの要素番号1に対応する値を取得します。変数sは0となり，変数iは6+1=7となります。

10 2段目のfor文を抜けて，while文に戻ります。（3回目）

11 変数iは7，変数jは1+0=1から始まります。つまり，比較はstr[7 ＋ 1 － 1]（str[7]）とp[1]から始まります。

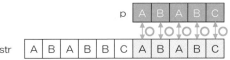

12 全ての比較が一致して，matchがtrueで2段目のfor文を抜けます。このときのiは7であり，7が返されます。

4 解答を選択する

　　文字型の配列：pに{A, B, A, B, C}を与えた場合，ずらし表とスキップ表は次に示す結果となる。

　　ずらし表：　{1, 1, 3, 3, 2}

　　スキップ表：{0, 0, 0, 0, 2}

　　関数 kmp_search({A, B, A, B, B, C, A, B, A, B, C} , {A, B, A, B, C})を実行すると，戻り値は　　a　　となり，プログラム中の②の箇所は　　b　　回実行される。

解答群

	a	b
ア	6	3
イ	6	4
ウ	6	5
エ	7	3
オ	7	4
カ	7	5

　トレース結果から，戻り値は7，プログラム中の②の箇所は3回実行される（2段目のfor文を3回抜ける）ことが分かります。したがって，（エ）が正解となります。

正解　エ

演習問題にチャレンジ

（オリジナル問題 813490）

問 16　次のプログラム中の ☐ に入れる正しい答えを，解答群の中か
ら選べ。

　関数 bm_search は，引数に渡された文字列型の配列 str から，文字列型
の配列 p のパターン文字列を BM 法で探索する。パターン文字列と一致す
る文字列が見つかった場合は，その位置を返し，見つからなかった場合は
−1 を返す。BM 法では，不一致だった場合に何文字ずらすかを定義した「ず
らし表」を，事前にパターン文字列から生成する。パターン文字列の末尾
から比較を行い，不一致となった場合には，ずらし表に定義された文字数
分をずらして次の比較を行う。ここで要素番号は 1 から始まる。

〔プログラム〕

```
○整数型: bm_search(文字型の配列: str, 文字型の配列: p)
    整数型: i, j, s, start
    論理型: match
    整数型の配列: skip ← {} // ずらし表
    for (s を 1 から 256 まで 1 ずつ増やす)
        skip の末尾 に p の要素数 を追加する
    endfor
    for (s を 1 から p の要素数−1 まで 1 ずつ増やす)
        skip[p[s]の文字コード] ← p の要素数 − s
    endfor
    i ← p の要素数
    while (i が str の要素数 以下)
        start ← i
        for (j を p の要素数 から 1 まで 1 ずつ減らす) // ①
            if (str[i] と p[j] が等しくない)
                i ← start + skip[          ]
                match ← false
                ①のループを抜ける
            else
```

```
        match ← true
      endif
      i ← i － 1
    endfor
    if (match)
      return i ＋ 1
    endif
  endwhile
  return －1
```

解答群

ア　i
イ　i － j
ウ　p[j]
エ　p[j]の文字コード
オ　str[i]
カ　str[i]の文字コード
キ　str[i － j]
ク　str[i － j]の文字コード

1 問題文をしっかりと読む

　関数 bm_search は，引数に渡された文字列型の配列 str から，文字列型の配列 p のパターン文字列を BM 法で探索する。パターン文字列と一致する文字列が見つかった場合は，その位置を返し，見つからなかった場合は−1 を返す。BM 法では，不一致だった場合に何文字ずらすかを定義した「ずらし表」を，事前にパターン文字列から生成する。パターン文字列の末尾から比較を行い，不一致となった場合には，ずらし表に定義された文字数分をずらして次の比較を行う。ここで要素番号は 1 から始まる。

1
2
3

1 BM法によって文字列を探索するプログラムであることが示されています。

2 パターン文字列に一致する文字列が見つかった場合はその位置を，見つからなかった場合は−1を返します。

3 BM法での探索方法が示されています。BM法では，事前にパターン文字列からずらし表を作成します。パターン文字列を後ろから比較して，不一致だった場合には，ずらし表に定義された文字数分をずらして次の比較を行います。ずらし表の役割を次に示します。

○ずらし表

A	B	−
2	1	5

不一致となった文字

ずらす文字数

文字列 { A, B, A, B, B, D, A, B, A, B, C } から { A, B, A, B, C } を探索する場合

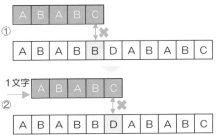

①では，パターン文字列の後ろから比較した結果，"B" の文字で不一致となります。"B" の文字はパターン文字列に存在する文字なので，ずらし表から取得した文字数である1文字分をずらして，次の比較を行います。パターン文字列に存在しない文字で不一致となった場合には，この比較の範囲で一致する可能性がないので，パターン文字数分ずらして，次の比較を行います。上記の②の比較では，"D" で不一致となったので，パターン文字列の5文字分をずらして次の比較を行います。

2 プログラムの全体像を把握する

〔プログラム〕

```
○整数型: bm_search(文字型の配列: str, 文字型の配列: p)     1
整数型: i, j, s, start
論理型: match
整数型の配列: skip ← {} // ずらし表
for (s を 1 から 256 まで 1 ずつ増やす)
  skip の末尾 に p の要素数 を追加する                    2
endfor
for (s を 1 から p の要素数−1 まで 1 ずつ増やす)
  skip[p[s]の文字コード] ← p の要素数 − s
endfor
i ← p の要素数        3
while (i が str の要素数 以下)
  start ← i
  for (j を p の要素数 から 1 まで 1 ずつ減らす)
    if (str[i] と p[j] が等しくない) // ①
      i ← start + skip[           ]
      match ← false                                    4
      ①のループを抜ける
    else
      match ← true
    endif
    i ← i − 1
  endfor
  if (match)           5
    return i + 1
  endif
endwhile
return −1           6
```

1
　引数の文字型の配列: str から，文字型の配列: p のパターン文字列を探索します。文字型の配列は，いわゆる文字列を表します。

2
　パターン文字列からずらし表を生成する処理です。ずらし表は整数型の配列 skip で表されます。まず，最初の for 文で 1 から 256 まで，ずらし表に p の要素数を格納しています。次の for 文では，パターン文字列 p を p の要素数 − 1 まで順に参照して，パターン文字列の文字コードを skip の要素番号として，その位置に "p の要素数 − s" を格納しています。これがずらす文字数になると想像できます。つまり，skip は，文字コードを要素番号としてずらす文字数を格納しているのだと想像できます。最初の for 文で全ての要素を p の要素数で初期化していたのは，パターン文字列に存在しない文字だった場合に，パターン文字数分をずらすことを意味します。

3
　変数 i を p の要素数で初期化しています。直後の while 文は i が str の要素数以下であることが継続条件となっています。したがって，この i は p との比較を開始する位置だと想像できます。

4
　for 文による繰返しで，str と p を 1 文字ずつ比較しています。変数 j は，"p の要素数から 1 ずつ減らす" となっているので，これがパターン文字列を後ろから比較する処理に相当することが分かります。

5
　2 段目の繰返しを抜けた時点で match が true の場合，つまり，パターン文字列の全ての文字が一致した場合は，そのときの i + 1 の値を返します。

6
　while 文を抜けるのは，一致する文字列が見つからなかった場合なので，−1 を返します。

3 プログラムをトレースする

〔プログラム〕
```
○整数型: bm_search(文字型の配列: str, 文字型の配列: p)
  整数型: i, j, s, start
  論理型: match
  整数型の配列: skip ← {} // ずらし表
  for (s を 1 から 256 まで 1 ずつ増やす)              ┐
    skip の末尾 に p の要素数 を追加する                 ├─ 1
  endfor                                              ┘
  for (s を 1 から p の要素数−1 まで 1 ずつ増やす)      ┐
    skip[p[s]の文字コード] ← p の要素数 − s             ├─ 2
  endfor                                              ┘
  i ← p の要素数                                       ┐
  while (i が str の要素数 以下)                         │
    start ← i                                         │
    for (j を p の要素数 から 1 まで 1 ずつ減らす) // ①  │
      if (str[i] と p[j] が等しくない)                  │
        i ← start + skip[_____]  ◄─ 4              │
        match ← false                                ├─ 3
        ①のループを抜ける                              │
      else                                            │
        match ← true                                 │
      endif                                           │
      i ← i − 1                                       │
    endfor                                            ┘
    if (match)
      return i + 1
    endif
  endwhile
  return −1
```

　関数 bm_search({ A, B, A, B, B, D, A, B, A, B, C }, { A, B, A, B, C })の
実行結果をトレースしてみましょう。

1 パターン文字列から，ずらし表を生成します。まず，1 から 256 まで全て
の要素がパターン文字列の文字数である 5 で初期化されます。ここで要素番号
は文字コードを表します。

skip

1	2	3	4	5	6	・	・	・	・	・	256
5	5	5	5	5	5	5	5	5	5	5	5

2 次に，パターン文字列を順に参照し，パターン文字列の文字コードの要素番
号の位置に，"p の要素数 － s"をずらす文字数として格納します。ここでは，
A，B の文字コードを，それぞれ 1，2 とします。パターン文字列中に A と B
は各 2 回登場するので，後ろ（2 回目）の位置で上書きされます。

skip

1:A	2:B	3	4	5	・	・	・	・	・	256
2	1	5	5	5	5	5	5	5	5	5

3 比較処理を順にトレースします。i は p の要素数の 5 で初期化されるので，5
番目の要素から比較します。比較した結果，不一致となり，ずらし表からずらす
文字数を取得します。この処理が空欄となっていますので，推測しましょう。

4 "C" と "B" を比較して不一致となりましたが，"B" はパターン文字列に
存在する文字なので，5 番目の文字を含む文字列でパターン文字と一致する可
能性があります。"B" はパターン文字列の 2 番目と 4 番目に存在しますが，
②で見たように，2 回登場する場合はずらし表のずらす文字数は後ろの位置が
基準となります。そのため，4 番目の "B" を str の 5 番目の "B" に対応さ
せて比較するのがよさそうです。したがって，パターン文字列を一つずらして
6 番目の文字から比較を行えばよいことが分かります。

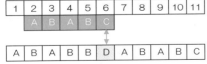

〔プログラム〕

```
○整数型: bm_search(文字型の配列: str, 文字型の配列: p)
整数型: i, j, s, start
論理型: match
整数型の配列: skip ← {} // ずらし表
for (s を 1 から 256 まで 1 ずつ増やす)
  skip の末尾 に p の要素数 を追加する
endfor
for (s を 1 から p の要素数−1 まで 1 ずつ増やす)
  skip[p[s]の文字コード] ← p の要素数 − s
endfor
i ← p の要素数
while (i が str の要素数 以下)
  start ← i
  for (j を p の要素数 から 1 まで 1 ずつ減らす) // ①    6
    if (str[i] と p[j] が等しくない)
      i ← start + skip[          ]
      match ← false                              7
      ①のループを抜ける        5
    else
      match ← true
    endif
    i ← i − 1        8
  endfor
  if (match)
    return i + 1        9
  endif
endwhile
return −1
```

5　パターン文字を右に一つずらすのが，ずらし表から"B"に対応するずらし文字数を取得して，その文字数分をずらす処理に相当します。start は 5 で初期化されており，start にずらし文字数を加えた数字が i となります。つまり，i は 5 ＋ 1 ＝ 6 となります。これが次の比較の開始位置になります。

6　6 番目の要素から比較を行います。最初の比較で不一致となり，不一致となった"D"はパターン文字に存在しません。つまり，6 番目からパターン文字数分の間で，パターン文字に一致する可能性はありません。

7　ずらし表からずらし文字数を取得する処理が空欄になっていますが，これまでの流れから"D"に対応するずらし文字数を取得できればよいことが分かります。"D"はずらし表に定義のない文字（パターン文字列に含まれない文字）なので，ずらし文字数はパターン文字数の 5 になります。start が 6，ずらし文字数が 5 で，i は 6 ＋ 5 ＝ 11 となります。

8　11 番目の要素から順に比較して，全ての文字がパターン文字列と一致します。i は for 文の繰返しのたびに 1 ずつ減少し，繰返しの最後には 6 になっています。

9　先頭の要素番号を返すので，i に 1 を加えた値を返します。

🎓 4 解答を選択する

〔プログラム〕

（前略）

```
while (i が str の要素数 以下)
  start ← i
  for (j を p の要素数 から 1 まで 1 ずつ減らす) // ①
    if (str[i] と p[j] が等しくない)
      i ← start + skip[          ]
      match ← false
      ①のループを抜ける
    else
      match ← true
    endif
    i ← i − 1
  endfor
  if (match)
    return i + 1
  endif
endwhile
return −1
```

解答群
ア　i
イ　i − j
ウ　p[j]
エ　p[j]の文字コード
オ　str[i]
カ　str[i]の文字コード
キ　str[i − j]
ク　str[i − j]の文字コード

　トレース結果から，空欄には，不一致となった文字に対応するずらし文字数を取得する処理が入ればよいことが分かります。不一致となった文字がパターン文字列に含まれるかどうかが重要なので，ここで指定すべきは，パターン文字列に含まれる文字ではなくて，str の文字となります。また，skip には文字コードを要素番号としてスキップ文字数が格納されているため，文字コードを指定すべきであることが分かります。

　前述のトレース結果から，str[i] と p[j] を比較して等しくない場合は①のループを抜けるので，不一致となった str の文字は str[i] となります。したがって，不一致となった str の文字の文字コードを指定している（カ）が正解となります。

正解　カ

Chapter 5

プログラミングの諸分野への適用

⚙1 「非構造化データ」を扱いやすく整理したものが「構造化データ」

「非構造化データ」とは，整形されずに保存された生データです。プログラムで扱いにくいため，整理して整形したものが「構造化データ」です。構造化すれば，検索・集計・分析などがしやすくなります。

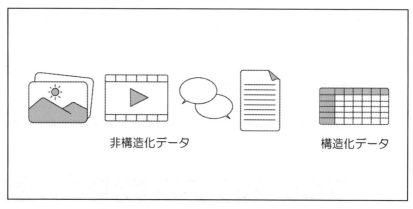

非構造化データと構造化データの具体例を次に示します。

データ	説明
非構造化データ	画像，動画，音声，タグ付けされていない文章など
構造化データ	表形式のデータ，DBMSのデータ，タグ付けされた文章など

　非構造化データに対する構造化データに関連するアルゴリズムとして，次のようなものがあります。

非構造化データ	構造化データに関連するアルゴリズム
画像	特徴抽出（畳み込み・プーリング），アノテーション
動画	フレーム，フレームレート，インタレース
音声	デジタル化（PCM），音響分析，隠れマルコフモデル
テキスト	OneHotエンコーディング，ラベルエンコーディング，形態素解析，マークアップ言語

この中で，テキストを構造化データに変換する OneHot エンコーディングの
アルゴリズムを見てみましょう。OneHot エンコーディングでは，次のように，
一つの値だけが 1 で他が全て 0 となるベクトル（擬似言語では整数型の配列で
表現する）に変換します。

{ いちご， トマト， ラディッシュ }　　➡　いちご：{ 1, 0, 0 }
　　　　　　　　　　　　　　　　　　　　トマト：{ 0, 1, 0 }
　　　　　　　　　　　　　　　　　　　　ラディッシュ：{ 0, 0, 1 }

■イメージ

	いちご	トマト	ラディッシュ
いちごのデータ	1	0	0
トマトのデータ	0	1	0
ラディッシュのデータ	0	0	1

プログラミングの諸分野への適用

■擬似言語の表記例

○整数型配列の配列: OneHot(文字列型の配列: list) // ①	① 引数に単語リストを受け取り，OneHotエンコーディングした結果の二次元配列を返す
整数型配列の配列: ret ← { } // ②	
文字列型の配列: word ← { } // ③	② 戻り値の二次元配列
整数型の配列: vector // ④	③ 出てきた単語を一時的に格納する配列
整数型: index	
// ⑤	④ 単語をベクトル化した配列
for (i を 1 から list の要素数 まで 1 ずつ増やす)	⑤ 全ての単語を参照して，初めて出現した単語を word に格納する（word は重複しない単語リストになる）
if (list[i] が word に存在しない)	
word の末尾に list[i]を追加する	
endif	
endfor	
// ⑥	⑥ 再度，引数の単語リストを受け取り，word の要素番号の位置を 1 とするベクトル（一次元配列）に変換する
for (i を 1 から list の要素数 まで 1 ずつ増やす)	
index ← word から list[i]を探索する	
vector ← { }	⑦ 変換したベクトルを戻り値の二次元配列に追加する
for (j を 1 から word の要素数 まで 1 ずつ増やす)	
if (j が index と等しい)	
vector の末尾 に 1 を追加する	
else	
vector の末尾に 0 を追加する	
endif	
endfor	
ret の末尾 に vector を追加する // ⑦	
endfor	
return ret	

※Chapter 3 で学習したように，「配列の配列」は，二次元配列のことを指します。

❀2 「行列」とは，値を縦と横に まとめた構造化データ

「行列」とは，値を縦と横にまとめた構造化データです。プログラムでは二次元配列で表現できます。後出の，画像分析における特徴抽出（畳み込み・プーリング）やディープラーニングでは，行列の演算が行われます。

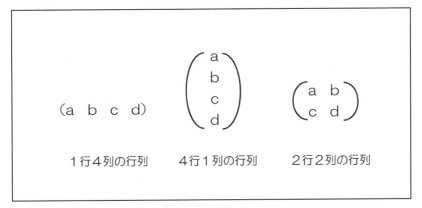

2行2列の行列を例に，様々な行列演算を擬似言語で表現すると，次のようになります。なお，行列は，基本情報技術者試験の科目A試験の出題範囲でもあるので，演算方法もしっかり押さえておきましょう。

（1）行列積

$$\begin{pmatrix} a & b \\ c & d \end{pmatrix}\begin{pmatrix} e & f \\ g & h \end{pmatrix} = \begin{pmatrix} ae+bg & af+bh \\ ce+dg & cf+dh \end{pmatrix}$$

○整数型配列の配列: matrixProduct(整数型配列の配列: m，整数型配列の配列: n) // ①
　整数型配列の配列: ret ← m の行数と列数で二次元配列を生成する // ②
　for (i を 1 から　m の行数 まで 1 ずつ増やす)
　　for (j を 1 から m の列数 まで 1 ずつ増やす)
　　　for (k を 1 から m の列数 まで 1 ずつ増やす) // ③
　　　　ret[i, j] ← ret[i, j] + m[i, k] × n[k, j]
　　　endfor
　　endfor
　endfor
　return ret
	① 引数に整数型配列の配列を受け取る m と n は，行と列の数が等しいものとする
	② 戻り値となる配列を引数の配列と同じ大きさで生成する
	③ 2 行 2 列以上の行列にも対応できるように繰返しで表現する

（2）逆行列

$$\begin{pmatrix} a & b \\ c & d \end{pmatrix} \Longrightarrow \frac{1}{ad-bc}\begin{pmatrix} d & -b \\ -c & a \end{pmatrix}$$

○実数型配列の配列: inverseMatrix(実数型配列の配列: m) // ① 　実数型配列の配列: ret ← m の行数と列数で二次元配列を生成する // ② 　実数型: div ← m[1, 1] × m[2, 2] − m[1, 2] × m[2, 1]　// ③ 　ret[1, 1] ← m[2, 2] ÷ div // ④ 　ret[1, 2] ← (−1 × m[1, 2]) ÷ div 　ret[2, 1] ← (−1 × m[2, 1]) ÷ div 　ret[2, 2] ← m[1, 1] ÷ div 　return ret	① 値が小数になる可能性があるので実数型とする ② 戻り値となる配列を引数の配列と同じ大きさで生成する ③ 割り算する値を求める ④ ret の各要素をそれぞれ求める（※）

※前ページの（2）では，理解しやすくするため，2行2列の行列の各要素を
　固定の処理で求めることとしている

（3）転置行列

$$\begin{pmatrix} a & b \\ c & d \end{pmatrix} \implies \begin{pmatrix} a & c \\ b & d \end{pmatrix}$$

○整数型配列の配列: transposedMatrix(整数型配列の配列: m) // ①
 	
　整数型配列の配列: ret ← m の行数と列数で二次元配列を生成する // ②
　for (i を 1 から　m の行数 まで 1 ずつ増やす)
　　for (j を 1 から m の列数 まで 1 ずつ増やす)
　　　ret[i, j] ← m[j, i] // ③
　　endfor
　endfor
　return ret
	① 引数に整数型配列の配列を受け取る
	② 戻り値となる配列を引数の配列と同じ大きさで生成する
	③ 行番号: i と列番号: j を入れ替えることで，行と列を入れ替える

⚙3 事象の発生しやすさが「確率」，実際のデータのまとめが「統計」

「確率」とは，事象の発生しやすさを表す数値です。例えば，天気予報で「降水確率80%」のとき，この予報が10回出されたら，8回は雨が降ることを表します（2回は雨が降らない）。統計は実際のデータのまとめで，分析により事実を明らかにしたり，発生確率を予想したりします。

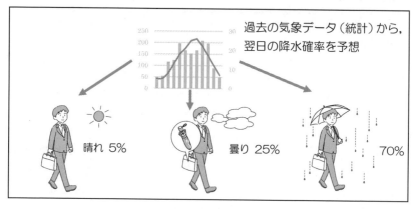

確率に関するアルゴリズムには，次のようなものがあります。確率は統計の分析結果の一つとして産出されるものです。

アルゴリズム	説明	例
同時確率	異なる複数の事象が同時に発生する確率を求める	二つのサイコロを振って両方とも6となる確率を求める
条件付き確率	ある事象が発生することを前提に，別の事象の発生する確率を求める	サイコロを2回振って，1回目が2だった場合に，2回目の合計が6となる確率を求める
ポアソン分布	ある期間に平均してn回発生する事象が，指定期間にm回発生する確率を求める	1時間に平均5名の客が来店するお店で，8時間の客数が40人となる確率を求める
指数分布	ある期間に平均してn回発生する事象が，指定期間に発生する確率を求める	1時間に平均5名の客が来店するお店で，5分以内に次の客が来店する確率を求める

ベイズの定理	あらかじめ分かっている事前確率と発生した事象から，実際の確率を求める	①	ある感染症に罹患している確率は日本全体で10%だと分かっている
		②	検査によると，感染症患者は90%の確率で陽性となる
		③	Aさんが検査を受けた結果，陽性だった場合に，実際に感染症に罹患している確率を求める

統計に関するアルゴリズムには，次のようなものがあります。

アルゴリズム	説明
回帰分析	原因となる値を説明変数，結果となる値を目的変数として，説明変数と目的変数の関係を求める（機械学習における教師あり学習の手法の一つ）
相関分析	説明変数と目的変数の間の関係性の強さを，−1〜1の数値（相関係数）で表す
主成分分析	多数の変数を，特徴を残しながら少ない変数に圧縮する（機械学習における教師なし学習の手法の一つ）
因子分析	原因となる隠れた要因（因子）と，結果との関係性を数値化する（機械学習における教師なし学習の手法の一つ）

　相関分析によって，相関係数を求めるアルゴリズムを考えてみましょう。横軸（X軸）に説明変数，縦軸（Y軸）に目的変数をとり説明変数と目的変数の関係の強さを数値化したものが相関係数です。説明変数が増えると目的変数も増える場合を「正の相関」，説明変数が増えると目的変数が減る場合を「負の相関」と呼びます。完全な正の相関となる場合の相関係数は 1，完全に負の相関となる場合の相関係数は−1となり，相関関係の強さによって-1〜1 の値をとります。相関関係が全くない場合の相関係数は 0 となります。

　横軸（X軸）に説明変数，縦軸（Y軸）に目的変数をとる散布図と，相関係数の関係は，次の図のようになります。相関が強い場合には，右肩上がり（右肩下がり）にデータが並んでおり，相関が弱い場合には，データがばらばらに（法則がなく）存在していることが分かります。

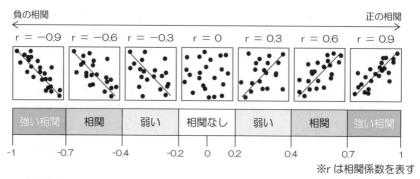

負の相関　　　　　　　　　　　　　　　　　　　　　　　　　　　　　正の相関

r = −0.9　r = −0.6　r = −0.3　　　r = 0　　　r = 0.3　　r = 0.6　　r = 0.9

| 強い相関 | 相関 | 弱い | 相関なし | 弱い | 相関 | 強い相関 |

-1　　　　　-0.7　　　-0.4　　　-0.2　0　0.2　　　　0.4　　　　0.7　　　　1

※r は相関係数を表す

相関係数を求める手順は，次のとおりです。

	手順	説明
（1）	平均を求める	全ての値を足して，値の個数で割る
（2）	偏差を求める	説明変数と目的変数で，個々の値と平均との差（値 − 平均）を求める
（3）	分散を求める	説明変数と目的変数で，偏差の2乗（偏差 × 偏差）の平均を求める
（4）	標準偏差を求める	説明変数と目的変数で，分散の正の平方根（√）を求める
（5）	共分散を求める	説明変数と目的変数の偏差の積の平均を求める
（6）	相関係数を求める	共分散を説明変数の標準偏差と目的変数の標準偏差の積で割る

この手順を擬似言語で表すと，次のようになります。

■擬似言語の表記例

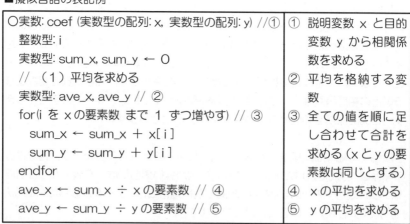

○実数: coef（実数型の配列: x, 実数型の配列: y）//①	① 説明変数 x と目的変数 y から相関係数を求める
整数型: i	
実数型: sum_x, sum_y ← 0	
// （1）平均を求める	
実数型: ave_x, ave_y // ②	② 平均を格納する変数
for(i を xの要素数 まで 1 ずつ増やす) // ③	③ 全ての値を順に足し合わせて合計を求める（xとyの要素数は同じとする）
sum_x ← sum_x ＋ x[i]	
sum_y ← sum_y ＋ y[i]	
endfor	
ave_x ← sum_x ÷ xの要素数 // ④	④ xの平均を求める
ave_y ← sum_y ÷ yの要素数 // ⑤	⑤ yの平均を求める

// （2）偏差を求める
実数型の配列: dev_x, dex_y ← { }
for (i を x の要素数 まで 1 ずつ増やす) // ⑥
　dev_x の末尾に(x[i] － ave_x)を追加する
　dev_y の末尾に(y[i] － ave_y)を追加する
endfor
	⑥ 各値の偏差（値－平均）を求める

// （3）分散を求める
実数型: disp_x, disp_y
sum_x, sum_y ← 0
for (i を dev_x の要素数 まで 1 ずつ増やす)
// ⑦
　sum_x ← sum_x ＋ (dev_x[i] × dev_x[i])
　sum_y ← sum_y ＋ (dev_y[i] × dev_y[i])
endfor
disp_x ← sum_x ÷ dev_x の要素数 // ⑧
disp_y ← sum_y ÷ dev_y の要素数
	⑦ 「x の要素数まで」としても同じ
	
	⑧ 偏差×偏差の平均が分散となる（偏差は負の値になることがあるため、2乗することで正負の差をなくす）

// （4）標準偏差を求める 実数型: std_x ← sqrt(disp_x) // ⑨ 実数型: std_y ← sqrt(disp_y)	⑨ 各値の標準偏差（分散の平方根）を求める（平方根を求める関数 sqrt が別に定義されているものとする）

// （5）共分散を求める
実数型: sum, cov ← 0
for (i を dev_x の要素数 まで 1 ずつ増やす)
// ⑩
　sum ← sum ＋ (dev_x[i] × dev_y[i])
endfor
cov ← sum ÷ dev_x の要素数
	⑩ 各値の共分散（x の偏差×y の偏差の平均）を求める

// （6）相関係数を求める coef ← cov ÷ (std_x × std_y) // ⑪ return coef	⑪ 共分散を x の標準偏差と y の標準偏差の積で割ると相関係数になる

Part2
Chap
5
プログラミングの諸分野への適用

⚙4 「機械学習」では，学習によって データの特徴を導き出す

機械学習とは，大量のデータを学習することで，ルールやパターンなどの特徴を自動で抽出するアルゴリズムです。人間が詳細な特徴を説明できないような，複雑な問題にも対処することができます。

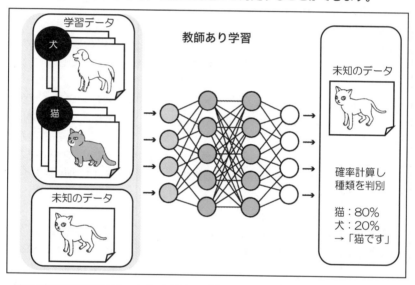

機械学習の手法には，大きく分けて「教師あり学習」「教師なし学習」「強化学習」の三つのアルゴリズムがあります。それぞれのアルゴリズムを見てみましょう。

（1）教師あり学習

教師あり学習では，データと答えをセットで入力して学習させることで，答えを予測するモデルを構築します。上の例では，犬と猫の画像データと，それぞれの答えが「犬」「猫」であることを学習させて，未知の画像データが「犬」か「猫」かを判別するモデルを構築しています。教師あり学習では，画像のどの部分から犬と猫を判別するのかなど，データの特徴を自動で導き出します。

教師あり学習には大きく分けて「回帰」と「分類」の二つのアルゴリズムがあります。それぞれの違いは次のとおりです。

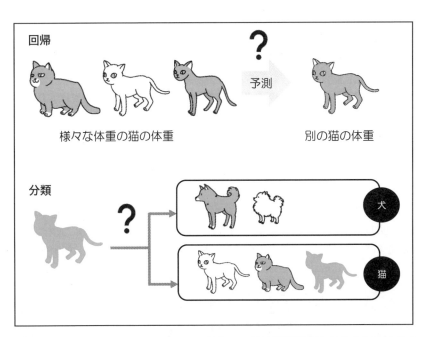

アルゴリズム	説明
回帰	求める値が「連続値」であるアルゴリズム （例では「体重」という連続値（数値）を予測している）
分類	求める値が「分類値」であるアルゴリズム （例では「犬」「猫」の分類を予測している）

教師あり学習の回帰と分類の代表的なアルゴリズムを次に示します。

回帰アルゴリズム	説明
単回帰分析，重回帰分析	説明変数（原因）と目的変数（結果）との間に，直線で表せる関係があるとした場合の，その直線の関係式を求める （説明変数が一つの分析を単回帰分析，説明変数が複数の分析を重回帰分析と呼ぶ）
決定木分析（回帰木）	目的変数に影響を与えている説明変数を木構造によって表す
ニューラルネットワーク	人間の脳を模したモデルによって，特徴を自動で抽出する （ディープラーニング（ディープニューラルネットワーク）は，ニューラルネットワークのアルゴリズムの一つ）

Part2
Chap
5
プログラミングの諸分野への適用

393

分類アルゴリズム	説明
ロジスティック回帰分析	目的変数が0か1の2値となる回帰分析 （シグモイド曲線によって関係式を求める）
サポートベクターマシン	分類の境界線を求めることで，未知のデータを分類する
決定木分析（分類木）	回帰アルゴリズムにも用いられる決定木分析で，目的変数が分類値のもの
ニューラルネットワーク	回帰アルゴリズムにも用いられるニューラルネットワークで，目的変数が分類値のもの

　教師あり学習では，学習データから作成したモデルの精度（性能）を予測結果の的中度によって判断します。答えを知っているデータをモデルに入力して，出力された予測値と答えを比較することで，的中度を測定します。的中度を測定するアルゴリズムは，回帰モデルと分類モデルで異なります。

教師あり学習の アルゴリズム	的中度を測定するアルゴリズム
回帰	平均2乗誤差，2乗平均平方根誤差，決定係数
分類	正解率，適合率，再現率，F値

　分類では，答えは決まった値のいずれかになるので，予測値と答えが一致したかどうかの正解率を求めることで的中度合いを測定できます。しかし，連続値を求める回帰の場合は，予測値と答えが完全に一致するわけではないので，分類のように簡単にはいきません。そのため，回帰では，予測値と答えとの誤差を求めるアルゴリズムによって，的中度合いを測定します。

　ここで，回帰の的中度合いを測定する決定係数のアルゴリズムを見てみましょう。散布図の横軸に学習モデルから出た予測値，縦軸に答えの値をプロットすると，次のようになります。

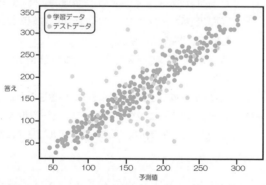

予測値と答えが完全に一致していた場合には，右肩上がりに点が並んで，完全な正の相関になるはずです。このとき，相関係数は1となります。予測値と答えがずれるほど，相関係数は0に近づきます。一般的に，的中度合いを表す値として，相関係数を2乗した「決定係数」が使用されます。前述の相関係数を求めるアルゴリズムを整理して，決定係数を求めるアルゴリズムを擬似言語で表すと，次のようになります。⑩までは，前述したアルゴリズムと行っている処理は同じです。

■擬似言語の表記例

○実数型: avg(実数型の配列: list) // ①	① 引数の配列の平均を求める関数
整数型: i	
実数型: sum ← 0	② 全ての要素の合計を求める
for (i を list の要素数 まで 1 ずつ増やす) // ②	
sum ← sum ＋ list[i]	③ 合計を値の個数で割って平均を求める
endfor	
return (sum ÷ list の要素数) // ③	
○実数型: cod(実数型の配列: x, 実数型の配列: y)//④	④ x を予測値、y を答えとして決定係数を求める関数
整数型: i	
実数型: avg_x ← avg(x) // ⑤	⑤ 予測値と答えそれぞれの平均を求める
実数型: avg_y ← avg(y)	
実数型の配列: dev_x, dev_y, dev ← {}	⑥ 予測値と答えそれぞれの偏差，予測値の偏差×答えの偏差の配列を作成する
for (i を xの要素数 まで 1 ずつ増やす) // ⑥	
dev_x の末尾に(x[i] － avg_x)を追加する	
dev_y の末尾に(y[i] － avg_y)を追加する	
dev の末尾に(x[i] － avg_x) × (y[i] － avg_y)を追加する	
endfor	
実数型: std_x ← sqrt(avg(dev_x)) // ⑦	⑦ xの標準偏差
実数型: std_y ← sqrt(avg(dev_y)) // ⑧	⑧ yの標準偏差
実数型: cov ← avg(dev) // ⑨	⑨ 共分散
実数型: coef ← cov ÷ (std_x × std_y) // ⑩	⑩ 相関係数
return coef × coef // ⑪	⑪ 相関係数の2乗

　相関係数を求めるアルゴリズムでは，for による繰返しが何度もありましたが，平均を求める処理を関数にしたことで，とてもスッキリしました。

（2）　教師なし学習

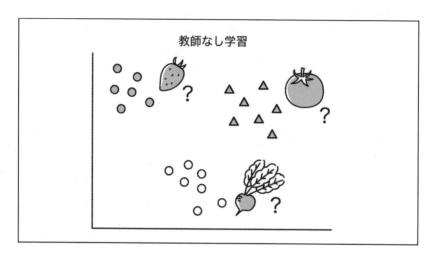

　教師なし学習では，入力データだけを与えて，グループ分けを行います。この例では，「いちご」と「トマト」と「ラディッシュ」のデータを，分類を知らない状態で入力データだけを与えて，教師なし学習によって特徴を自動で抽出し，グループ分けを行っています。データが最もうまくグループ分けされる軸を自動で決定した結果，「いちご」と「トマト」と「ラディッシュ」のそれぞれのデータが近い位置に集まっています。教師なし学習に正解はありません。教師なし学習によって得られた結果の妥当性は，人間が判断します。

　教師なし学習の代表的なアルゴリズムを次に示します。

アルゴリズム	説明
主成分分析	多数の変数を，特徴を残しながら少ない変数に圧縮する（主に二次元に圧縮することが多い）
因子分析	原因となる隠れた要因（因子）を設定し，因子と結果との関係性を数値化する
クラスタリング	主に主成分分析で二次元に圧縮された結果に対して，点の距離を基にグループ分けを行う（代表的なクラスタリングのアルゴリズムに，k-means，凝集型，階層型がある）

ここでは，クラスタリングの代表的なアルゴリズムである k-means を考え
てみましょう。k-means は次のようにグループ分けを行います。k-means で
は，全ての点が必ずどこかのグループに所属します。

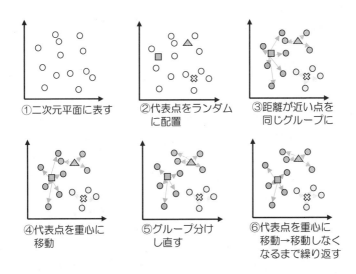

①二次元平面に表す

②代表点をランダム
　に配置

③距離が近い点を
　同じグループに

④代表点を重心に
　移動

⑤グループ分け
　し直す

⑥代表点を重心に
　移動→移動しなく
　なるまで繰り返す

①	主成分分析などで値を二次元平面上に表す
②	分析者が指定した，分けたいグループの数だけ，ランダムに代表点を配置する（この例だと3グループに分ける）
③	距離が近い点を同じグループとする
④	グループ内の重心（平均的な位置）に代表点を移動する
⑤	各点との距離が変わるので，点をグループ分けし直す
⑥	グループ内の重心に代表点を移動する 　→移動しなくなるまで⑤〜⑥を繰り返す

■擬似言語の表記例

○整数型の配列: kmeans(整数型: k, 実数型配列の配列: data) // ①	① グループ数 k を指定する
整数型: i, j	② 代表点が移動することを表すフラグ
実数型: min, t ← 0	③ グループ分けする中心点の座標を格納する二次元配列
論理型: move ← true // ②	
実数型配列の配列: point ← { { } } // ③	④ データごとのクラスタ番号を格納する
整数型の配列: cluster ← { } // ④	
実数型の配列: tmp	⑤ 代表点をランダムに配置（ランダム値を取得する処理は省略）
for (i を 1 から k まで 1 ずつ増やす)	
point の末尾に{ランダム値, ランダム値}を追加する // ⑤	
endfor	⑥ 移動しなくなるまで繰返し
while(move) // ⑥	⑦ 全てのデータ点に対して繰返し
// ⑦	
for (i を 1 から data の行数 まで 1 ずつ増やす)	⑧ 仮に cluster を 1 として配列に要素を追加する
cluster の末尾に 1 を追加する // ⑧	
for (j を 1 から k まで 1 ずつ増やす)//⑨	⑨ クラスタ数分の繰返し
t ← point[j] と data[i]の距離// ⑩	⑩ 2 点間の距離を求める
if (min が0 又は t が min より小さい)	
min ← t	⑪ より距離の小さいグループにする
cluster[i] ← j // ⑪	
endif	⑫ 全てのクラスタの繰返し
endfor	
endfor	⑬ 移動前の値を退避
for (j を 1 から k まで 1 ずつ増やす) // ⑫	⑭ 代表点を重心に移動する（重心の座標を取得する処理は省略）
tmp ←　point[j]　// ⑬	
point[j] ←　データの重心 // ⑭	
if (tmp と point[j]が等しい)	
move ← false	
endif	
endfor	
endwhile	
return cluster	
return coef	

（3）強化学習

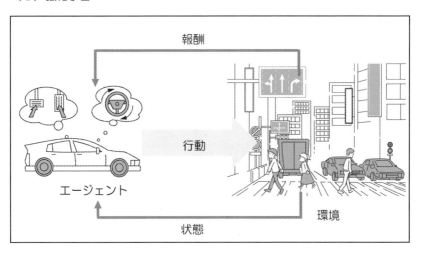

　強化学習とは，環境から得た状態を基に行動を選択し，良い行動には報酬を
与えることを繰り返すことで，最適な行動を自身で学習するアルゴリズムです。
行動を起こす主体を「エージェント」と呼びます。

　強化学習によって車の自動運転を実現する例を上に示します。エージェント
は自動運転する車であり，車は「ハンドルを右/左に切る」「アクセルを踏む/
離す」「ブレーキを踏む/離す」の行動をとります。環境からは，状態として，
対向車の有無，人の有無，道路標識，信号，速度などの様々なデータを得て，
エージェントはすべき行動を選択します。この例では，事故を起こさずに目的
地に到達することがゴールであり，ゴールに近づく行動が良い行動となります。
良い行動をとった場合には報酬を与える（逆に悪い行動の場合にはペナルティ
を与える）ことで学習し，すべき行動を自動で選択できるようになります。

　強化学習の代表的なアルゴリズムを次に示します。

アルゴリズム	説明
Q学習（Q-Learning）	現在の状態，行動，得られる報酬を表すQテーブルを更新することで，すべき行動を学習する
SARSA	現在の状態（S），行動（A），報酬（R），次の状態（S'）次にとる行動（A'）の組合せでQテーブルを更新する
DQN（DeepQ-Learning）	Qテーブルを，次のセクションで解説するディープニューラルネットワークで実現する

　ここでは，Q 学習において，Q テーブルから行動を選択する処理（Q 関数）を考えてみます。Q テーブルは次で表せます。行に状態，列に行動をとり，各項目にはその行動をとったときに得られる報酬が定義されています。

		行動					
		A	B	C	D	E	F
状態	S1	-1	0	-1	0	2	5
	S2	5	0	2	-1	-1	-1
	S3	-1	-1	0	5	2	2
	S4	-1	-1	0	2	4	4

状態が与えられたとき，単純に最も高い報酬が得られる行動を返すＱ関数を，擬似言語で表してみましょう。

■擬似言語の表記例

○文字列型: qlearning(文字列型: state) // ①
 　s_list ← { "S1", "S2", "S3", "S4" } // ②
 　a_list ← { "A", "B", "C", "D", "E", "F" } // ③
 　qtable ← {{ −1, 0, −1, 0, 2, 5 },
 　　　　　　{ 5, 0, 2, −1, −1, −1 },
 　　　　　　{ −1, −1, 0, 5, 2, 2 },
 　　　　　　{ −1, −1, 0, 2, 4, 4 }} // ④
 　整数型: i, j, row, col, max
 　row ← 1
 　for (i を 1 から s_list の要素数 まで 1 ずつ増やす)
 　　if (state と s_list[i] が等しい) // ⑤
 　　　row ← i
 　　　繰返しを抜ける
 　　endif
 　endfor
 　// ⑥
 　col ← 1
 　max ← qtable[row, 1]
 　for (j を 1 から qtable の列数 まで 1 ずつ増やす)
 　　if (qtable[row, j] > max)
 　　　max ← qtable[row, j] // ⑦
 　　　col ← j
 　　endif
 　endfor
 　return a_list[col] // ⑧
	① 引数に与えられた状態から最も報酬の高い行動を返す
	 ② 状態の配列で、要素番号が行番号を表す
	 ③ 行動の配列で、要素番号が列番号を表す
	 ④ Ｑテーブルを表す二次元配列
	 ⑤ 状態の文字から行番号を取得する
	 ⑥ 最も報酬の高い行動を取得する
	 ⑦ 最大の報酬値とその要素番号を格納する
	 ⑧ 要素番号から行動を取得して返す

✿5 「ニューラルネットワーク」では 人間の脳を模したモデルで学習する

「ニューラルネットワーク」とは，人間の脳の仕組みを模した機械学習アルゴリズムです。AI（人工知能）の発展に大きく寄与したディープラーニング（深層学習）の基となっています。

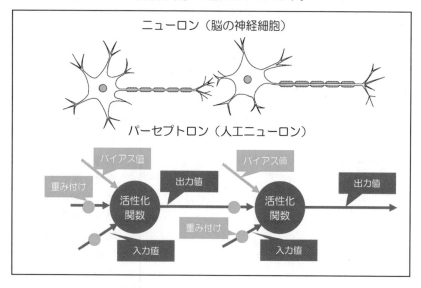

ニューロン（脳の神経細胞）

パーセプトロン（人工ニューロン）

バイアス値　重み付け　活性化関数　出力値　入力値　バイアス値　活性化関数　重み付け　出力値　入力値

人間の脳は，80億以上の「ニューロン」と呼ばれる神経細胞が集まって構成されています。ニューロンは，他のニューロンから信号を受け取り，次のニューロンに信号を伝搬させます。その信号の伝搬の変化によって，記憶や思考が生まれています。

ニューロンの動きをプログラムで再現したものが「パーセプトロン」です。パーセプトロンは，重み付けとバイアス値が加えられた値を受け取ります。値は活性化関数によって，次のパーセプトロンへどのような値を伝えるかが制御されます。複数のパーセプトロンを伝搬することで，答えを予測します。

ニューラルネットワークは機械学習の一種で，複数のパーセプトロンが集まった「入力層」「隠れ層」「出力層」によって構成されます。ニューラルネットワークの仕組みを次に示します。

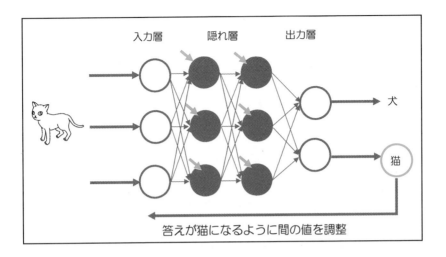

入力層　　　隠れ層　　　出力層

犬

猫

答えが猫になるように間の値を調整

　猫の画像を入力すると，画像を変換した値が入力層に与えられます。入力層に与えられた値は，重み付けとバイアス値を加えながら隠れ層に渡されます。隠れ層の各パーセプトロンは，活性化関数によって，次のパーセプトロンへ値を伝搬するかどうかや，伝播する値を決定します。隠れ層を伝搬した値は，最終的に出力層にたどり着きます。出力層から出力された値が，予測結果となります。この画像の答えが猫であることを与えることで，出力結果が猫になるように，各パーセプトロン間の重み付けとバイアス値を調整します。入力値と答えを与えて学習させるので，この場合のニューラルネットワークは，教師あり学習のアルゴリズムとなります。

　活性化関数としてよく使用される関数を次に示します。

アルゴリズム	説明
ReLu関数	入力値が負の場合は0，入力値が正の場合はそのまま入力値を出力する
シグモイド関数	入力値を0から1の間の値に変換する
ハイパボリックタンジェント関数	入力値を−1から1の間の値に変換する

　ここでは，ReLu 関数の実装を考えてみましょう。入力値を x（横軸），出力値を y（縦軸）にとると，ReLu 関数は次のグラフで表せます。

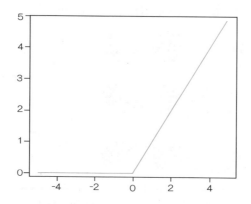

ReLu 関数を擬似言語で表すと次のようになります。とてもシンプルです。

■擬似言語の表記例

○実数型: relu(実数型: x) // ①
　if (x が 0 より小さい) // ②
　　return 0
　else
　　return x
	① ReLu 関数の定義
	② 入力値が負の場合は
	　　0，入力値が正の場合
	　　は値をそのまま返す

ニューラルネットワークには様々な種類があります。代表的なアルゴリズムを次に示します。

アルゴリズム	説明
MLP（多層パーセプトロン）	入力層，隠れ層，出力層の3層からなるニューラルネットワーク
DNN（ディープニューラルネットワーク）	4層以上で構成されるニューラルネットワーク DNNを使った機械学習がディープラーニング
CNN（畳み込みニューラルネットワーク）	畳み込み層とプーリング層によって特徴量を抽出し，ニューラルネットワークの入力値とするDNNの一つ 画像認識の分野で利用される
RNN（再帰ニューラルネットワーク）	ニューラルネットワークを再帰的に呼び出すDNNの一つ 株価などの時系列分析の分野で利用される

　ここでは，画像認識の分野で使用される CNN（畳み込みニューラルネットワーク）におけるプーリング処理の一つである「MAX プーリング」を例にアルゴリズムを考えてみましょう。CNN の概要を次に示します。

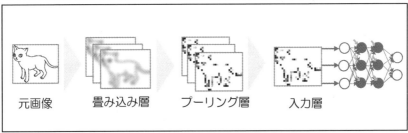

元画像　　　畳み込み層　　　プーリング層　　　入力層

　画像は細かい画素の集まりで構成されています。画像をそのままニューラルネットワークで学習させようとすると，画素の一つ一つが，入力層への入力値となり，とても非効率です。例えば，画像内の猫の位置が 1 画素でもずれていたら，入力値は全く別のデータとなります。そのため，CNN では，事前に畳み込み層とプーリング層によって，画像から特徴の抽出を行います。畳み込み層では主に境界線などの特徴を抽出し，プーリング層では特徴を残したまま画像を荒くすることで，多少位置がずれても同じ特徴を識別できるようにします。MAX プーリングは，指定されたカーネルサイズ（画像の処理単位のようなもの。例では 2×2 のサイズ）の中の最大値だけを抽出することで，画像の情報を圧縮します。

次の図では，色で囲まれた範囲（カーネル）から，それぞれの最大値を抽出しています。

MAX プーリングの手順を擬似言語で見てみましょう。まず，カーネル内の最大値を戻り値として格納するための，r 行 c 列の空の二次元配列を生成する擬似言語の表記は，次のようになります。

■擬似言語の表記例

`// ①`
`○実数型配列の配列: matrix(整数型: r, 整数型: c)`
`  実数型配列の配列: ret ← { }`
`  実数型の配列: row`
`  while (r が 0 より大きい)`
`    row ← { } // ②`
`    while (c が 0 より大きい)`
`      row の末尾に未定義の値を追加する // ③`
`      c ← c−1`
`    endwhile`
`    ret の末尾に row を追加する // ④`
`    r ← r−1`
`  endwhile`
`  return ret`
	① r で指定した行数とcで指定した列数の空の二次元配列を生成して返す関数
	② 1 行分の配列である row を空の配列で初期化
	③ 1 行分の空の配列を生成する
	④ 1 行分の空の配列である row を ret に追加する

指定されたカーネルサイズで最大値を取得し，(1)→(2)→(3)→(4)の順で空の二次元配列に格納する擬似言語の表記は，次のとおりです。

1	2 **(1)**	3	4 **(2)**
5	6	7	8
9	10 **(3)**	11	12 **(4)**
13	14	15	16

6	8
14	16

■擬似言語の表記例

○実数型配列の配列: maxpooling(実数型配列の配列: m, 整数型: size) // ①
　整数型: i, j, k, l
　実数型: tmp
　実数型配列の配列: ret ← matrix(m の行数 ÷ size の商, m の列数 ÷ size の商) // ②
　// ③
　for (i を 1 から m の行数 まで size ずつ増やす)
　　for (j を 1 から m の列数 まで size ずつ増やす)
　　// ④
　　for (k を i から size まで 1 ずつ増やす)
　　　for (l を j から size まで 1 ずつ増やす)
　　　if (tmp が未定義 または tmp より m[k, l] が大きい)
　　　　tmp ← m[k, l]
　　　endif
　　endfor
　　endfor
　　ret[i ÷ size の商 ＋ 1, j ÷ size の商 ＋ 1] ← tmp // ⑤
　　endfor
　endfor
	① 二次元配列（m）を，指定されたカーネルサイズ（size）でMAXプーリングする
	② 戻り値となる二次元配列をsizeで割った大きさの二次元配列で初期化する
	③ カーネルサイズごとの繰返し（カーネルサイズ分を移動するために、size ずつ増やす）
	④ カーネル内の繰返し
	⑤ カーネル内の最大値を戻り値の二次元配列に格納する

※m の行数と列数は等しいものとし，行数と列数を割り切れる値が size に指定されるものとする

　ニューラルネットワークの活用例である，車の自動運転では，画像から，人や車などの障害物や，信号や標識などを識別する必要があります。画像から物体を検出するアルゴリズムを物体検知（物体検出）と呼びます。物体検知は，画像データと，画像内の物体の位置とラベルを示す答えを学習させる，教師あり学習によって実現されます。画像から物体を切り出す作業をアノテーションと呼びます。

　ここでは，画像上に，画像内の位置（x, y）を起点として，左上を起点とする縦 m × 横 n の四角形を描くアルゴリズムを考えてみましょう。

■擬似言語の表記例

// ①
〇draw_line(実数型: x1, 実数型: y1, 実数型: x2, 実数型: y2)
	① 座標（x1, y1）から座標（x2, y2）まで直線を引く処理（実装は省略）

// ②
〇draw(実数型: x, 実数型: y, 実数型: m, 実数型: n)
	② (x, y)の位置を起点として縦 m×横 n の四角形を描く

draw_line(x, y, x ＋ n, y) // ③	③ 左上から右上（→）
draw_line(x ＋ n, y, x ＋ n, y － m) // ④	④ 右上から右下（↓）
draw_line(x ＋ n, y ＋ m, x, y － m) // ⑤	⑤ 右下から左下（←）
draw_line(x, y － m, x, y) // ⑥	⑥ 左下から左上（↑）

⚙6 ディープラーニングの技術は
日々進歩している

やや応用的な知識として，ディープラーニングの技術を応用した代表的なアルゴリズムを紹介します。ディープラーニングの技術は日々進歩しており，これを応用した様々なアルゴリズムが誕生しています。

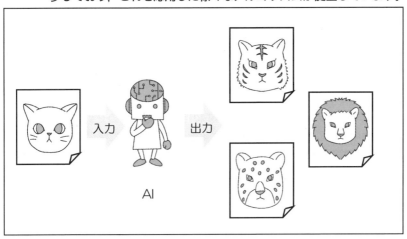

（1）深層生成モデル

　画像データや音声データを生成するアルゴリズムです。近年は絵を描くAIや，本物の画像や動画の一部を入れ替える（例えば顔を別人に差し替える）ディープフェイクが話題となっていますが，その基となる技術が深層生成モデルです。上の図のように，猫の画像を基に，AIが「トラ」「ライオン」「ヒョウ」の画像を生成することなどができます。

　深層生成モデルを実現する技術の一つが，敵対的生成ネットワーク（GAN）です。敵対的生成ネットワークでは，画像を生成するGenerator（生成器）と，偽物か本物かを識別するDiscriminator（識別器）の2種類のAIが，お互いを騙すように敵対しながら学習を繰り返すことで，本物と見分けがつかないような偽物画像を生成できるようになります。敵対的生成ネットワークの概要を次図に示します。

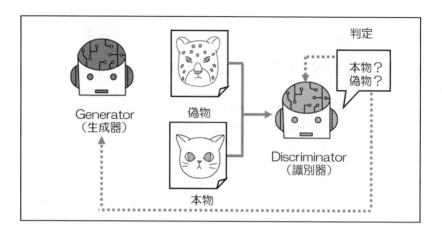

（2）転移学習

　学習済みのモデルを基に，異なる領域の学習を行うものです。学習済みのモデルを活用することで，ゼロから学習するよりも効率的に学習できます。次の例では，猫の絵の学習モデルを基に犬の絵を学習している様子を表しています。

　このように，AI や機械学習，中でもディープラーニングなどの分野は日々進化が目覚ましいですが，その基礎となるのは，これまで学習してきたような基本的なアルゴリズムです。

　アルゴリズムの学習はこれで終了です。Chapter 5 には理解が難しい項目もありましたが，アルゴリズムはいろいろな分野で活用されています。活用法を少しでもイメージできると，学習が楽しくなります。ぜひ最新情報も調べながら，学習してみてください。

　アルゴリズムの学習，お疲れさまでした。Chapter 6 は，試験合格にも，コンピュータを扱う上でも欠かせない，情報セキュリティ分野です。あと少し，頑張りましょう。

☑ 確認問題

次の空欄を埋めましょう。

1. 整形されずにそのまま保存された画像や音声などの生データが
   [　　　　　]データであり，[　　　　　　]データを分析しやすい形に整形したも
   のが[　　　]データである。

2. 行列とは，値を縦と横にまとめたデータであり，プログラムでは[　　　　　　]
   で表現される。

3. 事象の発生しやすさが「[　　　　　　]」であり，実際のデータのまとめが
   「[　　　　　　]」で，分析して事実を把握するために活用する。

4. 相関係数は，説明変数と目的変数の[　　　　　　]を表す値であり，[　　　　　　]
   の範囲の値をとる。端

5. 機械学習とは，学習することで[　　　　　　]するアルゴリズムであり，大
   きく分けて「[　　　　　]」,「[　　　　　　]」,「[　　　　　　]」の手法がある。

6. 教師あり学習とは，[　　　　　　]をセットで学習させて，答えを予測するモ
   デルを構築するアルゴリズムである。

7. 教師なし学習とは，[　　　　　　]を学習させて，グループ分けするアルゴリ
   ズムである。

8. 強化学習とは，[　　　　　　]を与えて，行動を学習するアルゴリズムである。

9. ニューラルネットワークとは，[　　　　　　]を模したアルゴリズムである。

10. ディープラーニングにおいて，画像処理でよく使用される代表的なアルゴ
    リズムは「[　　　　　]」である。

✓ 確認問題：解説

1. 整形されずにそのまま保存された画像や音声などの生データが非構造化データであり，非構造化データを分析しやすい形に整形したものが構造化データである。

2. 行列とは，値を縦と横にまとめたデータであり，プログラムでは二次元配列で表現される。

3. 事象の発生しやすさが「確率」であり，実際のデータのまとめが「統計」で，分析して事実を把握するために活用する。

4. 相関係数は，説明変数と目的変数の関係性の強さを表す値であり，-1〜1の範囲の値をとる。

5. 機械学習とは，学習することで特徴を抽出するアルゴリズムであり，大きく分けて「教師あり学習」「教師なし学習」「強化学習」の手法がある。

6. 教師あり学習とは，入力データと答えをセットで学習させて，答えを予測するモデルを構築するアルゴリズムである。

7. 教師なし学習とは，入力データ（だけ）を学習させて，グループ分けするアルゴリズムである。

8. 強化学習とは，行動に対する報酬を与えて，行動を学習するアルゴリズムである。

9. ニューラルネットワークとは，人間の脳の神経細胞を模したアルゴリズムである。

10. ディープラーニングにおいて，画像処理でよく使用される代表的なアルゴリズムは「CNN」である。

演習問題

演習問題にチャレンジ

（FE 科目 B 試験サンプル問題 問 4）

問1　次の記述中の ｜ a ｜ ～ ｜ c ｜ に入れる正しい答えの組合せを，解答群の中から選べ。ここで，配列の要素番号は 1 から始まる。

　　要素の多くが 0 の行列を疎行列という。次のプログラムは，二次元配列に格納された行列のデータ量を削減するために，疎行列の格納に適したデータ構造に変換する。

　　関数 transformSparseMatrix は，引数 matrix で二次元配列として与えられた行列を，整数型配列の配列に変換して返す。関数 transformSparseMatrix を transformSparseMatrix({{3, 0, 0, 0, 0}, {0, 2, 2, 0, 0}, {0, 0, 0, 1, 3}, {0, 0, 0, 2, 0}, {0, 0, 0, 0, 1}}) として呼び出したときの戻り値は，{{ ｜ a ｜ },{ ｜ b ｜ }, { ｜ c ｜ }} である。

〔プログラム〕
〇整数型配列の配列: transformSparseMatrix(整数型の二次元配列: matrix)

```
    整数型: i, j
    整数型配列の配列: sparseMatrix
    sparseMatrix ← {{}, {}, {}} /* 要素数 0 の配列を三つ要素にもつ配列 */
    for (i を 1 から matrix の行数 まで 1 ずつ増やす)
      for (j を 1 から matrix の列数 まで 1 ずつ増やす)
        if (matrix[i, j] が 0 でない)
          sparseMatrix[1]の末尾 に iの値 を追加する
          sparseMatrix[2]の末尾 に jの値 を追加する
          sparseMatrix[3]の末尾 に matrix[i, j]の値 を追加する
        endif
      endfor
    endfor
    return sparseMatrix
```

解答群

	a	b	c
ア	1, 2, 2, 3, 3, 4, 5	1, 2, 3, 4, 5, 4, 5	3, 2, 2, 1, 2, 3, 1
イ	1, 2, 2, 3, 3, 4, 5	1, 2, 3, 4, 5, 4, 5	3, 2, 2, 1, 3, 2, 1
ウ	1, 2, 3, 4, 5, 4, 5	1, 2, 2, 3, 3, 4, 5	3, 2, 2, 1, 2, 3, 1
エ	1, 2, 3, 4, 5, 4, 5	1, 2, 2, 3, 3, 4, 5	3, 2, 2, 1, 3, 2, 1

🎓 1 問題文をしっかりと読む

問1　次の記述中の　　a　　～　　c　　に入れる正しい答えの組合せを，解答群の中から選べ。ここで，配列の要素番号は 1 から始まる。

　要素の多くが 0 の行列を疎行列という。次のプログラムは，二次元配列に格納された行列のデータ量を削減するために，疎行列の格納に適したデータ構造に変換する。

　関数 transformSparseMatrix は，引数 matrix で二次元配列として与えられた行列を，整数型配列の配列に変換して返す。関数 transformSparseMatrix を transformSparseMatrix({{3, 0, 0, 0, 0}, {0, 2, 2, 0, 0}, {0, 0, 0, 1, 3}, {0, 0, 0, 2, 0}, {0, 0, 0, 0, 1}}) として呼び出したときの戻り値は，{{　　a　　}, {　　b　　}, {　　c　　}} である。

1

　当プログラムの処理の概要が記載されており，"プログラムは二次元配列に格納された行列のデータを変換するものである"とあります。

　２行２列の行列を二次元配列に格納すると，以下のようになります。

行列 $\begin{pmatrix} 1 & 2 \\ 3 & 4 \end{pmatrix}$ ⇒ 二次元配列 {{ 1, 2 }, { 3, 4 }}

　この行列の，１行１列の要素は１，２行１列の要素は３です。
　このプログラムを実行すると，与えられた行列のデータ構造が変換されるようです。

2

　関数 transformSparseMatrix の引数となる "matrix" は，５行５列の行列であり，以下の二次元配列になります。

　{{ 3, 0, 0, 0, 0 }, { 0, 2, 2, 0, 0 }, { 0, 0, 0, 1, 3 }, { 0, 0, 0, 2, 0 }, { 0, 0, 0, 0, 1 }}

　この matrix の要素の多くは０であり，疎行列となります。疎行列とは，あまり耳にしたことがない名前かもしれませんが，問題文の最初に「要素の多くが ０ の行列を疎行列という」と説明されています。matrix を関数 transformSparseMatrix に通すことで，疎行列の格納に適したデータ構造に変換されます。

2 プログラムの全体像を把握する

〔プログラム〕
○整数型配列の配列: transformSparseMatrix(整数型の二次元配列:
matrix)
　整数型: i, j
　整数型配列の配列: sparseMatrix
　sparseMatrix ← {{}, {}, {}} /* 要素数 0 の配列を三つ要素にもつ配列 */

```
for (i を 1 から matrix の行数 まで 1 ずつ増やす)                    2
  for (j を 1 から matrix の列数 まで 1 ずつ増やす)
    if (matrix[i, j] が 0 でない)
      sparseMatrix[1]の末尾 に i の値 を追加する               3
      sparseMatrix[2]の末尾 に j の値 を追加する
      sparseMatrix[3]の末尾 に matrix[i, j]の値 を追加する
    endif
  endfor
endfor
return sparseMatrix
```

1

1 　戻り値となるsparseMatrixには，三つの空の配列{ { }, { }, { } }を代入して初期化しており，最終的な戻り値は3行n列の行列になることが分かります。

2 　for文が二重になっています。matrixは5行5列の行列であることが分かっており，外側のfor文の繰返し回数iは，「matrixの行数まで」とあるので，5回繰り返します。内側のfor文の繰返し回数jは，「matrixの列数まで」とあるので，こちらも5回繰り返します。matrixとiとjの関係を図で示すと次のようになります。

```
         j
{ { 3, 0, 0, 0, 0 },
  { 0, 2, 2, 0, 0 },
  { 0, 0, 0, 1, 3 },
  { 0, 0, 0, 2, 0 },
  { 0, 0, 0, 0, 1 } }

i
```

　二つのfor文によって，引数であるmatrixの全ての要素を順に参照して，何らかの処理をしていくことが分かります。

3 　if文では，対応する行列matrixの要素が「0ではない」場合に続く処理を行うになっています。要素が0ではない場合，戻り値であるsparseMatrixの各配列に要素を追加していきます。

　追加する要素は，sparseMatrixの一つ目の配列に"iの値（行番号）"，二つ目の配列に"jの値（列番号）"，三つ目の配列に"該当する要素（matrix[i,j]）"となります。つまり，0ではない要素の行列の位置（i行j列）と要素（matrix[i,j]）がsparseMatrixに保存されます。

　matrixの行列を順番に確認し，下記の処理を行っていきます。

matrix[i,j]　　　0ではない場合　→sparseMatrixに要素を保存

0の場合　↓

次の行列番号へ

一つ目の配列	二つ目の配列	三つ目の配列
i（行番号）	j（列番号）	要素　matrix[i,j]

　このときsparseMatrixの二次元配列は以下のようになります。

{ { 行番号 }, { 列番号 }, { 要素 } }

　matrixが疎行列であれば，sparseMatrixにデータを追加する処理が少なくなるため（matrixの要素が0の場合にはsparseMatrixにデータが追加されないため），データ量を削減できる，ということになります。

🎓 ③ プログラムをトレースする

〔プログラム〕

```
 1  for (i を 1 から matrix の行数 まで 1 ずつ増やす)
      for (j を 1 から matrix の列数 まで 1 ずつ増やす)
 2      if (matrix[i, j] が 0 でない)
          sparseMatrix[1]の末尾 に i の値 を追加する
 3    4   sparseMatrix[2]の末尾 に j の値 を追加する
          sparseMatrix[3]の末尾 に matrix[i, j]の値 を追加する
        endif
      endfor
    endfor
```

行列 matrix に対する処理をトレースしてみましょう。二つの for 文で，行列 matrix の要素を順に（1 行 1 列⇒1 行 2 列⇒…）処理をしていきます。

〔matrix〕

1	2			
行			列	
	3	0	0	0	0
	0	2	2	0	0
3	4	(省略)		

3　if 文では値が 0 以外の場合に処理されます。1 行目で値が 0 でないのは 1 列目の「3」なので，matrix[1, 1]が処理されます。このときの i は 1，j は 1 です。したがって，sparseMatrix に追加される値は次のようになります。

　　matrix[1, 1]
　　sparseMatrix[1] の末尾に 1 を追加する
　　sparseMatrix[2] の末尾に 1 を追加する
　　sparseMatrix[3] の末尾に 3 を追加する
結果として，sparseMatrix {{ 1 },{ 1 },{ 3 }} となります。

4　同様に 2 行目では，matrix[2, 2]と matrix[2, 3]が処理されて，sparseMatrix に追加される値は次のようになります。

　　matrix[2, 2]
　　sparseMatrix[1] の末尾に 2 を追加する
　　sparseMatrix[2] の末尾に 2 を追加する
　　sparseMatrix[3] の末尾に 2 を追加する

　　matrix[2, 3]
　　sparseMatrix[1] の末尾に 2 を追加する
　　sparseMatrix[2] の末尾に 3 を追加する
　　sparseMatrix[3] の末尾に 2 を追加する

sparseMatrix のそれぞれの行の末尾に追加されるので，結果として sparseMatrix は {{ 1, 2, 2 },{ 1, 2, 3 },{ 3, 2, 2 }} となります。

4 解答を選択する

解答群

	a	b	c
ア	1, 2, 2, 3, 3, 4, 5	1, 2, 3, 4, 5, 4, 5	3, 2, 2, 1, 2, 3, 1
イ	1, 2, 2, 3, 3, 4, 5	1, 2, 3, 4, 5, 4, 5	3, 2, 2, 1, 3, 2, 1
ウ	1, 2, 3, 4, 5, 4, 5	1, 2, 2, 3, 3, 4, 5	3, 2, 2, 1, 2, 3, 1
エ	1, 2, 3, 4, 5, 4, 5	1, 2, 2, 3, 3, 4, 5	3, 2, 2, 1, 3, 2, 1

　先ほどトレースした結果から，matrix の 2 行列までの処理で sparseMatrix は ｛｛ 1, 2, 2 ｝,｛ 1, 2, 3 ｝,｛ 3, 2, 2 ｝｝ となっており，解答群の表に合わせると，次のようになるべきであることが分かります。

a	b	c
1, 2, 2,　・・・	1, 2, 3,　・・・	3, 2, 2,　・・・

　したがって，a が「1, 2, 3,　・・・」となっている解答群の（ウ）と（エ）は正しくないことが分かります。

　残った解答群の（ア）と（イ）を比べると，c の 5, 6 番目の要素に違いがあることが分かります。

	a	b	c
ア	1, 2, 2, 3, 3, 4, 5	1, 2, 3, 4, 5, 4, 5	3, 2, 2, 1, 2, 3, 1
イ	1, 2, 2, 3, 3, 4, 5	1, 2, 3, 4, 5, 4, 5	3, 2, 2, 1, 3, 2, 1

　次に示すように，matrix で 5 番目に値がある要素は 3 行 5 列目で値が「3」，6 番目に値がある要素は 4 行 4 列目で値が「2」の要素であることが分かります。

〔matrix〕
　｛｛ 3, 0, 0, 0, 0 ｝,
　｛ 0, 2, 2, 0, 0 ｝,
　｛ 0, 0, 0, 1, 3 ｝,
　｛ 0, 0, 0, 2, 0 ｝,
　｛ 0, 0, 0, 0, 1 ｝｝

　したがって，sparseMatrix[3]の c に入る値が，5 番目の要素が「3」，6 番目の要素が「2」となっている（イ）が正解となります。

正解　イ

演習問題にチャレンジ

（FE 科目 B 試験サンプル問題セット　問 15）

問2　次の記述中の　□ a □　と　□ b □　に入れる正しい答えの組合せを，解答群の中から選べ。

　　三目並べにおいて自分が勝利する可能性が最も高い手を決定する。次の手順で，ゲームの状態遷移を木構造として表現し，根以外の各節の評価値を求める。その結果，根の子の中で最も評価値が高い手を，最も勝利する可能性が高い手とする。自分が選択した手を○で表し，相手が選択した手を×で表す。

〔手順〕
(1)　現在の盤面の状態を根とし，勝敗がつくか，引き分けとなるまでの考えられる全ての手を木構造で表現する。
(2)　葉の状態を次のように評価する。
　①　自分が勝ちの場合は 10
　②　自分が負けの場合は -10
　③　引き分けの場合は 0
(3)　葉以外の節の評価値は，その節の全ての子の評価値を基に決定する。
　①　自分の手番の節である場合，子の評価値で最大の評価値を節の評価値とする。
　②　相手の手番の節である場合，子の評価値で最小の評価値を節の評価値とする。

　　ゲームが図の最上部にある根の状態のとき，自分が選択できる手は三つある。そのうち A が指す子の評価値は　□ a □　であり，B が指す子の評価値は　□ b □　である。

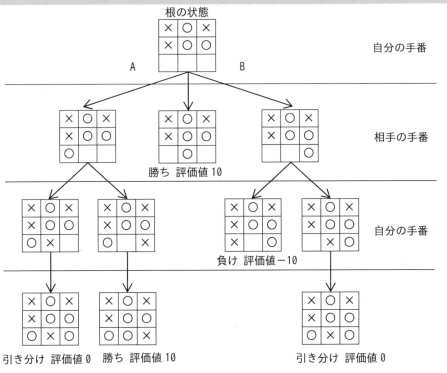

図 三目並べの状態遷移

解答群

	a	b
ア	0	−10
イ	0	0
ウ	10	−10
エ	10	0

1 問題文をしっかりと読む

1 　三目並べにおいて自分が勝利する可能性が最も高い手を決定する。次の手順で，ゲームの状態遷移を木構造として表現し，根以外の各節の評価値を求める。その結果，根の子の中で最も評価値が高い手を，最も勝利する可能性が高い手とする。自分が選択した手を○で表し，相手が選択した手を×で表す。（中略）

　ゲームが図の最上部にある根の状態のとき，自分が選択できる手は三つある。そのうち A が指す子の評価値は　　a　　であり，B が指す子の評価値は　　b　　である。

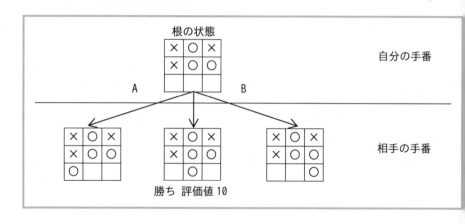

1

　三目並べとは，3×3 の格子を用意して，二人が交互に〇と×を書き込み，先に三つ並んだ方が勝ち，というゲームです。それを木構造で表現し，手順に従って各節の評価値を求める問題です。

　木構造はデータ間の階層的関係，つまり親と子のような関係を表現するのに用いられるデータ構造です。系統的に情報を管理する際に有効です。

　木構造は，「根（ルート）」「節（ノード）」「枝（ブランチ）」から構成されています。最上位の節は「根（ルート）」といいます。また，最下位の節を「葉（リーフ）」といいます。複数に枝分かれしている場合には，「葉（リーフ）」は複数になります。「枝（ブランチ）」は節と節をつなぐ経路のことです。

　二つのつながっている節を見たとき，根に近い方を親，根から遠い方を子といいます。

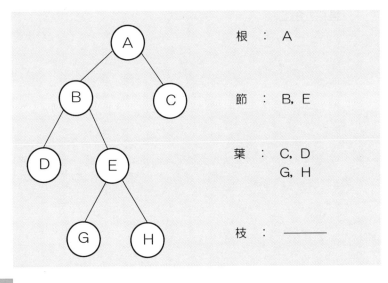

根 ：	A
節 ：	B, E
葉 ：	C, D G, H
枝 ：	————

2

　「根の状態のとき，自分が選択できる手は三つある」というのは，根の状態において〇×がついてないマスが三つあることを指しています。

　解答は，問題の図で枝 A の先にある節と枝 B の先にある節の評価値を，後述の手順に従って求めます。

2 プログラムの全体像を把握する

〔手順〕

(1) 現在の盤面の状態を根とし，勝敗がつくか，引き分けとなるまでの考えられる全ての手を木構造で表現する。

(2) 葉の状態を次のように評価する。

① 自分が勝ちの場合は 10

② 自分が負けの場合は－10

③ 引き分けの場合は 0

(3) 葉以外の節の評価値は，その節の全ての子の評価値を基に決定する。

① 自分の手番の節である場合，子の評価値で最大の評価値を節の評価値とする。 1

② 相手の手番の節である場合，子の評価値で最小の評価値を節の評価値とする。 2

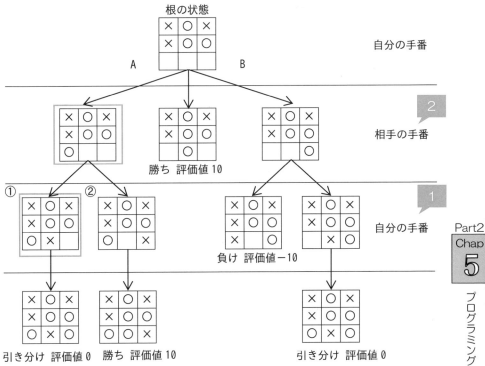

図　三目並べの状態遷移

1 「葉以外の節の評価値は，その節の全ての子の評価値を基に決定」し，「自分の手番の節である場合，子の評価値で最大の評価値を節の評価値とする」とあります。

　①の節を評価する場合，子の評価値で"最大の値"を評価値とすることとなりますが，①の節の子は一つなので，①の節の評価値は"0"になります。

2 一方，「相手の手番の節である場合，子の評価値で最小の評価値を節の評価値とする」とあります。自分の手番と相手の手番で，評価値の算出方法が変わる点に注意が必要です。

　解答すべき「Aが指す子の評価値」を導出するには，子の節である①，②を評価する必要があります。

3 プログラムをトレースする

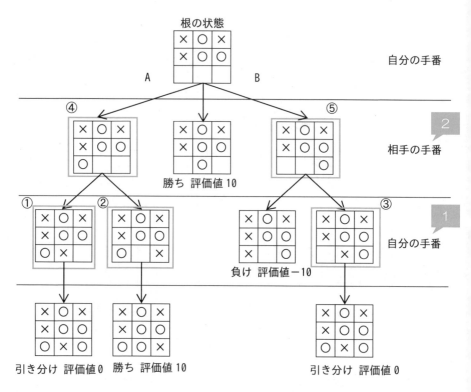

図　三目並べの状態遷移

4 解答を選択する

解答群

	a	b
ア	0	-10
イ	0	0
ウ	10	-10
エ	10	0

1

　解答はＡが指す子の評価値④を示す空欄ａとＢが指す子の評価値⑤を示す空欄ｂになります。葉以外の節の評価方法について，その節の全ての子の評価を基に決定しますので，④，⑤，それぞれの子である①，②，③を先に評価します。

　①，②，③は自分の手番の節であり，「自分の手番の節である場合，子の評価値で最大の評価値を節の評価値」とします。

　よって，

　①の子の評価値は０のため，①の評価値は０になります。

　②の子の評価値は 10 のため，②の評価値は 10 になります。

　③の子の評価値は０のため，③の評価値は０になります。

2

　④，⑤は相手の手番であり，「子の評価値で最小の評価値をその節の評価値」とします。

　④の子の評価値はそれぞれ，０，10 のため，④の評価値は最小の評価値である "０" となります。

　⑤の子の評価値はそれぞれ，－10，０のため，⑤の評価値は最小の評価値である "－10" となります。

　したがって，正解は（ア）となります。

正解　ア

演習問題にチャレンジ

（FE 科目 B サンプル問題　問 5）

問3　次のプログラム中の ▢ に入れる正しい答えを，解答群の中から選べ。

　　任意の異なる 2 文字を c1，c2 とするとき，英単語群に含まれる英単語において，c1 の次に c2 が出現する割合を求めるプログラムである。英単語は，英小文字だけから成る。英単語の末尾の文字が c1 である場合，その箇所は割合の計算に含めない。例えば，図に示す 4 語の英単語 "importance"，"inflation"，"information"，"innovation" から成る英単語群において，c1 を "n"，c2 を "f " とする。英単語の末尾の文字以外に "n" は五つあり，そのうち次の文字が "f " であるものは二つである。したがって，求める割合は，2 ÷ 5 = 0.4 である。c1 と c2 の並びが一度も出現しない場合，c1 の出現回数によらず割合を 0 と定義する。

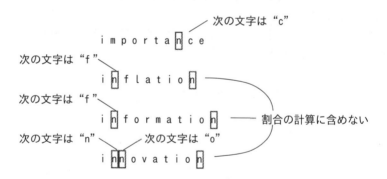

図　4 語から成る英単語群の例

　　プログラムにおいて，英単語群は Words 型の大域変数 words に格納されている。クラス Words のメソッドの説明を，表に示す。本問において，文字列に対する演算子 "＋" は，文字列の連結を表す。また，整数に対する演算子 "÷" は，実数として計算する。

メソッド	戻り値	説明
freq(文字列型: str)	整数型	英単語群中の文字列 str の出現回数を返す。
freqE(文字列型: str)	整数型	英単語群の中で，文字列 str で終わる英単語の数を返す。

〔プログラム〕
　　大域: Words: words /* 英単語群が格納されている */

　　/* c1 の次に c2 が出現する割合を返す */
　　○実数型: prob(文字型: c1, 文字型: c2)
　　　文字列型: s1 ← c1 の 1 文字だけから成る文字列
　　　文字列型: s2 ← c2 の 1 文字だけから成る文字列
　　　if (words.freq(s1 + s2) が 0 より大きい)
　　　　return ⬚
　　　else
　　　　return 0
　　　endif

解答群
　ア　(words.freq(s1) − words.freqE(s1)) ÷ words.freq(s1 + s2)
　イ　(words.freq(s2) − words.freqE(s2)) ÷ words.freq(s1 + s2)
　ウ　words.freq(s1 + s2) ÷ (words.freq(s1) − words.freqE(s1))
　エ　words.freq(s1 + s2) ÷ (words.freq(s2) − words.freqE(s2))

1 問題文をしっかりと読む

　任意の異なる 2 文字を c1，c2 とするとき，英単語群に含まれる英単語において，c1 の次に c2 が出現する割合を求めるプログラムである。英単語は，英小文字だけから成る。英単語の末尾の文字が c1 である場合，その箇所は割合の計算に含めない。例えば，図に示す 4 語の英単語 "importance"，"inflation"，"information"，"innovation" から成る英単語群において，c1 を "n"，c2 を "f" とする。英単語の末尾の文字以外に "n" は五つあり，そのうち次の文字が "f" であるものは二つである。したがって，求める割合は，2 ÷ 5 = 0.4 である。c1 と c2 の並びが一度も出現しない場合，c1 の出現回数によらず割合を 0 と定義する。

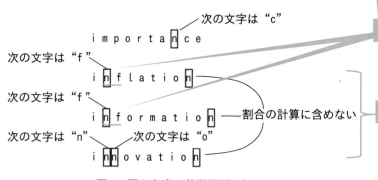

図　4 語から成る英単語群の例

1　英単語中に c1 の次に c2 が出現する割合を求めるプログラムであることが示されています。

2　末尾が c1 の場合は計算に含めないことがポイントです。

3　c1 が "n"，c2 が "f" だった場合の例が示されています。結果として "nf" と続く文字の出現割合を求めます。"nf" の出現回数は 2 回です。

4　末尾に "n" は 3 回出現しますが，計算に含めません。末尾以外に "n" は 5 回出現します。したがって，求める割合は 2 ÷ 5 = 0.4 となります。

Part2
Chap
5

プログラミングの諸分野への応用

2 プログラムの全体像を把握する

プログラムにおいて，英単語群は Words 型の大域変数 words に格納されている。クラス Words のメソッドの説明を，表に示す。本問において，文字列に対する演算子"＋"は，文字列の連結を表す。また，整数に対する演算子"÷"は，実数として計算する。

表 クラス Words のメソッドの説明

メソッド	戻り値	説明
freq(文字列型: str)	整数型	英単語群中の文字列 str の出現回数を返す。
freqE(文字列型: str)	整数型	英単語群の中で，文字列 str で終わる英単語の数を返す。

〔プログラム〕
```
大域: Words: words /* 英単語群が格納されている */

/* c1 の次に c2 が出現する割合を返す */
○実数型: prob(文字型: c1, 文字型: c2)
  文字列型: s1 ← c1 の 1 文字だけから成る文字列
  文字列型: s2 ← c2 の 1 文字だけから成る文字列
  if (words.freq(s1 + s2) が 0 より大きい)
    return ┌──────┐
           └──────┘
  else
    return 0
  endif
```

1 英単語群はクラス Words 型の大域変数 words に格納されています。

2 クラス Words のメソッド freq は，文字列 str の出現回数を返します。

3 クラス Words のメソッド freqE は，文字列 str で終わる英単語の数を返します。

4 c1 と c2 を連結した文字列の出現回数が 0 より大きい場合（指定文字が続く場合）の処理が問われています。

3 プログラムをトレースする

〔プログラム〕
```
大域: Words: words /* 英単語群が格納されている */


/* c1 の次に c2 が出現する割合を返す */
○実数型: prob(文字型: c1, 文字型: c2)        1
  文字列型: s1 ← c1 の 1 文字だけから成る文字列    1
  文字列型: s2 ← c2 の 1 文字だけから成る文字列    2
  if (words.freq(s1 + s2) が 0 より大きい)    3
    return [          ]    4
  else
    return 0
  endif


Words
  "importance",
  "inflation",
  "information",
  "innovation"
```

4 解答を選択する

解答群
ア (words.freq(s1) − words.freqE(s1)) ÷ words.freq(s1 + s2)
イ (words.freq(s2) − words.freqE(s2)) ÷ words.freq(s1 + s2)
ウ words.freq(s1 + s2) ÷ (words.freq(s1) − words.freqE(s1))
エ words.freq(s1 + s2) ÷ (words.freq(s2) − words.freqE(s2))

Words に "importance"，"inflation"，"information"，"innovation" が
格納されているときに，c1 を "n"，c2 を "f" として関数 prob を呼出した
動きをトレースしてみましょう。

1　s1 は "n" となります。

2　s2 は "f" となります。

3　問題文中に，「文字列に対する演算子 "＋" は，文字列の連結を表す」とあ
るので，s1 ＋ s2 は "nf" となります。
　　words.freq(s1 ＋ s2) の結果は 2 となります。

4　if 文の条件式が真となり，if 文の中の処理が実行されます。空欄となってい
ますが，何かしらの値が返されます，問題文から，ここで返すのは「2 ÷ 5 =
0.4」となるべきであることが想像できます。

　　トレース結果から，空欄には「2 ÷ 5 ＝ 0.4」となる処理が入ればよいこ
とが分かります。それぞれの選択肢を見てみましょう。
　ア　(8 － 3) ÷ 2　となるので誤り
　イ　(2 － 0) ÷ 2　となるので誤り
　ウ　2 ÷ (8 － 3)　で 2 ÷ 5 となるので正しい
　エ　2 ÷ (2 － 0)　となるので誤り
　したがって，正解は（ウ）となります。

正解　ウ

演習問題にチャレンジ

（オリジナル問題 813491）

問4　次のプログラム中の　　a　　〜　　c　　に入れる正しい答えの
組合せを，解答群の中から選べ。ここで，配列の要素番号は 1 から始まる。

関数 matrixProduct は，引数の二次元配列で与えられた二つの 3×3 の
行列の積を求める。3×3 の行列の積は，次の式で表すことができる。

$$
\begin{bmatrix}
a11 & a12 & a13 \\
a21 & a22 & a23 \\
a31 & a32 & a33
\end{bmatrix}
\quad
\begin{bmatrix}
b11 & b12 & b13 \\
b21 & b22 & b23 \\
b31 & b32 & b33
\end{bmatrix}
$$

$$
\begin{bmatrix}
a11{\times}b11{+}a12{\times}b21{+}a13{\times}b31 & a11{\times}b12{+}a12{\times}b22{+}a13{\times}b32 & a11{\times}b13{+}a12{\times}b23{+}a13{\times}b33 \\
a21{\times}b11{+}a22{\times}b21{+}a23{\times}b31 & a21{\times}b12{+}a22{\times}b22{+}a23{\times}b32 & a21{\times}b13{+}a22{\times}b23{+}a23{\times}b33 \\
a31{\times}b11{+}a32{\times}b21{+}a33{\times}b31 & a31{\times}b12{+}a32{\times}b22{+}a33{\times}b32 & a31{\times}b13{+}a32{\times}b23{+}a33{\times}b33
\end{bmatrix}
$$

〔プログラム〕

```
○整数型の二次元配列：matrixProduct（整数型の二次元配列：a，
                                      整数型の二次元配列：b）
  整数型の二次元配列：ret ← {{0, 0, 0}, {0, 0, 0}, {0, 0, 0}}
  for (i を 1 から a の行数まで 1 ずつ増やす)
    for (j を 1 から a の列数まで 1 ずつ増やす)
      ret[i, j] ←   a
      ret[i, j] ← ret[i, j] +   b
      ret[i, j] ← ret[i, j] +   c
    endfor
  endfor
  return ret
```

解答群

	a	b	c
ア	a[i, 1] × b[1, j]	a[i, 2] × b[2, j]	a[i, 3] × b[3, j]
イ	a[j, 1] × b[1, i]	a[j, 2] × b[2, i]	a[j, 3] × b[3, i]
ウ	a[1, i] × b[j, 1]	a[2, i] × b[j, 2]	a[3, i] × b[j, 3]
エ	a[1, j] × b[i, 1]	a[2, j] × b[i, 2]	a[3, j] × b[i, 3]

問題文をしっかりと読む

関数 matrixProduct は，引数の二次元配列で与えられた二つの 3×3 の行列の積を求める。3×3 の行列の積は，次の式で表すことができる。

$$
\begin{bmatrix} a11 & a12 & a13 \\ a21 & a22 & a23 \\ a31 & a32 & a33 \end{bmatrix}
\quad
\begin{bmatrix} b11 & b12 & b13 \\ b21 & b22 & b23 \\ b31 & b32 & b33 \end{bmatrix}
$$

$$
\begin{bmatrix}
a11{\times}b11{+}a12{\times}b21{+}a13{\times}b31 & a11{\times}b12{+}a12{\times}b22{+}a13{\times}b32 & a11{\times}b13{+}a12{\times}b23{+}a13{\times}b33 \\
a21{\times}b11{+}a22{\times}b21{+}a23{\times}b31 & a21{\times}b12{+}a22{\times}b22{+}a23{\times}b32 & a21{\times}b13{+}a22{\times}b23{+}a23{\times}b33 \\
a31{\times}b11{+}a32{\times}b21{+}a33{\times}b31 & a31{\times}b12{+}a32{\times}b22{+}a33{\times}b32 & a31{\times}b13{+}a32{\times}b23{+}a33{\times}b33
\end{bmatrix}
$$

1

このプログラムは，３×３の行列の積を求めるプログラムであることが分かります。

2

３×３の行列の積を求める計算式が示されています。行列の積を求める計算式を知らなくても，問題文をしっかりと読めば問題を解くことができます。

具体的な数値を基に考えてみましょう。問題文に示された計算式を基に，引数に{{0, 2, 3}, {3, 0, 5}, {3, 4, 0}} と {{5, 6, 0}, {4, 0, 2}, {0, 2, 1}}の二次元配列が与えられたときの処理は，以下となります。

$$\begin{bmatrix} 0 & 2 & 3 \\ 3 & 0 & 5 \\ 3 & 4 & 0 \end{bmatrix} \times \begin{bmatrix} 5 & 6 & 0 \\ 4 & 0 & 2 \\ 0 & 2 & 1 \end{bmatrix}$$

$0 \times 5 + 2 \times 4 + 3 \times 0 = 8$
$0 \times 6 + 2 \times 0 + 3 \times 2 = 6$
$0 \times 0 + 2 \times 2 + 3 \times 1 = 7$

$3 \times 5 + 0 \times 4 + 5 \times 0 = 15$
$3 \times 6 + 0 \times 0 + 5 \times 2 = 28$
$3 \times 0 + 0 \times 2 + 5 \times 1 = 5$

$$\Rightarrow \begin{bmatrix} 8 & 6 & 7 \\ 15 & 28 & 5 \\ 31 & 18 & 8 \end{bmatrix}$$

$3 \times 5 + 4 \times 4 + 0 \times 0 = 31$
$3 \times 6 + 4 \times 0 + 0 \times 2 = 18$
$3 \times 0 + 4 \times 2 + 0 \times 1 = 8$

この結果となるような解答を選びましょう。

2 プログラムの全体像を把握する

〔プログラム〕

○整数型の二次元配列：matrixProduct（整数型の二次元配列：a，　　1
　　　　　　　　　　　　　　　　　　整数型の二次元配列：b)

整数型の二次元配列：ret ← {{0, 0, 0}, {0, 0, 0}, {0, 0, 0}}　　2

for (i を 1 から a の行数まで 1 ずつ増やす)

　for (j を 1 から a の列数まで 1 ずつ増やす)

　　ret[i, j] ← ［　　a　　］

　　ret[i, j] ← ret[i, j] + ［　b　］　　　　　　　3

　　ret[i, j] ← ret[i, j] + ［　c　］

　endfor

endfor　　　　4

return ret

1 　行列は二次元配列で表されており，計算対象の二つの行列が引数に渡されています。

2 　３×３の行列の積の計算結果は，３×３の行列となります。戻り値となる二次元配列を宣言して，０で初期化しています。

3 　ネストした for 文の中に，行列の計算処理が定義されています。計算処理が空欄になっていて，処理の穴埋め問題になっています。
　ネストした for 文における,i と j の動きを見てみると,次のようになります。

i	j	ret[i, j]
1	1	ret[1, 1]
1	2	ret[1, 2]
1	3	ret[1, 3]
2	1	ret[2, 1]
2	2	ret[2, 2]
2	3	ret[2, 3]
3	1	ret[3, 1]
3	2	ret[3, 2]
3	3	ret[3, 3]

ret の index 番号

$$\begin{bmatrix} [1,1] & [1,2] & [1,3] \\ [2,1] & [2,2] & [2,3] \\ [3,1] & [3,2] & [3,3] \end{bmatrix}$$

　前述の計算式において，まず ret の 1 行目の 3 列に当たる部分を計算して ret に追加し，次に 2 行目の 3 列に当たる部分を計算して追加していく処理がなされていることが分かります。

[1, 1]　　　　　　　　　　　[1, 2]　　　　　　　　　　　[1, 3]

$a11 \times b11 + a12 \times b21 + a13 \times b31$	$a11 \times b12 + a12 \times b22 + a13 \times b32$	$a11 \times b13 + a12 \times b23 + a13 \times b33$
$a21 \times b11 + a22 \times b21 + a23 \times b31$	$a21 \times b12 + a22 \times b22 + a23 \times b32$	$a21 \times b13 + a22 \times b23 + a23 \times b33$
$a31 \times b11 + a32 \times b21 + a33 \times b31$	$a31 \times b12 + a32 \times b22 + a33 \times b32$	$a31 \times b13 + a32 \times b23 + a33 \times b33$

2, 1]
3, 1]

4 　上記の処理が終了すると，3×3 の行列 ret が戻り値として返されます。

3 プログラムをトレースする

$$
\begin{bmatrix} a11 & a12 & a13 \\ a21 & a22 & a23 \\ a31 & a32 & a33 \end{bmatrix} \quad \begin{bmatrix} b11 & b12 & b13 \\ b21 & b22 & b23 \\ b31 & b32 & b33 \end{bmatrix}
$$

$$
\begin{bmatrix} a11{\times}b11{+}a12{\times}b21{+}a13{\times}b31 & a11{\times}b12{+}a12{\times}b22{+}a13{\times}b32 & a11{\times}b13{+}a12{\times}b23{+}a13{\times}b33 \\ a21{\times}b11{+}a22{\times}b21{+}a23{\times}b31 & a21{\times}b12{+}a22{\times}b22{+}a23{\times}b32 & a21{\times}b13{+}a22{\times}b23{+}a23{\times}b33 \\ a31{\times}b11{+}a32{\times}b21{+}a33{\times}b31 & a31{\times}b12{+}a32{\times}b22{+}a33{\times}b32 & a31{\times}b13{+}a32{\times}b23{+}a33{\times}b33 \end{bmatrix}
$$

〔プログラム〕

○整数型の二次元配列：matrixProduct（整数型の二次元配列：a，

整数型の二次元配列：b）

整数型の二次元配列：ret ← {{0, 0, 0}, {0, 0, 0}, {0, 0, 0}}

for（i を 1 から a の行数まで 1 ずつ増やす）

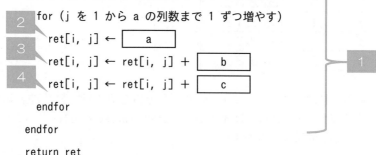

```
   for（j を 1 から a の列数まで 1 ずつ増やす）
2      ret[i, j] ←   a
3      ret[i, j] ← ret[i, j] +    b
4      ret[i, j] ← ret[i, j] +    c
     endfor
   endfor
   return ret
```

1 　前記のように，ネストした for 文では，ret の値が 1 行 3 列ずつ追加されていきます。ret 一つずつは，プログラムによってどのように構成されていくのか，ret[1, 1]を例にとり，次に見ていきます。

2 　ret[1, 1]に，　　a　　を代入します。

3 　ret[1, 1]に，ret[1, 1] ＋　　b　　を代入します。
これにより，ret[1, 1]は，　　a　　＋　　b　　となります。

4 　ret[1, 1]に，ret[1, 1]＋　　c　　を代入します。
これにより，ret[1, 1]は，　　a　　＋　　b　　＋　　c　　となります。

計算式では，ret[1, 1]は，a11 × b11 ＋ a12 × b21 ＋ a13 × b31 であるため，空欄 a〜c との対応を示すと，次のようになります。

$$\text{ret[1, 1]} = \underbrace{\boxed{\text{a11} \times \text{b11}}}_{\text{空欄 a}} + \underbrace{\boxed{\text{a12} \times \text{b21}}}_{\text{空欄 b}} + \underbrace{\boxed{\text{a13} \times \text{b31}}}_{\text{空欄 c}}$$

計算式全体との対応を見ると，次のようになります。

a11×b11	a12×b21	a13×b31	a11×b12	a12×b22	a13×b32	a11×b13	a12×b23	a13×b33
a21×b11	a22×b21	a23×b31	a21×b12	a22×b22	a23×b32	a21×b13	a22×b23	a23×b33
a31×b11	a32×b21	a33×b31	a31×b12	a32×b22	a33×b32	a31×b13	a32×b23	a33×b33
空欄 a	空欄 b	空欄 c	空欄 a	空欄 b	空欄 c	空欄 a	空欄 b	空欄 c

Part2
Chap
5
プログラミングの諸分野への応用

4 解答を選択する

解答群

	a	b	c
ア	a[i, 1] × b[1, j]	a[i, 2] × b[2, j]	a[i, 3] × b[3, j]
イ	a[j, 1] × b[1, i]	a[j, 2] × b[2, i]	a[j, 3] × b[3, i]
ウ	a[1, i] × b[j, 1]	a[2, i] × b[j, 2]	a[3, i] × b[j, 3]
エ	a[1, j] × b[j, 1]	a[2, j] × b[i, 2]	a[3, j] × b[j, 3]

　ret[1，1]の場合，空欄 a〜c との対応は，次のようになっていました。
それぞれの選択肢が当てはまるかどうか，確認してみましょう。

$$ret[1,1] = \boxed{a11 \times b11} + \boxed{a12 \times b21} + \boxed{a13 \times b31}$$

　　　　　　　空欄 a　　　　　空欄 b　　　　　空欄 c

　プログラムにおいて，ret[1，1]の場合，つまり，i ＝ 1，j ＝ 1 となる場合，選択肢（ア）または（イ）では，次のようになり，計算式を満たすプログラムになります。

ret[1，1] = a[1，1]（a11）　×　b[1，1]（b11）　＋
　　　　　　　a[1，2]（a12）　×　b[2，1]（b21）　＋
　　　　　　　a[1，3]（a13）　×　b[3，1]（b31）

　（ウ）（エ）の場合，次のようになり，計算式と合いません。

ret[1，1] = a[1，1]（a11）　×　b[1，1]（b11）　＋
　　　　　　　a[2，1]（a21）　×　b[1，2]（b12）　＋
　　　　　　　a[3，1]（a31）　×　b[1，3]（b13）

　解答は（ア）か（イ）に絞られましたので，プログラムにおいて，ret[1，2]の場合（i ＝ 1，j ＝ 2 となる場合）を試してみます。ret[1，2] は， a11 × b12 ＋ a12 × b22 ＋ a13 × b32 です。

　（ア）は次のようになり，計算式と合います。

ret[1，2] = a[1，1]（a11）　×　b[1，2]（b12）　＋
　　　　　　　a[1，2]（a12）　×　b[2，2]（b22）　＋
　　　　　　　a[1，3]（a13）　×　b[3，2]（b32）

　（イ）は次のようになり，計算式と合いません。

ret[1，2] = a[2，1]（a21）　×　b[1，1]（b11）　＋
　　　　　　　a[2，2]（a22）　×　b[2，1]（b21）　＋
　　　　　　　a[2，3]（a31）　×　b[3，1]（b31）

　したがって，正解は（ア）となります。

正解　ア

演習問題にチャレンジ

（オリジナル問題 813492）

問5　次のプログラム中の　a　と　b　に入れる正しい答えの
組合せを，解答群の中から選べ。ここで配列の要素番号は 1 から始まる。

　　A さん〜F さんの 5 人の生徒に対して実施したテスト結果を分析したと
ころ，国語の得点が高い人は，英語の得点も高い傾向があった。このテス
ト結果から，最小二乗法を用いて，国語の点数（これを x とする）と英語
の点数（これを y とする）との関係を表す直線を求めたい。最小二乗法と
は，次の図に示すように，x と y の関係が y ＝ Ax ＋ B の一次の関係式で
表せるとしたときに，残差（元データと関係式との差）の 2 乗和を最小と
するような係数 A と B を求めるものである。

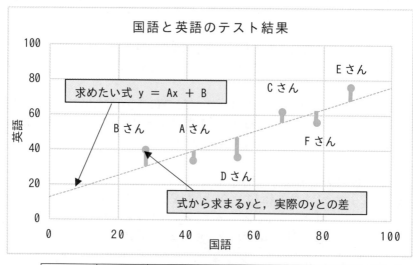

国語と英語のテスト結果

	A さん	B さん	C さん	D さん	E さん	F さん
国語	42	28	68	55	88	78
英語	34	40	62	36	76	56
合計	76	68	130	91	164	134

〔最小二乗法の解法〕
　配列 x と配列 y 及び配列の要素数である n から，最小二乗法における係数 A と B を求める式を次に示す。

SX ←　配列 x の合計
SY ←　配列 y の合計
SXY ←（配列 x の i 番目 × 配列 y の i 番目）を，i を 1 から n まで 1 ずつ増やして計算した合計
SX2 ←（配列 x の i 番目 × 配列 x の i 番目）を，i を 1 から n まで 1 ずつ増やして計算した合計

$$A \leftarrow \frac{n \times SXY \ - \ SX \times SY}{n \times SX2 \ - \ SX \text{の 2 乗}}$$

$$B \leftarrow \frac{n \times SX2 \times SY \ - \ SXY \times SX}{n \times SX2 \ - \ SX \text{の 2 乗}}$$

〔プログラム〕
整数型の配列: x ← {42, 28, 68, 55, 88, 78}
整数型の配列: y ← {34, 40, 62, 36, 76, 56}
整数型: n ← 6
整数型: i
実数型: sumx ← 0, sumy ← 0, sumxy ← 0, sumx2 ← 0, A, B

```
for (i を 1 から n まで 1 ずつ増やす)
  sumx ← sumx + x[i]
  sumy ← sumy + y[i]
  sumxy ← sumxy + (x[i] × y[i])
  sumx2 ← sumx2 + (x[i] × x[i])
endfor
```

A ← (n × sumxy − sumx × sumy) ÷ (n × sumx2 − 　　a　　)
B ← (n × sumx2 × sumy − 　　b　　) ÷ (n × sumx2 − 　　a　　)

解答群

	a	b
ア	sumx2	sumxy × sumx
イ	sumx2	sumxy × sumy
ウ	sumx × sumx	sumxy × sumx
エ	sumx × sumx	sumxy × sumy
オ	sumx × sumy	sumxy × sumx
カ	sumx × sumy	sumxy × sumy
キ	sumy × sumx2	sumxy × sumx
ク	sumy × sumx2	sumxy × sumy

Part2
Chap
5

プログラミングの諸分野への応用

問題文をしっかりと読む

　Aさん〜Fさんの5人の生徒に対して実施したテスト結果を分析したところ，国語の得点が高い人は，英語の得点も高い傾向があった。このテスト結果から，最小二乗法を用いて，国語の点数（これをxとする）と英語の点数（これをyとする）との関係を表す直線を求めたい。最小二乗法とは，次の図に示すように，xとyの関係がy = Ax + Bの一次の関係式で表せるとしたときに，残差（元データと関係式との差）の2乗和を最小とするような係数AとBを求めるものである。

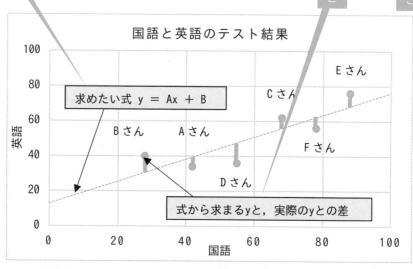

国語と英語のテスト結果

求めたい式 y = Ax + B

式から求まるyと，実際のyとの差

	Aさん	Bさん	Cさん	Dさん	Eさん	Fさん
国語	42	28	68	55	88	78
英語	34	40	62	36	76	56
合計	76	68	130	91	164	134

1 xとyの関係式 y ＝ Ax ＋ B は，図中の点線に該当します。A は "傾き"，B は "切片" と呼ばれます。この例では，X 軸である国語の点数が 20 点増えると，Y 軸である英語の点数はおよそ 12 点増えているように見えます。そのとき，傾き A は，約 0.6 となります。また，切片 B は，10 の少し上あたりに見えます。この傾き A と，切片 B を求める方法の一つが，最小二乗法です。

2 問題文中の「残差（元データと関係式との差）」は，図中の点と点線の間に引かれた縦線に該当します。この差がなるべく小さくなるような直線を引けば，x 軸である国語と，y 軸である英語の関係を適切に表すことができます。

3 各点の差をそのまま合計してしまうと，プラスとマイナスが混在していて，打ち消されてしまいます。例えば，A さんの点は点線の下に位置しているため，直線との差を求めるとマイナスになり，B さんの点は点線の上に位置しているため，直線との差を求めるとプラスになります。そのため，差を 2 乗して，プラスにしてから合計します。

Part2
Chap
5

プログラミングの諸分野への応用

2 プログラムの全体像を把握する

〔最小二乗法の解法〕

　配列 x と配列 y 及び配列の要素数である n から，最小二乗法における係数 A と B を求める式を次に示す。

SX ← 　配列 x の合計
SY ← 　配列 y の合計
SXY ← （配列 x の i 番目×配列 y の i 番目）を，i を 1 から n まで 1 ずつ増やして計算した合計
SX2 ← （配列 x の i 番目×配列 x の i 番目）を，i を 1 から n まで 1 ずつ増やして計算した合計

$$A \leftarrow \frac{n \times SXY - SX \times SY}{n \times SX2 - SX の 2 乗}$$

$$B \leftarrow \frac{n \times SX2 \times SY - SXY \times SX}{n \times SX2 - SX の 2 乗}$$

〔プログラム〕
整数型の配列: x ← {42, 28, 68, 55, 88, 78}
整数型の配列: y ← {34, 40, 62, 36, 76, 56}
整数型: n ← 6
整数型: i
実数型: sumx ← 0, sumy ← 0, sumxy ← 0, sumx2 ← 0, A, B

```
for (i を 1 から n まで 1 ずつ増やす)
  sumx ← sumx + x[i]
  sumy ← sumy + y[i]
  sumxy ← sumxy + (x[i] × y[i])
  sumx2 ← sumx2 + (x[i] × x[i])
endfor
```

A ← (n × sumxy − sumx × sumy) ÷ (n × sumx2 − [a])
B ← (n × sumx2 × sumy − [b]) ÷ (n × sumx2 − [a])

1 　最小二乗法の解法をプログラムで実現しています。最小二乗法の計算に必要な合計値を計算によって求めています。解法とプログラムでは，処理方法が少し異なっています。解法では，SX，SY，SXY，SX2 をそれぞれ分けて計算してから合計していますが，プログラムでは，一つの繰返しの中で変数 sumx，sumy，sumxy，sumx2 の計算を行っています。つまり，プログラムでは，繰返しによって効率的に処理するようにしています。

2 　計算によって求めた合計値を使って，傾き A と切片 B の値を求めています。A と B を求めることで，x と y の関係式 y＝Ax＋B が求まります。

3 プログラムをトレースする

〔プログラム〕
整数型の配列: x ← {42, 28, 68, 55, 88, 78}
整数型の配列: y ← {34, 40, 62, 36, 76, 56}
整数型: n ← 6
整数型: i
実数型: sumx ← 0, sumy ← 0, sumxy ← 0, sumx2 ← 0, A, B

```
for (i を 1 から n まで 1 ずつ増やす)
  sumx ← sumx + x[i]        1
  sumy ← sumy + y[i]        2
  sumxy ← sumxy + (x[i] × y[i])    3
  sumx2 ← sumx2 + (x[i] × x[i])    4
endfor
```

A ← (n × sumxy − sumx × sumy) ÷ (n × sumx2 − a)
B ← (n × sumx2 × sumy − b) ÷ (n × sumx2 − a)

1　sumx は 0 で初期化されています。そして，配列 x の 1 番目の要素から n 番目（つまり最後）の要素まで，繰り返すたびに，変数 sumx に加算します。結果として，配列 x の全要素の合計が求まります。

2　配列 y の 1 番目の要素から n 番目（つまり最後）の要素まで，繰り返すたびに，変数 sumy に加算します。結果として，配列 y の全要素の合計が求まります。

3　配列 x の i 番目の要素と，配列 y の i 番目の要素を乗算して，i を 1 から n まで 1 ずつ増やして繰り返し，そのたびに変数 sumxy に加算します。

　配列 x と配列 y は，それぞれ次の要素となるため，i が 1 のときは，42 × 34 となり，i が 2 のときは，28 × 40 となります。

　　整数型の配列：x = { 42, 28, 68, 55, 88, 78 }
　　整数型の配列：y = { 34, 40, 62, 36, 76, 56 }

4　配列 x の i 番目の要素を二乗して，i を 1 から n まで 1 ずつ増やして繰り返すたびに，変数 sumx2 に加算します。

　配列 x は，次の要素となるため，i が 1 のときは 42 × 42 となり，i が 2 のときは 28 × 28 となります。

　　整数型の配列：x = { 42, 28, 68, 55, 88, 78 }

4 解答を選択する

解答群

	a	b
ア	sumx2	sumxy × sumx
イ	sumx2	sumxy × sumy
ウ	sumx × sumx	sumxy × sumx
エ	sumx × sumx	sumxy × sumy
オ	sumx × sumy	sumxy × sumx
カ	sumx × sumy	sumxy × sumy
キ	sumy × sumx2	sumxy × sumx
ク	sumy × sumx2	sumxy × sumy

最小二乗法の解法と, プログラム中の空欄aと空欄bとの関係を次に示します。

〔最小二乗法の解法〕

SX = 配列xの合計

SY = 配列yの合計

SXY = (配列xのi番目×配列yのi番目)をi＝1〜nまで計算した合計

SX2 = (配列xのi番目×配列xのi番目)をi＝1〜nまで計算した合計

$$A = \frac{n \times SXY - SX \times SY}{n \times SX2 - \boxed{SX の 2 乗}}$$

$$B = \frac{n \times SX2 \times SY - \boxed{SXY \times SX}}{n \times SX2 - \boxed{SX の 2 乗}}$$

a

b

〔プログラム〕

A ←(n × sumxy − sumx × sumy)÷(n × sumx2 − [a])

B ←(n × sumx2 × sumy − [b])÷(n × sumx2 − [a])

　プログラムの空欄aは「SXの2乗」であり, 変数sumxを2乗したものだと分かります。また, プログラムの空欄bが, 「SXY × SX」であり, 変数sumxyと変数sumxを乗じたものだと分かります。

　空欄aが変数sumxの2乗となっているものは,（ウ）と（エ）です。

　空欄bは, 変数sumxyと変数sumxを乗じたものです。したがって, 正解は（ウ）となります。

正解　ウ

演習問題にチャレンジ

（オリジナル問題 813493）

問6　次のプログラム中の　 a 　～　 c 　に入れる正しい答えの
組み合せを，解答群の中から選べ。

　ディープラーニングの代表的な手法である CNN（畳み込みニューラルネ
ットワーク）では，データの特徴を残しながら情報量を削減する，プーリ
ングと呼ばれる処理が行われる。複数の数値のうち最大の数値を残す手法
を MAX プーリングという。次の例では，左側の 4 行 4 列の行列のうち 2 行
2 列ごとに最大の数値を選択して，MAX プーリングによって 2 行 2 列の行
列に情報量を削減している。

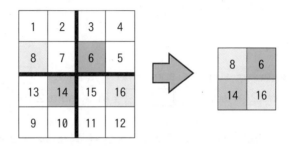

　次のプログラムは，MAX プーリングを行うものである。二次元配列を用
いて行列を表しており，4 行 4 列の二次元配列 in から，2 行 2 列ごとに最
大の数値を選択して，2 行 2 列の二次元配列を生成して返す。ここで配列
の要素番号は 1 から始まる。

〔プログラム〕
```
○整数型配列の配列: maxPooling(整数型の二次元配列: in)
    整数型: x, y
    整数型配列の配列: out ← {{−1, −1}, {−1, −1}}
    for (yを　 a 　1 ずつ増やす)
      for (xを　 a 　1 ずつ増やす)
        if (　 b 　<　 c 　)
          　 b 　←　 c 　
        endif
```

```
            endfor
        endfor
        return out
```

解答群

	a	b	c
ア	1から2まで	out[y, x]	in[y × 2, x × 2]
イ	1から2まで	out[y, x]	in[y × 2 + 1, x × 2 + 1]
ウ	1から4まで	out[y ÷ 2 の商, x ÷ 2 の商]	in[y, x]
エ	1から4まで	out[(y + 1)÷2 の商, (x + 1)÷2 の商]	in[y, x]

🎓 1 問題文をしっかりと読む

　ディープラーニングの代表的な手法である CNN（畳み込みニューラルネットワーク）では，データの特徴を残しながら情報量を削減する，プーリングと呼ばれる処理が行われる。複数の数値のうち最大の数値を残す手法を MAX プーリングという。次の例では，<u>左側の 4 行 4 列の行列のうち 2 行 2 列ごとに最大の数値を選択して，MAX プーリングによって 2 行 2 列の行列に情報量を削減している</u>。

```
┌────┬────┬────┬────┐
│  1 │  2 │  3 │  4 │                ┌────┬────┐
├────┼────┼────┼────┤                │  8 │  6 │
│  8 │  7 │  6 │  5 │    ⟹          ├────┼────┤
├────┼────┼────┼────┤                │ 14 │ 16 │
│ 13 │ 14 │ 15 │ 16 │                └────┴────┘
├────┼────┼────┼────┤
│  9 │ 10 │ 11 │ 12 │
└────┴────┴────┴────┘
```

　次のプログラムは，MAX プーリングを行うものである。二次元配列を用いて行列を表しており，4 行 4 列の二次元配列 in から，2 行 2 列ごとに最大の数値を選択して，2 行 2 列の二次元配列を生成して返す。ここで配列の要素番号は 1 から始まる。

1 　この問題は，図を理解することが重要です。4行4列の行列を2行2列に削減する例が示されています。MAX プーリングの言葉を知らなくても，図をしっかりと理解することで，処理の流れを把握できます。

　まず，元の行列の左上の2行2列の一部の行列から最大値を選択し，2行2列の行列の左上に配置します。

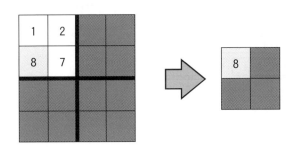

　次に，元の行列の右上の2行2列の一部の行列から最大値を選択し，2行2列の行列の右上に配置します。

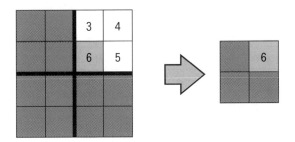

　左下，右下も同様に処理することで，4行4列の行列から2行2列の行列が生成されます。

2 プログラムの全体像を把握する

〔プログラム〕

```
○整数型配列の配列: maxPooling(整数型配列の配列: in)
  整数型: x, y
  整数型配列の配列: out ← {{-1, -1}, {-1, -1}}
  for (y を    a    1 ずつ増やす)
    for (x を    a    1 ずつ増やす)
      if (    b    <    c    )
            b    ←    c
      endif
    endfor
  endfor
  return out
```

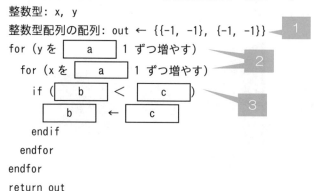

解答群

	a	b	c
ア	1 から 2 まで	out[y, x]	in[y × 2, x × 2]
イ	1 から 2 まで	out[y, x]	in[y × 2 + 1, x × 2 + 1]
ウ	1 から 4 まで	out[y ÷ 2 の商, x ÷ 2 の商]	in[y, x]
エ	1 から 4 まで	out[(y + 1)÷2 の商, (x + 1)÷2 の商]	in[y, x]

1　戻り値となる 2 行 2 列の行列を，整数型配列の配列（二次元配列）で宣言して，全ての値を−1 で初期化しています。

2　for 文の中に for 文が構成されるネストした繰返しになっています。それぞれの繰返しの継続条件が空欄となっていますが，どちらも空欄 a であるため，同じ条件が入るようです。4 行 4 列の行列から 2 行 2 列の行列を生成する処理であることが分かっているので，このネストした繰返しは，行と列の繰返しであることは想像できます。

3　if 文の条件式では，空欄 b と空欄 c の大小を比較して，空欄 c が大きかった場合に，空欄 b に空欄 c を代入しています。MAX プーリングは，元の行列から最も大きい値を選択する処理であるため，ここは 4 行 4 列の行列のうち，2 行 2 列の一部の行列から最大値を取得する処理だと想像できます。

Part2
Chap
5
プログラミングの諸分野への応用

🎓 **3** プログラムをトレースする

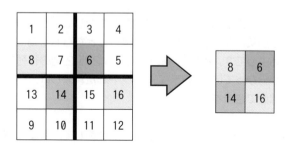

〔プログラム〕

```
○整数型配列の配列: maxPooling(整数型配列の配列: in)
 整数型: x, y
 整数型配列の配列: out ← {{ -1, -1 }, { -1, -1 }}
 for (y を [   a   ] 1 ずつ増やす)
  for (x を [   a   ] 1 ずつ増やす)
   if ( [   b   ] < [   c   ] )
    [    b    ] ← [   c   ]
   endif
  endfor
 endfor
 return out
```

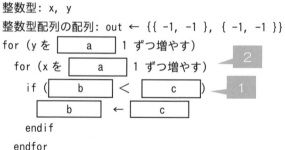

　問題文に例として示されている4行4列の行列を引数として与えて，処理をトレースしてみましょう。引数 in を二次元配列で表すと次のようになります。
{ { 1, 2, 3, 4 }, { 8, 7, 6, 5 }, { 13, 14, 15, 16 }, { 9, 10, 11, 12 } }
　まず，左上の2行2列から8を選択する処理を考えてみましょう。

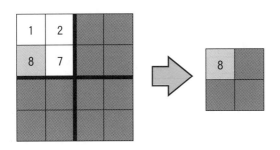

　これをプログラムで表すと，in[1, 1]と in[1, 2]と in[2, 1] と in[2, 2]の中から最大値を取得して，out[1, 1]に代入する処理になればよいことが分かります。同様に右上の2行2列から6を選択する処理を考えてみましょう。

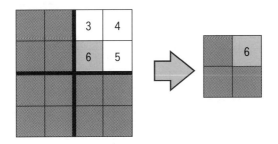

1　プログラムで表すと，in[1, 3]と in[1, 4]と in[2, 3] と in[2, 4]の中から最大値を取得して，out[1, 2]に代入する処理になればよいことが分かります。

2　ただ，問題文のプログラムは二重の for 文となっており，左上の2行2列，右上の2行2列と，分割しながらではなく，元の行列の全体を走査しながら最大値を選択しているようなので注意が必要です。実際に解答群を当てはめて，トレースしてみましょう。

4 解答群を選択する

〔プログラム〕
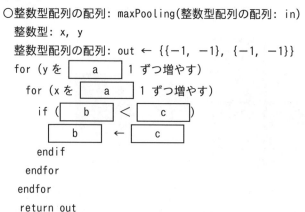

```
○整数型配列の配列: maxPooling(整数型配列の配列: in)
  整数型: x, y
  整数型配列の配列: out ← {{−1, −1}, {−1, −1}}
  for (y を    a    1 ずつ増やす)
    for (x を    a    1 ずつ増やす)
      if (  b  <  c  )
          b    ←   c
      endif
    endfor
  endfor
  return out
```

解答群

	a	b	c
ア	1 から 2 まで	out[y, x]	in[y × 2, x × 2]
イ	1 から 2 まで	out[y, x]	in[y × 2 + 1, x × 2 + 1]
ウ	1 から 4 まで	out[y ÷ 2 の商, x ÷ 2 の商]	in[y, x]
エ	1 から 4 まで	out[(y + 1)÷2 の商, (x + 1)÷2 の商]	in[y, x]

（ア）の場合：

　繰返し条件は「1から2まで」なので，空欄bと空欄cは次のように変化します。

y	x	b：out[y, x]	c：in[y × 2, x × 2]
1	1	out[1, 1]	7
1	2	out[1, 2]	5
2	1	out[2, 1]	10
2	2	out[2, 2]	12

　繰返し条件が「1から2まで」だと，元の行列の一部の値しか参照することができず，誤りであることが分かります。同様に（イ）も誤りになります。

（ウ）の場合：

y	x	b：out[y ÷ 2の商, x ÷ 2の商]	c：in[y, x]
1	1	out[0, 0]となり参照できない	1
1	2	out[0, 1]となり参照できない	2
1	3	out[0, 1]となり参照できない	3
1	4	out[0, 2]となり参照できない	4

　yが1のとき，y ÷ 2の商は0になるため，outの要素を参照できません。したがって（ウ）も誤りであると分かります。

　残る（エ）が正解となるのですが，実際にトレースして動きを確認してみましょう。空欄bとcで参照する要素は次のようになります。

y	x	b：out[(y ＋ 1) ÷ 2の商, (x ＋ 1) ÷ 2の商]	c：in[y, x]
1	1	out[1, 1]	1
1	2	out[1, 1]	2
1	3	out[1, 2]	3
1	4	out[1, 2]	4
		(中略)	
4	1	out[2, 1]	9
4	2	out[2, 1]	10
4	3	out[2, 2]	11
4	4	out[2, 2]	12

〔プログラム〕

```
○整数型配列の配列: maxPooling(整数型配列の配列: in)
  整数型: x, y
  整数型配列の配列: out ← {{-1, -1}, {-1, -1}}
  for (y を [  a  ] 1 ずつ増やす)
    for (x を [  a  ] 1 ずつ増やす)
      if ( [  b  ] < [  c  ] )
        [  b  ] ← [  c  ]
      endif
    endfor
  endfor
  return out
```

解答群

	a	b	c
ア	1 から 2 まで	out[y, x]	in[y × 2, x × 2]
イ	1 から 2 まで	out[y, x]	in[y × 2 + 1, x × 2 + 1]
ウ	1 から 4 まで	out[y ÷ 2 の商, x ÷ 2 の商]	in[y, x]
エ	1 から 4 まで	out[(y + 1)÷2 の商, (x + 1)÷2 の商]	in[y, x]

※ 前ページと同じ内容を掲載しています。

in[y, x]によって，引数の4行4列の行列を1行ずつ順に参照しています。変数 in のそれぞれの位置を，変数 out の位置に変換して，変数 out の値と比較しながら最大値に交換することで，最大値だけが集まった変数 out が生成されます。処理の流れを次に図示します。

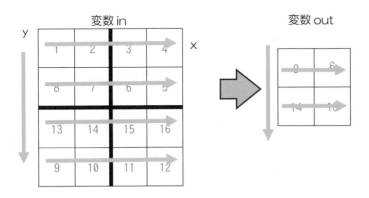

変数 out の値の変化も併せてトレースしてみましょう。

y	x	out[(y + 1)÷ 2 の商, (x + 1) ÷ 2 の商]	in[y, x]	out
1	1	out[1, 1]	1	{{ 1，−1 },{ −1，−1 }}
1	2	out[1, 1]	2	{{ 2，−1 },{ −1，−1 }}
1	3	out[1, 2]	3	{{ 2，3 },{ −1，−1 }}
1	4	out[1, 2]	4	{{ 2，4 },{ −1，−1 }}
2	1	out[1, 1]	8	{{ 8，4 },{ −1，−1 }}
2	2	out[1, 1]	7	{{ 8，4 },{ −1，−1 }}
2	3	out[1, 2]	6	{{ 8，6 },{ −1，−1 }}
2	4	out[1, 2]	5	{{ 8，6 },{ −1，−1 }}
（以下略）				

最終的に，out は{ { 8，6 },{ 14，16 } }となり，問題文の図と一致します。

正解　エ

Part2
Chap
5
プログラミングの諸分野への応用

Chapter 6

情報セキュリティ

⚙1　情報セキュリティの重要な３要素「完全性」「可用性」「機密性」

情報セキュリティには，「完全性」「可用性」「機密性」の３要素が必要だとされています。これら三つの要素を，日常業務での運用しやすさも考慮しながら，バランスよく維持することが重要です。

重要な３要素を次に示します。情報セキュリティの要求事項とも呼ばれます。

	要素	説明
（1）	完全性	データは改ざんや過不足がなく完全な状態であること
（2）	可用性	データがいつでも使える状態であること
（3）	機密性	データに限られた人だけがアクセスできること

　情報セキュリティに関しては，大きく分けて「物理的及び環境的セキュリティ」と「技術的及び運用のセキュリティ」があります。物理的及び環境的セキュリティは，情報セキュリティにかかる物理的な「モノ」が壊れたり（壊されたり），情報資産のある「環境」が侵入されたり，火災などになったりしないようにする取組みを指します。それらを３要素の観点からまとめると，次のようになります。

■物理的及び環境的セキュリティ

要素		具体的な取組み内容
（1）	完全性	・サーバルームへの入退室をIDカードによって管理して，全ての入退室を記録して，限られた人のみがデータにアクセスできる環境とする ・不正なデータが入力できないシステムを構築する
（2）	可用性	・サーバは地震や水害などの影響を受けない場所に設置する ・HDDをRAID構成とする ・ネットワークを二重化する ・サーバを二重化する ・物理的に離れたクラウドに分散して配置する ・異なるベンダのクラウドに分散して配置する
（3）	機密性	・鍵をかけた部屋に保管する ・データセンターに保管する ・特定の端末からだけデータにアクセス可能とする ・USBメモリなどの外部記憶メディアを認識しないようシステムに制限をかける ・ノートPCの画面に覗き見防止フィルタを設置する

　技術的セキュリティは，情報セキュリティに関して，ハードウェアやソフトウェアなどの面からの取組みを行うことを指します。運用のセキュリティは，情報資産を実際に扱う際に運用担当者が正しく運用を行わないなどのリスクに対する取組みを指します。それらを3要素の観点からまとめると，次のようになります。

■技術的及び運用のセキュリティ

要素		具体的な取組み内容
（1）	完全性	・情報にデジタル署名を付ける ・入力値のダブルチェックを行う ・改ざんを検知する仕組みを導入する ・データ変更を通知する ・データへのアクセス履歴をチェックする

（2）	可用性	・バックアップを複数取得する ・バックアップから復旧するリストアの手順書を用意する ・BCP（事業継続計画）を策定して運用する ・サービス継続計画を策定して運用する
（3）	機密性	・パスワードは複雑な文字列とする ・データへのアクセス権を適切に設定する ・侵入検知システムを導入する ・データへのアクセスログを記録する ・IPアドレスやMACアドレスによるアクセス制限をかける ・USBメモリなどの外部記憶メディアの利用を禁止する運用とする ・マルウェア対策ソフトを導入する ・多要素認証を取り入れる

　このように，正しい情報を，必要なときに適切に利用でき，情報漏えいなどを起こさないことが必要ですが，それを脅かす存在の一つがマルウェアです。次の項で詳しく学習します。

⚙2　マルウェアの感染を防ぎ, 被害を最小限に抑えることが重要

「マルウェア」とは, 悪意のあるプログラムの総称です。感染すると, 情報漏えい・データ破壊などの被害が発生します。感染を防ぐことや, 仮に感染したとしても, 被害を最小限に抑える取組みが必要です。

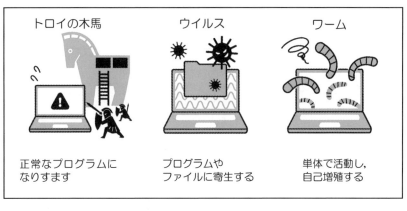

	トロイの木馬	ウイルス	ワーム
	正常なプログラムに なりすます	プログラムや ファイルに寄生する	単体で活動し, 自己増殖する

代表的なマルウェアを次に示します。

	マルウェア	説明
(1)	トロイの木馬	正常なプログラムになりすまして侵入し, 様々な不正な行為を行う
(2)	ウイルス	プログラムやファイルに寄生して侵入し, 自己伝染機能（他のプログラムに感染して自分自身を増殖する）, 潜伏機能, 発病機能を有す
(3)	ワーム	単体で活動し, 他のコンピュータに自分自身をコピーする

　近年は「ランサムウェア」による被害が拡大しています。ランサムウェアとは, 感染するとデータを暗号化して使用できない状態にした上で, そのデータを復号するための身代金を要求するマルウェアです。さらに, 身代金を支払わなければ摂取したデータを公開すると脅すような「二重の脅迫」も増加しています。ランサムウェアに感染し, 身代金を支払ったとしても, データが復号される保証はありません。感染しないことが重要です。

マルウェア対策の具体的な取組み内容を次に示します。

対策	具体的な取組み内容
感染予防策	・メールなどに添付されたファイルや記載されたURLを安易にクリックしない ・サポート切れのOSの利用停止，移行 ・メール，Webサイトなどのフィルタリングツールを活用する ・機密情報などを扱うネットワークを分離する ・共有サーバなどへのアクセス権の最小化と管理の強化 ・公開サーバへの不正アクセス対策
感染時対策	・ネットワークを遮断して迅速な隔離を行う ・関連組織や取引先への被害拡大を防止する ・マルウェア対策ソフトによる駆除 ・PCやサーバを初期化する ・バックアップから速やかに復旧できるようにする ・原因を追究し，再発を防止する

　情報セキュリティリスクは，マルウェアだけではありません。突発的な障害が発生し，データが利用できなくなることなどもあります。次で学習する「バックアップ」取得や「ログ」の記録・収集・分析・監視は，マルウェアからの影響を防ぐ又は最小限にする，異常が発生しないように未然に防ぐ，異常発生時の復旧を速やかに行う，といった，情報セキュリティリスクに対する重要な対策の一つです。

⚙3 「バックアップ」を取ることで, データを復旧できる

バックアップとは, ハードウェア障害によってデータやプログラムが壊れても復旧できるように, データやプログラムの複製を保管することです。適切にバックアップを取得しておくことが, 可用性の確保につながります。

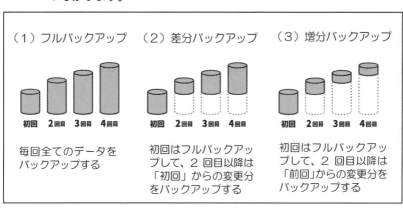

上の図は, 代表的なバックアップ方式を示しています。バックアップ方式によって, 復旧に必要となる手順と, バックアップにかかる時間が異なります。バックアップ方式ごとの違いを次に示します。

バックアップ方法		復旧時に適用するデータ	バックアップ時間	バックアップ容量
（1）	フルバックアップ	最新のフルバックアップを適用するだけでよい	長	大
（2）	差分バックアップ	初回のフルバックアップと, 最新の差分バックアップを適用する	中	中
（3）	増分バックアップ	初回のバックアップと, 以降の増分バックアップを順に適用する	短	小

　復旧時に適用するデータの違いによる復旧にかかる手間，バックアップにかかる時間，バックアップデータを保管するのに必要な容量を考慮して、業務に合わせて適切なバックアップ方式を選択する必要があります。

　バックアップを利用した，障害発生時の復旧手順についても把握しておきましょう。データベースを更新する際の、複数の更新処理のまとまりを「トランザクション」と呼びます。トランザクションは、全ての処理が正常に終了した場合にだけ、完了となります。トランザクション異常やデータベース障害が発生した場合は、そのときの状態に応じて、「ロールバック」と「ロールフォワード」の処理を組み合わせて、データを正常な状態に戻します。

（1）ロールバック

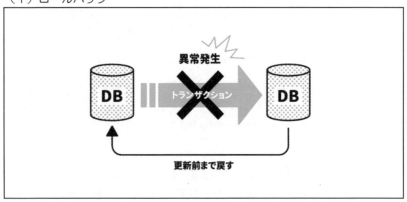

　ロールバックとは、トランザクション発生前の状態に戻すことです。トランザクションの途中で障害が発生した場合には、ロールバックによって更新前の状態に戻し、そのトランザクションがなかったことにします。通常、トランザクション処理のロールバックは、データベース管理システムの機能によって実現されます。データベース管理システム（DBMS）とは，データベースを作成、管理、検索、更新、削除などの操作を実行して，データベースを管理するソフトウェアです。

（2）ロールフォワード

DB トランザクション1 トランザクション2 故障

①バックアップまで戻す

バックアップ DB ②故障の直前の状態にまで進める

ジャーナルファイル

トランザクション完了後にデータベースが故障し、データが破損した場合、まずは最新のバックアップの状態に戻します。バックアップ取得から故障発生時までに完了したトランザクションはバックアップに含まれないため、更新処理を記録したジャーナルファイルを適用することで、故障発生の直前の状態にまで進めます。バックアップから先に進める処理がロールフォワードです。

バックアップでは、それぞれのバックアップ方式やその違いを理解し、復旧時に適用するデータや必要な手順を把握しておくことが重要です。障害発生時の状態によって、必要な復旧手順は異なります。ただバックアップを取得するだけでなく、バックアップから正常な状態に戻せることが必要です。そのためには、バックアップから復旧するための手順を事前に用意し、リハーサルを重ねておくことが求められます。

バックアップをしっかりと行い、復旧手順を確認しておくことは、ランサムウェア対策としても有効です。仮にランサムウェアによってデータが暗号化されてしまったとしても、バックアップから復旧させることができれば、身代金の支払いに応じなくてもよい場合があります。備えあれば憂いなしです。

⚙4 「ログ」の記録・収集・分析・監視で、セキュリティを高める

「ログ」とは、様々な記録のことです。サーバやシステムから収集されたログは、ファイルやデータベースに保管されます。ログの分析や監視によって，正常な状態を把握したり、異常を検知したりできます。

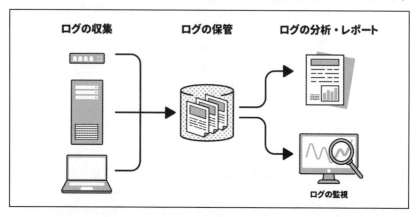

主なログの種類と出力内容の例、目的を次に示します。

ログの種類	出力内容の例	目的
アクセスログ	ユーザID、IPアドレス、操作、入力値、出力値、認証結果など	誰がいつどんな機能にアクセスしたのかを記録することで、不正や異常の検知や監査を行う
システムログ	システムの起動、停止、再起動、設定変更、メモリ使用量、など	システムの状態を出力することで、異常を監視し、障害発生時の原因を調査する
アプリケーションログ	入力エラー、検索エラー、機能、操作、応答時間など	アプリケーションの動作やユーザの操作を記録することで、利用状況の把握や性能チェックを行う
エラーログ	エラーコード、エラー内容、エラー箇所、メモリ使用量、など	システムで発生したエラーを記録し、エラーの原因を特定する
セキュリティログ	マルウェア対策ソフトウェアの履歴、バージョン、外部からのアクセス、認証など	マルウェアへの感染や不正アクセスを検知することで、セキュリティ事故の発生を防ぐ

⚙5 暗号化によって情報セキュリティを維持した情報の転送を行う

離れた場所に情報を転送するとき，転送した情報の抜けや改ざんがなく「完全性」が確保されていること，盗聴されることなく「機密性」が確保されていることが重要です。「完全性」と「機密性」を実現する情報の転送方法の一つが暗号化通信です。

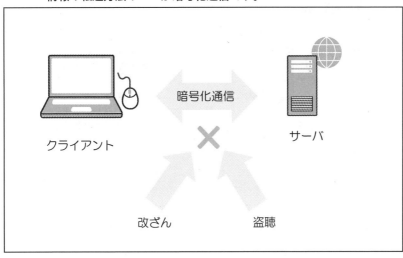

暗号化通信を実現するための，代表的な暗号方式を次に示します。

	暗号方式	説明	代表的なアルゴリズム
（1）	共通鍵方式	暗号化と復号に同じ鍵を使用する	無線LANの通信に利用される「AES」（WPA2）
（2）	公開鍵方式	公開鍵を使って暗号化し、秘密鍵を使って復号する	電子署名に利用される「RSA」
（3）	ハイブリッド方式	共通鍵方式と公開鍵方式を組み合わせる	Webの通信に使用される「HTTP over TLS（HTTPS）」

それぞれの暗号化方式の流れを見てみましょう。

（1）　共通鍵方式

　共通鍵方式は，暗号化と復号に同じ鍵を使用します。同じ鍵で暗号化と復号を行うので，処理速度が速いメリットがありますが，共通鍵が漏えいすると誰もが復号できてしまうため，共通鍵を安全に受け渡す方法が必要です。

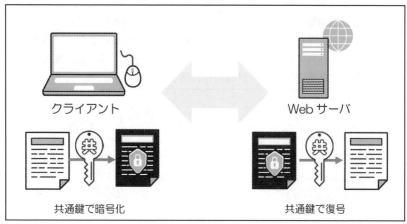

（2）　公開鍵方式

　公開鍵方式は，公開鍵を使って暗号化し，秘密鍵で復号します。公開鍵は公開されており，誰もが自由に利用することができますが，復号できるのは対応する秘密鍵だけです。秘密鍵が漏えいしないように管理すれば，セキュリティを確保できます。しかし，共通鍵よりも処理速度が遅いのが難点です。

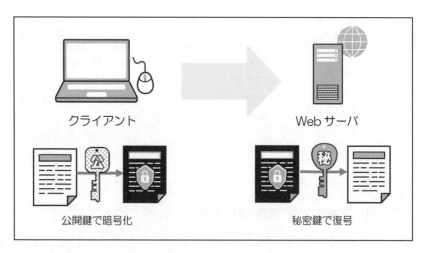

（3） ハイブリッド方式

　ハイブリッド方式の暗号化通信である「HTTP over TLS（HTTPS）」は，公開鍵方式で安全に共通鍵を受け渡して，以降は共通鍵方針で暗号化通信を行うことで，高い安全性と速い処理速度の両立を実現します。

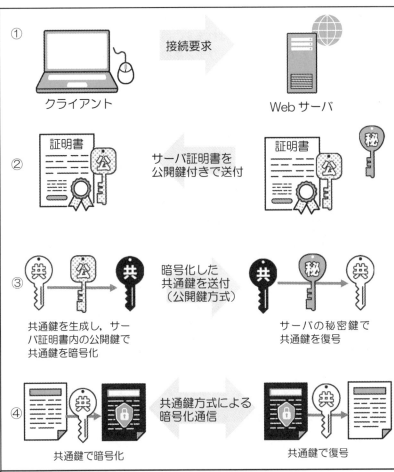

① クライアントから Web サーバに接続要求を送る
② Web サーバは公開鍵が含まれたサーバ証明書を送付する
③ クライアントは本通信で使用する一時的な共通鍵を生成し，Web サーバの公開鍵で暗号化して，安全に Web サーバに送付する（公開鍵方式）
④ 以降はクライアントと Web サーバのお互いに保持した共通鍵を使用して，暗号化と復号を行う（共通鍵方式）

⚙6 脆弱性管理によって情報セキュリ
ティ事故の発生を防止する

脆弱性とは，安全性を脅かす情報セキュリティ上の欠陥のことで，セ
キュリティホールとも呼ばれます。脆弱性を適切に管理して対策を実
施することで，情報セキュリティ事故の発生を防止します。

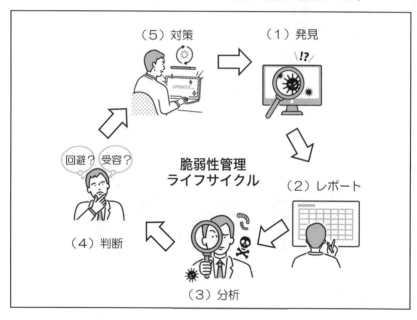

脆弱性管理の流れを示します。この流れを繰り返し実行することが重要です。

	要素	説明
（1）	発見	脆弱性診断ツールや外部の脆弱性診断サービスなどを活用して，既存の脆弱性を探して発見する
（2）	レポート	発見した脆弱性をレポートで一覧化する
（3）	分析	脆弱性を分析して，発生確率や影響度などから脆弱性のランク付けを行い，対応の優先順位を付ける
（4）	判断	脆弱性に対策が必要かどうかを判断する
（5）	対策	対策が必要な脆弱性に対して，適切な対策を施す

脆弱性には，ハードウェアに関するもの，ソフトウェアに関するもの，人や組織によるものなどがあります。代表的な脆弱性の例と，具体的な対策を次に示します。

（1）　ハードウェアに関する脆弱性

装置	脆弱性の例	具体的な対策
ルータ装置	ルータ装置が攻撃を受けると接続情報が漏えいする	・該当装置の利用を停止する ・最新のファームウェアに更新する
VPN装置	VPN装置が攻撃を受けると接続情報が漏えいする	・該当装置の利用を停止する ・最新のファームウェアに更新する
プリンタ・複合機	管理ツールから任意のコードを実行できる	・該当装置の利用を停止する ・最新のファームウェアに更新する
UPS（無停電電源装置）	UPSに外部から侵入し不正なコードを実行できる	・該当装置の利用を停止する ・最新のファームウェアに更新する

（2）　ソフトウェアに関する脆弱性

脆弱性の例	説明	具体的な対策
クロスサイトスクリプティング（XSS）	ターゲットとするWebサイトの脆弱性を悪用して，不正なコードが埋め込まれ，悪意のあるWebサイトに誘導される	・Webサイト自体の脆弱性対策を行う ・Webサイトの改ざんを検知する仕組みを導入する
クロスサイトリクエストフォージェリ（CSRF）	用意された攻撃用のWebサイトに利用者が誘導され，送信された不正なリクエストによってユーザが意図しない処理を勝手に実行される	・外部サイトからのリクエストを処理しないように制限する ・入力ページに一時的に生成された秘密情報を埋め込み，秘密情報が正しい場合にだけ処理を実行する
クリックジャッキング	罠ページの上に透明なページを重ねることで，意図しない操作を誘導される	・外部サイトからページを重ねる機能（frame要素やiframe要素）を制限する
SQLインジェクション	入力画面に直接SQLコマンドを入力することで，データベースに不正にアクセスさせる	・入力画面の入力値がそのままSQLに渡されないようにする（プレースホルダを活用する）

489

ディレクトリトラバーサル	パラメタを直接指定することで，本来は参照できないファイルを表示できてしまう	・パラメタでパスやファイル名を直接指定する実装を避ける

（3）　人や組織に関する脆弱性

脆弱性の例	説明	具体的な対策
外部記憶装置の紛失	USBメモリなどの外部記憶装置に重要情報を記録してもち出した後に，外部記憶装置を紛失する	・外部記憶装置の使用を禁止する ・外部記憶装置を認識しないようにシステムに制限をかける
社用PCの自宅インターネットへの接続	社用PCを自宅のインターネットに接続したことでマルウェアに感染する	・VPN経由でなければインターネットに接続できない設定とする
パスワードの漏えい	簡単なパスワードを使用していると，パスワードが推測されやすい	・簡単なパスワードを設定できないようにシステムで制限する ・パスワードの使い回しを避ける ・多要素認証を導入する
退職した社員からの不正アクセス	退職した社員が在籍時のアクセス権を悪用してデータを持ち出す	・アクセス権の管理を徹底する ・不正なアクセスを検知できる仕組みを導入する
外部委託先からの情報漏えい	業務を委託する外部委託先から個人情報が漏えいする	・信頼できる委託先を選定する ・委託先の情報管理を徹底する ・委託先に渡す情報は最小限にする
ビジネスメール詐欺（BEC）	取引先を装った偽メールを送信して，攻撃者の用意した口座へ送金させる	・通常とは異なる送金が発生した場合は，メール以外の方法で取引先に確認する ・標的型メールを模したメールを送信する訓練を行う

　脆弱性を放置すると，前に学習した，マルウェアからの攻撃などを受けやすくなります。脆弱性の種類や内容を見極め，それぞれの脆弱性を適切に管理して対策を施すことが，情報セキュリティ事故の発生防止につながります。

⚙7 「認証」「認可」「監査」によって利用者のアクセスを制御する

情報へのアクセスを管理するのがアクセス管理です。アクセス管理で重要な三つの要素は「認証」と「認可」と「監査」です。この三つの要素を適切に組み合わせながら，不正アクセスを防ぎます。

認証　　　　　　認可　　　　　　監査

「認証」「認可」「監査」のそれぞれの役割と管理ポイントを次に示します。この三つの要素によって，誰がどの情報にアクセスできるのかを制御します。

要素		役割	管理ポイント
（1）	認証	正しい利用者であることを識別する	多要素認証（記憶，所有，生体）を導入する
（2）	認可	特定の情報にアクセスできる権限を与える	特権的アクセス権を厳格に管理し，アクセス権は必要最小限とする（need-to-know）
（3）	監査	不正アクセスがないか確認する	適切にログを出力して，ログ監視を行う

「認証」「認可」「監査」を実現するための技術を次に示します。

（1）　認証

技術	説明
多要素認証（記憶，所有，生体）	複数の要素で認証を行う 記憶認証の例：IDとパスワードによる認証 所有認証の例：所有するスマートフォンにワンタイムパスワードを送信する 生体認証の例：指紋認証，顔認証，虹彩認証
シングルサインオン	認証を集中管理して，一度のユーザ認証で複数のシステムを利用できるようにする
リスクベース認証	通常の利用パターンを機械学習によって学習し，通常とは異なる利用が発生した場合にだけ，通常よりも複雑な認証方式で確実に認証を行う 例：通常はIDとパスワードによる認証だが，通常とは異なる端末からアクセスした場合にだけワンタイムパスワード認証も行う

（2）　認可

技術	説明
アクセス権制御	ログインしたユーザの組織や役割に応じたアクセス権を割り当てることで，アクセス可能な情報を制御する
ディレクトリサービス	ネットワーク上のリソース（サーバ，アプリケーション，プリンタなど）の情報を一元管理する

（3）　監査

技術	説明
ログ監視ツールによるログ監視	認証ログ，アクセスログを分析して，事前に登録したパターンのアクセスが発生した場合に通知を行う 例：特権的アクセス権（通常ユーザを超えるアクセス権）によるシステム変更があった場合は，管理者にメールで通知を行う
機械学習によるログ監視	認証ログとアクセスログから機械学習によって通常の利用パターンを学習し，通常とは異なるアクセスがあった場合に通知を行う

⚙8 情報セキュリティポリシーを
　　　策定して運用する

情報セキュリティポリシーとは，企業や組織において実施する情報セキュリティ対策の方針や行動指針です。情報セキュリティポリシーをPDCAサイクルで運用することが重要です。

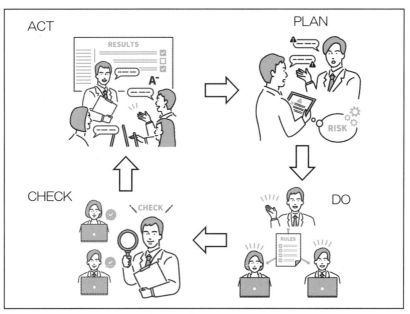

要素		説明
PLAN	計画	情報資産の洗い出しを行い，リスクや課題を整理し，組織や企業の状況に合った情報セキュリティポリシーを策定する
DO	実施	情報セキュリティポリシーを全社員に周知して，必要に応じて教育を行い，実施を徹底する
CHECK	点検	定期的に情報セキュリティポリシー自体を評価し，遵守されているかどうかの監査を行う
ACT	改善	点検の結果を基に，情報セキュリティポリシーの見直し・改善を行う

　これで，情報セキュリティに関する学習は終了です。基本情報技術者試験の科目Ｂ試験では，情報セキュリティの出題分量は４問程度と多くはありませんが，IT技術者には必須の知識ですので，必ず押さえておきましょう。

科目Ｂ試験では，情報セキュリティが事例で問われますので，覚えた知識を活用して，正しい判断ができるようにしておくことが大切です。演習問題も活用して理解を深めていきましょう。

☑確認問題

次の空欄を埋めましょう。

1. 情報セキュリティの重要な3要素は「[　　　　]」「[　　　　]」「[　　　　]」であり、データがいつでも使える状態であることは「[　　　　]」である。

2. マルウェアとは [　　　　] の総称で、正常なプログラムになりすまして不正な行為を行うマルウェアを「[　　　　]」という。

3. 近年被害が拡大している「[　　　　]」に感染すると、データが暗号化されて、身代金を要求される。

4. 初回からの変更分をバックアップするのが「[　　　　]」で、前回からの変更分をバックアップするのが「[　　　　]」である。

5. ロールバックとは、[　　　　　　　　] に戻すことで、ロールフォワードとは、[　　　　　　　　] まで進めることである。

6. ログ監視を行うことで、[　　　　] や [　　　　] などの異常を検知することができる。

7. [　　　　] によって、情報セキュリティを維持した情報の転送を行う。

8. Web でよく利用される暗号化通信の仕組みが「[　　　　　　　]」であり、[　　　　] 方式と [　　　　] 方式を組み合わせた [　　　　] 方式で暗号化通信を行う。

9. 脆弱性とは、[　　　　　　　] のことで、セキュリティホールとも呼ばれる。

10. 「[　　　　]」「[　　　　]」「[　　　　]」によって利用者のアクセスを制御して、不正アクセスを防ぐ。

11. 情報セキュリティポリシーを策定し、[　　　　] で運用する。

☑ 確認問題：解説

1. 情報セキュリティの重要な3要素は「完全性」「可用性」「機密性」であり、データがいつでも使える状態であることは「可用性」である。

2. マルウェアとは悪意のあるプログラムの総称で、正常なプログラムになりすまして不正な行為を行うマルウェアを「トロイの木馬」という。

3. 近年被害が拡大している「ランサムウェア」に感染すると、データが暗号化されて、身代金を要求される。

4. 初回からの変更分をバックアップするのが「差分バックアップ」で、前回からの変更分をバックアップするのが「増分バックアップ」である。

5. ロールバックとは、トランザクション発生前の状態に戻すことで、ロールフォワードとは、障害発生の直前まで進めることである。

6. ログ監視を行うことで、マルウェアへの感染や不正アクセスなどの異常を検知することができる。

7. 暗号化によって、情報セキュリティを維持した情報の転送を行う。

8. Web でよく利用される暗号化通信の仕組みが「HTTP over TLS（HTTPS）」であり、共通鍵方式と公開鍵方式を組み合わせたハイブリッド方式で暗号化通信を行う。

9. 脆弱性とは、安全性を脅かす情報セキュリティ上の欠陥のことで、セキュリティホールとも呼ばれる。

10. 「認証」「認可」「監査」によって利用者のアクセスを制御して、不正アクセスを防ぐ。

11. 情報セキュリティポリシーを策定し、PDCA サイクルで運用する。

演習問題

演習問題にチャレンジ

（FE 科目 B 試験サンプル問題 問 6）

問1　製造業の A 社では，EC サイト（以下，A 社の EC サイトを A サイトという）を使用し，個人向けの製品販売を行っている。A サイトは，A 社の製品やサービスが検索可能で，ログイン機能を有しており，あらかじめ A サイトに利用登録した個人（以下，会員という）の氏名やメールアドレスといった情報（以下，会員情報という）を管理している。A サイトは，B 社の PaaS で稼働しており，PaaS 上の DBMS とアプリケーションサーバを利用している。

　　A 社は，A サイトの開発，運用を C 社に委託している。A 社と C 社との間の委託契約では，Web アプリケーションプログラムの脆弱性対策は，C 社が実施するとしている。

　　最近，A 社の同業他社が運営している Web サイトで脆弱性が悪用され，個人情報が漏えいするという事件が発生した。そこで A 社は，セキュリティ診断サービスを行っている D 社に，A サイトの脆弱性診断を依頼した。脆弱性診断の結果，対策が必要なセキュリティ上の脆弱性が複数指摘された。図1に D 社からの指摘事項を示す。

（一）　A サイトで利用している DBMS に既知の脆弱性があり，脆弱性を悪用した攻撃を受けるおそれがある。
（二）　A サイトで利用しているアプリケーションサーバの OS に既知の脆弱性があり，脆弱性を悪用した攻撃を受けるおそれがある。
（三）　ログイン機能に脆弱性があり，A サイトのデータベースに蓄積された情報のうち，会員には非公開の情報を閲覧されるおそれがある。

図1　D 社からの指摘事項

設問　図1中の項番(一)～(三)それぞれに対処する組織の適切な組合せを，解
　　　答群の中から選べ。

解答群

	(一)	(二)	(三)
ア	A社	A社	A社
イ	A社	A社	C社
ウ	A社	B社	B社
エ	B社	B社	B社
オ	B社	B社	C社
カ	B社	C社	B社
キ	B社	C社	C社
ク	C社	B社	B社
ケ	C社	B社	C社
コ	C社	C社	B社

1 設問内容を把握する

（前略）

　最近，A 社の同業他社が運営している Web サイトで脆弱性が悪用され，個人情報が漏えいするという事件が発生した。そこで A 社は，セキュリティ診断サービスを行っている D 社に，A サイトの脆弱性診断を依頼した。脆弱性診断の結果，対策が必要なセキュリティ上の脆弱性が複数指摘された。図 1 にD 社からの指摘事項を示す。

（一）　A サイトで利用している DBMS に既知の脆弱性があり，脆弱性を悪用した攻撃を受けるおそれがある。
（二）　A サイトで利用しているアプリケーションサーバの OS に既知の脆弱性があり，脆弱性を悪用した攻撃を受けるおそれがある。
（三）　ログイン機能に脆弱性があり，A サイトのデータベースに蓄積された情報のうち，会員には非公開の情報を閲覧されるおそれがある。

図 1　D 社からの指摘事項

設問　図 1 中の項番（一）〜（三）それぞれに対処する組織の適切な組合せを，解答群の中から選べ。

解答群

	（一）	（二）	（三）
ア	A 社	A 社	A 社
イ	A 社	A 社	C 社
ウ	（以下略）		

1

はじめに問題全体をながめてから，設問の内容を確認しましょう。

　図 1 中の項番(一)～(三)それぞれに対処する組織の適切な組合せを，解答群の中から選ぶ問題となっています。

　解答群を見ると，各項番に「A 社」「B 社」「C 社」が割り振られていますので，項番(一)～(三)と「A 社」「B 社」「C 社」の組合せを選ぶ問題であることが分かります。

2

次に，問題の「図 1」を確認しましょう。

　「図 1」はセキュリティ診断サービスを行っている D 社の，セキュリティ診断結果である指摘事項となっています。図 1 から脆弱性の対象を抜き出すと，次のようになります。

　（一）A サイトで利用している DBMS

　（二）A サイトで利用しているアプリケーションサーバの OS

　（三）ログイン機能

それぞれに対して管理責任をもつ組織を，解答として選択します。

Part2
Chap
6

情報セキュリティ

② 問題文の要点を押さえる

　製造業の A 社では，EC サイト（以下，A 社の EC サイトを A サイトとい
う）を使用し，個人向けの製品販売を行っている。A サイトは，A 社の製品や
サービスが検索可能で，ログイン機能を有しており，あらかじめ A サイトに
利用登録した個人（以下，会員という）の氏名やメールアドレスといった情報
（以下，会員情報という）を管理している。A サイトは，B 社の PaaS で稼働
しており，PaaS 上の DBMS とアプリケーションサーバを利用している。

　A 社は，A サイトの開発，運用を C 社に委託している。A 社と C 社との間
の委託契約では，Web アプリケーションプログラムの脆弱性対策は，C 社が実
施するとしている。

　最近，A 社の同業他社が運営している Web サイトで脆弱性が悪用され，個
人情報が漏えいするという事件が発生した。そこで A 社は，セキュリティ診
断サービスを行っている D 社に，A サイトの脆弱性診断を依頼した。脆弱性
診断の結果，対策が必要なセキュリティ上の脆弱性が複数指摘された。図 1 に
D 社からの指摘事項を示す。

（一）　A サイトで利用している DBMS に既知の脆弱性があり，脆弱性を悪用した攻
　　　撃を受けるおそれがある。
（二）　A サイトで利用しているアプリケーションサーバの OS に既知の脆弱性があ
　　　り，脆弱性を悪用した攻撃を受けるおそれがある。
（三）　ログイン機能に脆弱性があり，A サイトのデータベースに蓄積された情報
　　　のうち，会員には非公開の情報を閲覧されるおそれがある。

図 1　D 社からの指摘事項

1

　項番（一）は DBMS の脆弱性を指摘しています。DBMS とはデータベースの整理やデータの検索，更新などを行うデータベース管理システムです。

　問題文で，「A サイトは，B 社の PaaS で稼働しており，PaaS 上の DBMS とアプリケーションサーバを利用している」とあります。

　PaaS（Platform as a Service）は，クラウドサービスの一形態であり，インターネット経由で，仮想化されたアプリケーションサーバやデータベースなどアプリケーション実行用のプラットフォーム機能の提供を行うサービスのことです。クラウドサービスには他に，SaaS（Software as a Service），IaaS（Infrastructure as a Service），FaaS（Function as a Service）などがあります。特に押さえておきたい SaaS，PaaS，IaaS で提供される構成要素を次に示します。

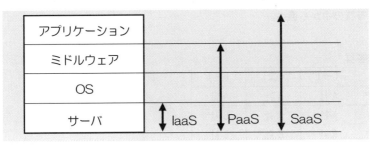

SaaS，PaaS，IaaS で提供される構成要素

　PasS はサーバからミドルウェアまでを提供するサービスであり，PasS の提供会社である B 社は，サーバからミドルウェアまでの管理責任を負います。

　項番（二）はアプリケーションサーバの OS の脆弱性を指摘しています。問題文中に，「Web アプリケーションプログラムの脆弱性対策は，C 社が実施する」とありますが，引っかからないように注意しましょう。脆弱性を指摘されているのは「アプリケーションプログラム」ではなく「アプリケーションサーバの OS」です。アプリケーションサーバの OS も DBMS と同様，B 社の PaaS 上にあります。

2

　項番（三）はログイン機能の脆弱性を指摘しています。

　ログイン機能は A サイト（アプリケーション）上にあり，「A サイトの開発，運用を C 社に委託」し，脆弱性対策も「C 社が実施する」とあります。

3 解答を選択する

（一） Aサイトで利用しているDBMSに既知の脆弱性があり，脆弱性を悪用した
攻撃を受けるおそれがある。
（二） Aサイトで利用しているアプリケーションサーバのOSに既知の脆弱性が
あり，脆弱性を悪用した攻撃を受けるおそれがある。
（三） ログイン機能に脆弱性があり，Aサイトのデータベースに蓄積された情報
のうち，会員には非公開の情報を閲覧されるおそれがある。

図1　D社からの指摘事項

設問　図1中の項番(一)〜(三)それぞれに対処する組織の適切な組合せを，解
答群の中から選べ。

解答群

	（一）	（二）	（三）
ア	A社	A社	A社
イ	A社	A社	C社
ウ	A社	B社	B社
エ	B社	B社	B社
オ	B社	B社	C社
カ	B社	C社	B社
キ	B社	C社	C社
ク	C社	B社	B社
ケ	C社	B社	C社
コ	C社	C社	B社

脆弱性の対象と管理組織を次に整理します。

項番	脆弱性の対象	管理責任組織
（一）	Aサイトで利用している DBMS	DBMSはB社のPaaS上にあるため，B社に管理責任がある
（二）	Aサイトで利用しているアプリケーションサーバの OS	アプリケーションサーバのOSはB社のPaaS上にあるため，B社に管理責任がある
（三）	ログイン機能	ログイン機能はAサイトにあり，Aサイトの脆弱性対策はC社に責任がある

したがって，正解は（オ）となります。

正解　オ

Part2
Chap
6

情報セキュリティ

演習問題にチャレンジ

（FE 科目 B 試験サンプル問題セット 問 19）

問2　A社は従業員200名の通信販売業者である。一般消費者向けに生活雑貨，ギフト商品などの販売を手掛けている。取扱商品の一つである商品 Z は，Z 販売課が担当している。

〔Z 販売課の業務〕

　　現在，Z 販売課の要員は，商品 Z についての受注管理業務及び問合せ対応業務を行っている。商品 Z についての受注管理業務の手順を図1に示す。

商品 Z の顧客からの注文は電子メールで届く。

（1）入力

　　販売担当者は，届いた注文（変更，キャンセルを含む）の内容を受注管理システム[1]（以下，J システムという）に入力し，販売責任者[2]に承認を依頼する。

（2）承認

　　販売責任者は，注文の内容と J システムへの入力結果を突き合せて確認し，問題がなければ承認する。問題があれば差し戻す。

注1）　A社情報システム部が運用している。利用者は，販売責任者，販売担当者などである。
注2）　Z 販売課の課長 1 名だけである。

図1　受注管理業務の手順

〔J システムの操作権限〕

　　Z 販売課では，J システムについて，次の利用方針を定めている。

　　［方針1］　ある利用者が入力した情報は，別の利用者が承認する。
　　［方針2］　販売責任者は，Z 販売課の全業務の情報を閲覧できる。

　　J システムでは，業務上必要な操作権限を利用者に与える機能が実装されている。

　　この度，商品 Z の受注管理業務が受注増によって増えていることから，B 社に一部を委託することにした（以下，商品 Z の受注管理業務の入力作業を行う B 社従業員を商品 Z の B 社販売担当者といい，商品 Z の B 社販売担当者の入力結果を閲覧して，不備があれば A 社に口頭で差戻しを依頼する B 社従業員を商品 Z の B 社販売責任者という）。

委託に当たって，Z販売課は情報システム部にJシステムに関する次の要求事項を伝えた。

[要求1] B社が入力した場合は，A社が承認する。
[要求2] A社の販売担当者が入力した場合は，現状どおりにA社の販売責任者が承認する。

上記を踏まえ，情報システム部は今後の各利用者に付与される操作権限を表1にまとめ，Z販売課の情報セキュリティリーダーであるCさんに確認をしてもらった。

表1　操作権限案

付与される操作権限 利用者	Jシステム		
	閲覧	入力	承認
（省略）	○		○
Z販売課の販売担当者	（省略）	（省略）	（省略）
a1	○		
a2	○	○	

注記　○は，操作権限が付与されることを示す。

設問　表1中の　a1　，　a2　に入れる字句の適切な組合せを，aに関する解答群の中から選べ。

aに関する解答群

	a1	a2
ア	Z販売課の販売責任者	商品ZのB社販売責任者
イ	Z販売課の販売責任者	商品ZのB社販売担当者
ウ	商品ZのB社販売責任者	Z販売課の販売責任者
エ	商品ZのB社販売責任者	商品ZのB社販売担当者
オ	商品ZのB社販売担当者	商品ZのB社販売責任者

1 設問内容を把握する

（前略）

　この度，商品 Z の受注管理業務が受注増によって増えていることから，B 社に一部を委託することにした（以下，商品 Z の受注管理業務の入力作業を行う B 社従業員を商品 Z の B 社販売担当者といい，商品 Z の B 社販売担当者の入力結果を閲覧して，不備があれば A 社に口頭で差戻しを依頼する B 社従業員を商品 Z の B 社販売責任者という）。

（中略）

　上記を踏まえ，情報システム部は今後の各利用者に付与される操作権限を表 1 にまとめ，Z 販売課の情報セキュリティリーダーである C さんに確認をしてもらった。

表 1 操作権限案

付与される操作権限 / 利用者	J システム		
	閲覧	入力	承認
（省略）	○		○
Z 販売課の販売担当者	（省略）	（省略）	（省略）
a1	○		
a2	○	○	

注記　○は，操作権限が付与されることを示す。

設問　表 1 中の　a1　，　a2　に入れる字句の適切な組合せを，a に関する解答群の中から選べ。

a に関する解答群

	a1	a2
ア	Z 販売課の販売責任者	商品 Z の B 社販売責任者
イ	Z 販売課の販売責任者	商品 Z の B 社販売担当者
（以下略）		

1

はじめに問題文全体をながめてから，設問の内容を確認しましょう。

設問は，表 1 中の空欄 a1，空欄 a2 に入れる字句の適切な組合せを選ぶ問題となっています。

a に関する解答群を見ると，空欄 a1，空欄 a2 に，

- Z 販売課の販売責任者
- 商品 Z の B 社販売責任者
- 商品 Z の B 社販売担当者

のいずれかを選ぶようになっています。

2

次に，問題文中の「表 1」を確認しましょう。各利用者の操作権限案が表に記載されています。

操作権限は「閲覧」「入力」「承認」があり，4 人の利用者に対する操作権限がそれぞれ定義されています。利用者の一人は省略されており，一人は「Z 販売課の販売担当者」と明示されています。残る二人が空欄になっており，解答群から選ぶ問題となっています。空欄 a1 は，閲覧権限だけが付与され，空欄 a2 は閲覧権限と入力権限が付与されています。

3

解答群の利用者について説明されているので，次に整理します。

利用者	説明
商品ZのB社販売担当者	商品 Z の受注管理業務の入力作業を行う B 社従業員
商品ZのB社販売責任者	商品 Z の B 社販売担当者の入力結果を閲覧して，不備があれば A 社に口頭で差戻しを依頼する B 社従業員

2 問題文の要点を押さえる

（前略）

〔Z 販売課の業務〕

　現在，Z 販売課の要員は，商品 Z についての受注管理業務及び問合せ対応業務を行っている。商品 Z についての受注管理業務の手順を図 1 に示す。

> 商品 Z の顧客からの注文は電子メールで届く。
>
> （1）入力
>
> 　　販売担当者は，届いた注文（変更，キャンセルを含む）の内容を受注管理システム 1）（以下，J システムという）に入力し，販売責任者 2）に承認を依頼する。
>
> （2）承認
>
> 　　販売責任者は，注文の内容と J システムへの入力結果を突き合わせて確認し，問題がなければ承認する。問題があれば差し戻す。
>
> 注 1）　A 社情報システム部が運用している。利用者は，販売責任者，販売担当者などである。
>
> 注 2）　Z 販売課の課長 1 名だけである。
>
> 図 1　受注管理業務の手順

〔J システムの操作権限〕

　Z 販売課では，J システムについて，次の利用方針を定めている。

　　［方針 1］　ある利用者が入力した情報は，別の利用者が承認する。

　　［方針 2］　販売責任者は，Z 販売課の全業務の情報を閲覧できる。

（中略）

　この度，商品 Z の受注管理業務が受注増によって増えていることから，B 社に一部を委託することにした（以下，商品 Z の受注管理業務の入力作業を行う B 社従業員を商品 Z の B 社販売担当者といい，商品 Z の B 社販売担当者の入力結果を閲覧して，不備があれば A 社に口頭で差戻しを依頼する B 社従業員を商品 Z の B 社販売責任者という）。

　委託に当たって，Z 販売課は情報システム部に J システムに関する次の要求事項を伝えた。

　　［要求 1］　B 社が入力した場合は，A 社が承認する。

　　［要求 2］　A 社の販売担当者が入力した場合は，現状どおりに A 社の販売責任者が承認する。（後略）

1

　受注増によって受注管理業務をＢ社に委託したことから，Ｊシステムの操作権限の変更に至ったことが分かります。

2

　商品Ｚについての受注管理業務です。次の手順で実行されます。
1. 販売担当者が，電子メールで届いた顧客からの注文をＪシステムに入力する。
2. 販売責任者が，注文内容とＪシステムの入力内容を突合させ，問題なければ承認する。問題があれば差し戻す。

3

　Ｂ社販売責任者は，商品ＺのＢ社販売担当者の入力結果を閲覧することができます。一方，［要求 1］でＢ社には承認権限が付与されていないことが分かります。Ｂ社の入力情報は，Ａ社（Ｚ販売課）が承認します。

4

　［要求 2］では，これまでと同様にＡ社の販売担当者が入力した場合は，Ａ社の販売責任者が承認することが分かります。

3 解答を選択する

表1 操作権限案

付与される操作権限 利用者	Jシステム		
	閲覧	入力	承認
（省略）	○		○
Z販売課の販売担当者	（省略）	（省略）	（省略）
a1	○		
a2	○	○	

注記　○は，操作権限が付与されることを示す。

設問　表1中の　a1　，　a2　に入れる字句の適切な組合せを，aに関する解答群の中から選べ。

aに関する解答群

	a1	a2
ア	Z販売課の販売責任者	商品ZのB社販売責任者
イ	Z販売課の販売責任者	商品ZのB社販売担当者
ウ	商品ZのB社販売責任者	Z販売課の販売責任者
エ	商品ZのB社販売責任者	商品ZのB社販売担当者
オ	商品ZのB社販売担当者	商品ZのB社販売責任者

解答群にある利用者は次の3者です。

・Ｚ販売課の販売責任者

・商品ＺのＢ社販売責任者

・商品ＺのＢ社販売担当者

　表1を見ると，空欄a1，a2には承認権限が付与されていません。したがって，承認が必要なＺ販売課の販売責任者ではないことが分かります。空欄a1とa2の両方に閲覧権限が付与されていますが，入力権限は空欄a2のみに付与されています。Ｂ社の受注管理業務の入力作業はＢ社販売担当者が行うことから，空欄a2がＢ社販売担当者であり，空欄a1がＢ社販売責任者であることが分かります。したがって，正解は（エ）となります。

全ての利用者と利用権限を埋めた表を次に示します。

利用者	Ｊシステム		
	閲覧	入力	承認
Ｚ販売課の販売責任者	○		○
Ｚ販売課の販売担当者	（省略）	（省略）	（省略）
a1：商品ＺのＢ社販売責任者	○		
a2：商品ＺのＢ社販売担当者	○	○	

正解　エ

演習問題にチャレンジ

(813494)

問3　ログ管理システムに関する次の記述を読んで，設問に答えよ。

　　従業員 100 名のサービス業である B 社では，他社で発生した情報漏えい事件を受けて，社内の業務システムへの不正アクセスを早期に検知するための仕組みを強化することになった。B 社では，業務システムのアクセスログ（以下，ログという）を一元管理するために，ログ管理システムを構築することにした。ログ管理システムの対象になる業務システムは，勤務管理システム，販売管理システム，顧客管理システムの三つである。各管理システムには，1 台のサーバが割り当てられている。業務システムやサーバには，一意となる社員 ID とパスワードでログインする。業務システムの利用者と利用状況を表 1 に示す。

表 1　業務システムの利用者と利用状況

利用者	利用状況
営業担当	・ノート PC 及びスマートフォンから，業務システムにアクセスする。 ・社外から VPN 経由でアクセスすることもある。 ・IP アドレスは DHCP によって動的に割り当てられる。
技術担当	・社内に設置したデスクトップ PC からアクセスする。 ・デスクトップ PC の IP アドレスは固定 IP アドレスである。
システム管理者	・社内に設置したデスクトップ PC からアクセスするほか，サーバに直接アクセスすることもある。

　　ログ管理システムを構築するシステムベンダに提示した，ログ管理システムの要件を次に示す。

〔ログ管理システムの要件（抜粋）〕
　・ログ集積ファイルを基に，いつ，誰が，どの端末からどの業務システムをどのように操作したかが追跡できる。
　・ログ管理システムのサーバ上のログファイルに書き込む処理は，ログ管理システムへのログインを必要とする。

・システム管理者だけが，ログ集積ファイルを参照できる。
・システム管理者は，ログ集積ファイルをログ管理システムから外部の機器に出力することができる。
・ログ管理システムから外部の機器に出力される外部ログ集積ファイルには，改ざんと漏えいを防止する対策を講じる。

　ログ管理システムの要件を満たすために，日時，操作種別以外で全てのログに共通して含むべき項目を全て挙げた適切な答えを，解答群の中から選べ。

解答群
　　ア　業務システムのサーバの IP アドレス，社員 ID
　　イ　業務システムのサーバの IP アドレス，端末の IP アドレス，社員 ID
　　ウ　端末の IP アドレス，社員 ID
　　エ　端末の IP アドレス，サーバ名，社員 ID
　　オ　端末の MAC アドレス，社員 ID
　　カ　端末の MAC アドレス，サーバ名，社員 ID

出典：H27 秋-FE　午後問 1（一部改変）

設問内容を把握する

〔ログ管理システムの要件(抜粋)〕 2   3
　・ログ集積ファイルを基に，いつ，誰が，どの端末からどの業務システム
　　をどのように操作したかが追跡できる。
　・ログ管理システムのサーバ上のログファイルに書き込む処理は，ログ管
　　理システムへのログインを必要とする。
　・システム管理者だけが，ログ集積ファイルを参照できる。
　・システム管理者は，ログ集積ファイルをログ管理システムから外部の機
　　器に出力することができる。
　・ログ管理システムから外部の機器に出力される外部ログ集積ファイル
　　には，改ざんと漏えいを防止する対策を講じる。

　　ログ管理システムの要件を満たすために，日時，操作種別以外で全ての
　ログに共通して含むべき項目を全て挙げた適切な答えを，解答群の中から
　選べ。

1　ログ管理システムの要件を満たすために必要なログ出力項目が問われています。日時，操作種別は出力されるものとして，それ以外に必要な項目を挙げることが求められています。

2　ログ管理システムの要件が示されています。

3　複数の要件の中で，ログ出力項目に関係する要件です。「いつ」，「誰が」，「どの端末」から「どの業務システム」を「どのように操作」したかが追跡できるような項目をログに出力する必要があることが分かります。

Part2
Chap
6

情報セキュリティ

2　問題文の要点を押さえる

　従業員 100 名のサービス業である B 社では，他社で発生した情報漏えい事件を受けて，社内の業務システムへの不正アクセスを早期に検知するための仕組みを強化することになった。B 社では，業務システムのアクセスログ（以下，ログという）を一元管理するために，ログ管理システムを構築することにした。ログ管理システムの対象になる業務システムは，勤務管理システム，販売管理システム，顧客管理システムの三つである。各管理システムには，1 台のサーバが割り当てられている。業務システムやサーバには，一意となる社員 ID とパスワードでログインする。業務システムの利用者と利用状況を表 1 に示す。

表 1　業務システムの利用者と利用状況

利用者	利用状況
営業担当	・ノート PC 及びスマートフォンから，業務システムにアクセスする。 ・社外から VPN 経由でアクセスすることもある。 ・IP アドレスは DHCP によって動的に割り当てられる。
技術担当	・社内に設置したデスクトップ PC からアクセスする。 ・デスクトップ PC の IP アドレスは固定 IP アドレスである。
システム管理者	・社内に設置したデスクトップ PC からアクセスするほか，サーバに直接アクセスすることもある。

3　解答を選択する

解答群
ア　業務システムのサーバの IP アドレス，社員 ID
イ　業務システムのサーバの IP アドレス，端末の IP アドレス，社員 ID
ウ　端末の IP アドレス，社員 ID
エ　端末の IP アドレス，サーバ名，社員 ID
オ　端末の MAC アドレス，社員 ID
カ　端末の MAC アドレス，サーバ名，社員 ID

1 業務システムごとに 1 台のサーバが割り当てられていることから，サーバを特定できれば，業務システムも特定できることが分かります。

2 業務システムやサーバには社員 ID でログインすることから，操作した人の社員 ID は特定できることが分かります。

3 営業担当は，ノート PC とスマートフォンの複数の端末からアクセスすることが示されています。また IP アドレスは DHCP によって動的に割り当てられていることが示されています。つまり，IP アドレスだけでは，端末を特定できないことが分かります。

4 システム管理者は，端末からではなく，サーバに直接アクセスする場合があります。端末からアクセスしたときと同様に，サーバに直接アクセスしたことが判別できる必要があります。

Part2
Chap
6

情報セキュリティ

上記を踏まえて，解答を選択しましょう。重要なポイントは，要件に示されている「いつ」，「誰が」，「どの端末」から「どの業務システム」を「どのように操作」したかが追跡できるような項目をログに出力することです。「いつ」「どのように」は，「日時」と「操作種別」によって確認できるので，それ以外の項目が確認できるか，それぞれの選択肢を検証すると，次のようになります。

ア：サーバの IP アドレスだけでは，どの端末からアクセスしたのかが把握できないため，誤りです。

イ，ウ，エ：端末の IP アドレスでは，DHCP によって動的に IP アドレスが割り当てられた場合に端末を特定できないため，誤りです。

オ：どの業務システムを操作したのかを特定できないので誤りです。

カ：端末の MAC アドレスによって「どの端末」かを特定でき，サーバ名によって「どの業務システム」かを特定でき，社員 ID で「誰が」を特定できるため正しいです。

したがって，正解は（カ）となります。

正解　カ

演習問題にチャレンジ

(813495)

問4　公開鍵基盤のシステムに関する次の記述を読んで，設問に答えよ。

　　X 社では，社内で取り扱う重要な情報が外部に漏えいすることを防止するために，社員証の IC カード(以下，IC カードという)を用いた公開鍵基盤のシステム(以下，認証システムという)を社内に導入した。認証システムの概要は，次のとおりである。

〔認証システムの概要〕
・IC カードには，社員個人の秘密鍵と公開鍵が厳重に保管されている。社員が認証システムを利用する際には，自分の IC カードを PC の IC カードリーダに挿入して，IC カードのパスワードである PIN(Personal Identification Number)を入力する。これによって，IC カード内の必要な情報を参照できるようになる。
・認証システムでは，公開鍵暗号方式と共通鍵暗号方式が組み合わされて用いられる。

　　社員 A が社員 B に対して，暗号化してデジタル署名を付与した機密情報を送信する際の処理の流れを次に示す。記述中の　　a　　～　　d　　に入れる適切な字句の組合せを，解答群の中から選べ。

〔送信側の処理の流れ〕
①　社員 A が，社員 B に送信したいメッセージを作成し，自身の IC カードを IC カードリーダに挿入して，PIN を入力する。
②　認証システムが，PIN が正しく入力されたことを確認する。
③　認証システムが，メッセージのハッシュ値を計算し，そのハッシュ値に対して，IC カードに保管されている　　a　　で暗号化して，デジタル署名を生成する。
④　認証システムが，一時的な　　b　　を生成して，この　　b　　を用いてメッセージとデジタル署名を暗号化する。
⑤　認証システムが，　　c　　を用いて，暗号化に使った　　b　　を

暗号化する。

⑥　認証システムが，暗号化したメッセージ，デジタル署名及び暗号化された　　b　　を社員Bに送信する。

〔受信側の処理の流れ〕

①　社員Bが，暗号化されたメッセージ，デジタル署名及び暗号化された　　b　　を受信し，自分のICカードをICカードリーダに挿入して，PINを入力する。

②　認証システムが，PINが正しく入力されたことを確認する。

③　認証システムが，ICカードに保管されている　　d　　で，暗号化された　　b　　を復号する。

④　認証システムが，復号した　　b　　で，暗号化されたメッセージとデジタル署名を復号する。

⑤　認証システムが，復号されたメッセージのハッシュ値を計算し，デジタル署名から社員Aの公開鍵で復号されたハッシュ値と比較して，改ざんの有無を確認する。

⑥　社員Bが，社員Aから送信されたメッセージを参照する。

解答群

	a	b	c	d
ア	社員Aの公開鍵	共通鍵	社員Bの公開鍵	社員Bの秘密鍵
イ	社員Aの公開鍵	共通鍵	社員Bの秘密鍵	社員Bの公開鍵
ウ	社員Aの公開鍵	秘密鍵	社員Bの公開鍵	社員Bの秘密鍵
エ	社員Aの公開鍵	秘密鍵	社員Bの秘密鍵	社員Bの公開鍵
オ	社員Aの秘密鍵	共通鍵	社員Bの公開鍵	社員Bの秘密鍵
カ	社員Aの秘密鍵	共通鍵	社員Bの秘密鍵	社員Bの公開鍵
キ	社員Aの秘密鍵	秘密鍵	社員Bの公開鍵	社員Bの秘密鍵
ク	社員Aの秘密鍵	秘密鍵	社員Bの秘密鍵	社員Bの公開鍵

出典：H18春AD午後問3（一部改変）

1 設問内容を把握する

社員 A が社員 B に対して，暗号化してデジタル署名を付与した機密情報を送信する際の処理の流れを次に示す。記述中の a ～ d に入れる適切な字句の組合せを，解答群の中から選べ。

〔送信側の処理の流れ〕
① 社員 A が，社員 B に送信したいメッセージを作成し，自身の IC カードを IC カードリーダに挿入して，PIN を入力する。
② 認証システムが，PIN が正しく入力されたことを確認する。
③ 認証システムが，メッセージのハッシュ値を計算し，そのハッシュ値に対して，IC カードに保管されている a で暗号化して，デジタル署名を生成する。

2 問題文の要点を押さえる

X 社では，社内で取り扱う重要な情報が外部に漏えいすることを防止するために，社員証の IC カード(以下，IC カードという)を用いた公開鍵基盤のシステム(以下，認証システムという)を社内に導入した。認証システムの概要は，次のとおりである。

〔認証システムの概要〕
・IC カードには，社員個人の秘密鍵と公開鍵が厳重に保管されている。社員が認証システムを利用する際には，自分の IC カードを PC の IC カードリーダに挿入して，IC カードのパスワードである PIN(Personal Identification Number)を入力する。これによって，IC カード内の必要な情報を参照できるようになる。
・認証システムでは，公開鍵暗号方式と共通鍵暗号方式が組み合わされて用いられる。

1　社員 A と社員 B が，認証システムを使って暗号化した機密情報をやり取りする流れが問われています。

2　空欄に入るのは，秘密鍵，公開鍵，共通鍵などのキーワードです。暗号化通信の方法を思い出しておきましょう。

1　認証システムは IC カードを用いた公開鍵基盤のシステムであることが示されています。

2　IC カードには，所有者である社員個人の秘密鍵と公開鍵が保管されています。これを用いて暗号化通信が行われます。

3　公開鍵暗号方式と共通鍵暗号方式を組み合わせた通信が行われることが示されています。TLS（HTTPS）のような通信であることが想像できます。

3 解答を選択する

〔送信側の処理の流れ〕

① 社員 A が，社員 B に送信したいメッセージを作成し，自身の IC カードを IC カードリーダに挿入して，PIN を入力する。

② 認証システムが，PIN が正しく入力されたことを確認する。

③ 認証システムが，メッセージのハッシュ値を計算し，そのハッシュ値に対して，IC カードに保管されている ▢ a ▢ で暗号化して，デジタル署名を生成する。

④ 認証システムが，一時的な ▢ b ▢ を生成して，この ▢ b ▢ を用いてメッセージとデジタル署名を暗号化する。

⑤ 認証システムが，▢ c ▢ を用いて，暗号化に使った ▢ b ▢ を暗号化する。

⑥ 認証システムが，暗号化したメッセージ，デジタル署名及び暗号化された ▢ b ▢ を社員 B に送信する。

〔受信側の処理の流れ〕

① 社員 B が，暗号化されたメッセージ，デジタル署名及び暗号化された ▢ b ▢ を受信し，自分の IC カードを IC カードリーダに挿入して，PIN を入力する。

② 認証システムが，PIN が正しく入力されたことを確認する。

③ 認証システムが，IC カードに保管されている ▢ d ▢ で，暗号化された ▢ b ▢ を復号する。

④ 認証システムが，復号した ▢ b ▢ で，暗号化されたメッセージとデジタル署名を復号する。

⑤ 認証システムが，復号されたメッセージのハッシュ値を計算し，デジタル署名から社員 A の公開鍵で復号されたハッシュ値と比較して，改ざんの有無を確認する。

⑥ 社員 B が，社員 A から送信されたメッセージを参照する。

　解答を選択するために，処理の流れを順に見てみましょう。送信側と受信側の処理の流れを次の図に示します。

送信側の処理の流れ

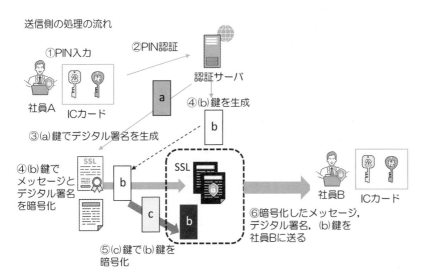

受信側の処理の流れ

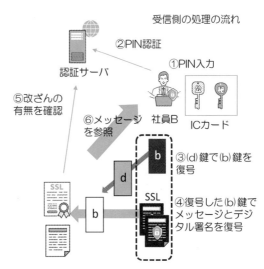

解答群

	a	b	c	d
ア	社員 A の公開鍵	共通鍵	社員 B の公開鍵	社員 B の秘密鍵
イ	社員 A の公開鍵	共通鍵	社員 B の秘密鍵	社員 B の公開鍵
ウ	社員 A の公開鍵	秘密鍵	社員 B の公開鍵	社員 B の秘密鍵
エ	社員 A の公開鍵	秘密鍵	社員 B の秘密鍵	社員 B の公開鍵
オ	社員 A の秘密鍵	共通鍵	社員 B の公開鍵	社員 B の秘密鍵
カ	社員 A の秘密鍵	共通鍵	社員 B の秘密鍵	社員 B の公開鍵
キ	社員 A の秘密鍵	秘密鍵	社員 B の公開鍵	社員 B の秘密鍵
ク	社員 A の秘密鍵	秘密鍵	社員 B の秘密鍵	社員 B の公開鍵

図を基に解答を選びましょう。

空欄 a：③のデジタル署名を暗号化する鍵です。デジタル署名は，受信側の処理の⑤にて，社員Aの公開鍵で復号して正しいことを確認しているため，ここは社員Aの秘密鍵になることが分かります。

空欄 b：④の処理で生成されて，その後のメッセージの暗号と復号に使用されます。この鍵は共通鍵であることが分かります。

空欄 c：⑤の処理で，共通鍵とメッセージと署名を暗号化する鍵です。これは社員Bに安全に送付できるようにするためのものであり，社員Bの公開鍵が入ることが分かります。

空欄 d：受信側処理の③で復号に使用される鍵です。社員Bの公開鍵で暗号化されて送信されたものを，社員Bの秘密鍵で復号することで，安全に情報を受け渡しが可能となります。

　したがって，空欄a：社員Aの秘密鍵，空欄b：共通鍵，空欄c：社員Bの公開鍵，空欄d：社員Bの秘密鍵となる（オ）が正解となります。

正解　オ

Part2
Chap
6
情報セキュリティ

演習問題にチャレンジ

(813496)

問5　利用者認証に関する次の記述を読んで，設問に答えよ。

　　X 社では，社外の端末から社内の業務システムへのリモートログインを可能にするため，利用者認証の方式を検討している。社内では，既に利用者 ID とパスワードをサーバに送信する方式を使用しており，そのパスワードの強化を含め，新たにトークン(パスワード生成器)方式の導入を検討している。トークン(パスワード生成器)方式の概要を次に示す。

〔トークン(パスワード生成器)方式〕
　　利用者には，自身の利用者 ID が登録されたトークンと呼ばれるパスワード生成器を配布しておく。トークンの例を図1に示す。

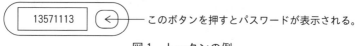
このボタンを押すとパスワードが表示される。

図1　トークンの例

　　トークンは時計を内蔵しており，関数 g を使って，利用者 ID である u と時刻 t に応じたパスワード g(u，t)を生成し表示することができる。利用者は利用者 ID とトークンが生成し表示したパスワードを入力し，端末はこれらをサーバに送信する。サーバは，利用者 ID である u とサーバの時刻 t からトークンと同じ関数 g を使って生成したパスワード g(u，t)と端末から受信したパスワードとを照合することによって，ログインの可否を応答する。
　　なお，トークンの時刻とサーバの時刻が同期していることは保証されており，トークンのパスワード表示からサーバにおけるパスワード生成までの遅延も，一定の時間は許容する。トークン方式を図2に示す。

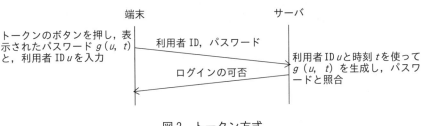

図2　トークン方式

　次に示す利用者認証におけるセキュリティリスクについて，トークン（パスワード生成器）方式でも考慮が必要なものを全て挙げた組合せを，解答群の中から選べ。

項番	利用者認証におけるセキュリティリスク
①	社外からの通信経路上で通信内容が盗聴されて，利用者 ID とパスワードが盗まれることによって，業務システムへの不正ログインが可能となる。
②	社外からのリモートログインに利用する端末上で，キーボード入力を読み取って，第三者に送信するプログラムが動作していた場合，盗んだ情報をそのまま利用することによって，いつでも業務システムへ不正ログインが可能になる。
③	トークンが生成し表示したパスワードが盗み見られることによって，いつでも業務システムへ不正ログインが可能になる。
④	利用者 ID とパスワードが何らかの方法で盗まれて，さらにトークンも盗まれることによって，いつでも業務システムへ不正ログインが可能になる。

解答群
ア　①，②，③，④
イ　②，③，④
ウ　③，④
エ　④

　　　　　　　　　　　　　　出典：H21 秋-FE 午後問 4（一部改変）

1 設問内容を把握する

次に示す利用者認証におけるセキュリティリスクについて，トークン（パスワード生成器）方式でも考慮が必要なものを全て挙げた組合せを，解答群の中から選べ。

項番	利用者認証におけるセキュリティリスク
①	社外からの通信経路上で通信内容が盗聴されて，利用者 ID とパスワードが盗まれることによって，業務システムへの不正ログインが可能となる。
②	社外からのリモートログインに利用する端末上で，キーボード入力を読み取って，第三者に送信するプログラムが動作していた場合，盗んだ情報をそのまま利用することによって，業務システムへ不正ログインが可能になる。
③	トークンが生成し表示したパスワードが盗み見られることによって，業務システムへ不正ログインが可能になる。
④	利用者 ID とパスワードが何らかの方法で盗まれて，さらにトークンも盗まれることによって，業務システムへ不正ログインが可能になる。

1
　トークン（パスワード生成器）方式におけるセキュリティリスクについて問われています。トークンの例とトークン（パスワード生成器）方式の流れは問題文中に次の図1，2で示されています。

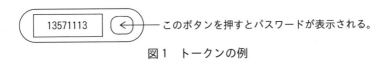

図1　トークンの例

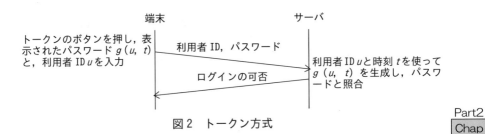

図2　トークン方式

2 問題文の要点を押さえる

X 社では，社外の端末から社内の業務システムへのリモートログインを 1
可能にするため，利用者認証の方式を検討している。社内では，既に利用
者 ID とパスワードをサーバに送信する方式を使用しており，そのパスワ
ードの強化を含め，新たにトークン（パスワード生成器）方式の導入を検討
している。トークン（パスワード生成器）方式の概要を次に示す。

〔トークン（パスワード生成器）方式〕
利用者には，自身の利用者 ID が登録されたトークンと呼ばれるパスワ
ード生成器を配布しておく。トークンの例を図 1 に示す。

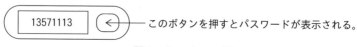
このボタンを押すとパスワードが表示される。

図 1　トークンの例

2

トークンは時計を内蔵しており，関数 g を使って，利用者 ID である u
と時刻 t に応じたパスワード g(u, t)を生成し表示することができる。利
用者は利用者 ID とトークンが生成し表示したパスワードを入力し，端末
はこれらをサーバに送信する。サーバは，利用者 ID である u とサーバの
時刻 t からトークンと同じ関数 g を使って生成したパスワード g(u, t)と
端末から受信したパスワードとを照合することによって，ログインの可否
を応答する。

なお，トークンの時刻とサーバの時刻が同期していることは保証されて
おり，トークンのパスワード表示からサーバにおけるパスワード生成まで
の遅延も，一定の時間は許容する。トークン方式を図 2 に示す。

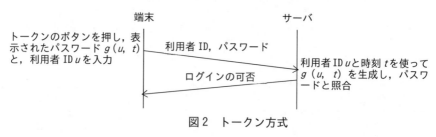

図 2　トークン方式

1　既に利用者 ID とパスワードによる認証方式を使用していますが，そのセキュリティを強化するために，トークン（パスワード生成器）方式の導入を検討していることが示されています。

2　トークンを使った認証方法が示されています。トークンには，時刻に応じて生成されたパスワードが表示され，そのパスワードを入力することで認証を行います。トークンから生成されるパスワードは，一時的な"ワンタイムパスワード"となります。

Part2
Chap
6

情報セキュリティ

3 解答を選択する

次に示す利用者認証におけるセキュリティリスクについて，トークン（パスワード生成器）方式でも考慮が必要なものを全て挙げた組合せを，解答群の中から選べ。

項番	利用者認証におけるセキュリティリスク
①	社外からの通信経路上で通信内容が盗聴されて，利用者 ID とパスワードが盗まれることによって，業務システムへの不正ログインが可能となる。
②	社外からのリモートログインに利用する端末上で，キーボード入力を読み取って，第三者に送信するプログラムが動作していた場合，盗んだ情報をそのまま利用することによって，いつでも業務システムへ不正ログインが可能になる。
③	トークンが生成し表示したパスワードが盗み見られることによって，いつでも業務システムへ不正ログインが可能になる。
④	利用者 ID とパスワードが何らかの方法で盗まれて，さらにトークンも盗まれることによって，いつでも業務システムへ不正ログインが可能になる。

解答群
ア　①，②，③，④
イ　②，③，④
ウ　③，④
エ　④

それぞれのセキュリティリスクがトークン（パスワード生成器）方式でも考慮が必要なものかどうか，見ていきましょう。

① 利用者 ID とパスワードが盗まれたとしても，トークンがなければ不正ログインすることはできません。

② キーボード入力を読み取ることで，利用者 ID とパスワードとトークンから生成されたワンタイムパスワードの全てを盗まれるリスクがありますが，トークンから生成されたワンタイムパスワードは，その時刻にだけ使用可能なものであるため，盗まれても再度利用することはできません。

③ トークンから生成されたワンタイムパスワードは，その時刻にだけ使用可能なものであるため，盗まれても再度利用することはできません。

④ 利用者 ID とパスワードが盗まれて，さらにトークンまで盗まれた場合に不正ログインが可能となります。

したがって，トークン（パスワード生成器）方式の導入後に考慮が必要なセキュリティリスクは④であり，正解は（エ）となります。

正解　エ

演習問題にチャレンジ

(813497)

問6　オンラインストレージサービスの利用における情報セキュリティ対策に
　　関する次の記述を読んで，設問に答えよ。

　　X 社では，一部の業務を外部に委託するにあたり，情報共有にオンライ
ンストレージサービスを利用している。オンラインストレージサービスの
概要を次に示す。

〔オンラインストレージサービスの概要〕
　・インターネット上で提供されるサービスで，専用のドメインを持ち，イ
　　ンターネットのどこからでもアクセスできる。
　・スマートフォンやタブレットなど，PC 以外の端末からも利用できる。
　・インターネット上における盗聴や改ざんを防ぐ仕組みとして，サービス
　　への接続に HTTP over TLS（HTTPS）を使用している。
　・利用アカウントの ID として電子メールアドレス（以下メールアドレス
　　という）を登録し，パスワードを設定すれば，Web ブラウザだけで利用
　　が開始できる。
　・利用アカウントごとに専用のフォルダが与えられ，ファイルの登録や，
　　登録したファイルの閲覧，編集などの操作を行うことができる。
　・ファイルの登録時にファイル共有先を指定し，共有権限を付与すること
　　によって，指定した利用アカウントにファイルの操作を許可したり，イ
　　ンターネット上の誰にでもファイルの閲覧を許可したりすることがで
　　きる。
　・ファイルの共有設定は，表1に示す4種類がある。

表1　オンラインストレージサービスにおけるファイルの共有設定

番号	ファイル共有の有無	ファイル共有先	付与できる共有権限	設定内容
1	ファイル共有あり	指定した利用アカウント	編集権限	指定した利用アカウントに対して，ファイルの閲覧，編集，削除を許可する。
2			閲覧権限	指定した利用アカウントに対して，ファイルの閲覧を許可する。
3		パブリック[1]	閲覧権限	利用アカウントがなくても，インターネットからのファイルの閲覧を可能にする。
4	ファイル共有なし	なし	権限なし	ファイルを登録した利用アカウント以外に，ファイル操作を許可しない。

注記 [1]　パブリックとは，インターネット利用者全般を意味する。

　このオンラインストレージサービスを業務で利用していたところ，共有設定のミスにより，公開されるべきでない情報が外部に公開されてしまうセキュリティ事故が発生した。これは，誤ってファイルに対してパブリックの閲覧権限を付与してしまったことが原因であった。セキュリティ事故の再発を防止する取組みとして最も適切なものを，解答群の中から選べ。

解答群
　ア　利用アカウントの登録を必須化する。
　イ　パブリックの閲覧権限を付与できる利用者を制限する。
　ウ　外部に公開できるファイルのみ，オンラインストレージの利用を許可する運用ルールとする。
　エ　パブリックの閲覧権限を設定しようとしたときに警告が表示されるようにする。
　オ　パブリックの閲覧権限は一切付与できないようにシステムで制限をかける。

出典：H28秋-SG午後問1（一部改変）

1 設問内容を把握する

　このオンラインストレージサービスを業務で利用していたところ，共有
設定のミスにより，公開されるべきでない情報が外部に公開されてしまう
セキュリティ事故が発生した。これは，誤ってファイルに対してパブリッ
クの閲覧権限を付与してしまったことが原因であった。セキュリティ事故
の再発を防止する取組みとして最も適切なものを，解答群の中から選べ。

解答群
ア　利用アカウントの登録を必須化する。
イ　パブリックの閲覧権限を付与できる利用者を制限する。
ウ　外部に公開できるファイルのみ，オンラインストレージの利用を許可
　　する運用ルールとする。
エ　パブリックの閲覧権限を設定しようとしたときに警告が表示される
　　ようにする。
オ　パブリックの閲覧権限は一切付与できないようにシステムで制限を
　　かける。

1　オンラインストレージサービスの利用によって，公開されるべきでない情報が公開されてしまうセキュリティ事故が発生したことが示されています。

2　その事故の原因は，誤ってパブリックの閲覧権限を付与してしまったことにあります。

3　セキュリティ事故の再発防止策が問われています。

2 問題文の要点を押さえる

　X 社では，一部の業務を外部に委託するにあたり，情報共有にオンラインストレージサービスを利用している。オンラインストレージサービスの概要を次に示す。

〔オンラインストレージサービスの概要〕

・インターネット上で提供されるサービスで，専用のドメインを持ち，インターネットのどこからでもアクセスできる。
・スマートフォンやタブレットなど，PC 以外の端末からも利用できる。
・インターネット上における盗聴や改ざんを防ぐ仕組みとして，サービスへの接続に HTTP over TLS（HTTPS）を使用している。
・利用アカウントの ID として電子メールアドレス（以下メールアドレスという）を登録し，パスワードを設定すれば，Web ブラウザだけで利用が開始できる。
・利用アカウントごとに専用のフォルダが与えられ，ファイルの登録や，登録したファイルの閲覧，編集などの操作を行うことができる。
・ファイルの登録時にファイル共有先を指定し，共有権限を付与することによって，指定した利用アカウントにファイルの操作を許可したり，インターネット上の誰にでもファイルの閲覧を許可したりすることができる。
・ファイルの共有設定は，表 1 に示す 4 種類がある。

表 1　オンラインストレージサービスにおけるファイルの共有設定

番号	ファイル共有の有無	ファイル共有先	付与できる共有権限	設定内容
1	ファイル共有あり	指定した利用アカウント	編集権限	指定した利用アカウントに対して，ファイルの閲覧，編集，削除を許可する。
2			閲覧権限	指定した利用アカウントに対して，ファイルの閲覧を許可する。
3		パブリック[1]	閲覧権限	利用アカウントがなくても，インターネットからのファイルの閲覧を可能にする。
4	ファイル共有なし	なし	権限なし	ファイルを登録した利用アカウント以外に，ファイル操作を許可しない。

注記[1]　パブリックとは，インターネット利用者全般を意味する。

1 外部との情報共有にオンラインストレージサービスを利用していることが示されています。

2 オンラインストレージサービスは，インターネット上のどこからでもアクセスできることを示しています。これは，格納したファイルが世界中に公開されるリスクがあることになります。

3 メールアドレスをIDとしてユーザ登録を行うことが示されています。

4 登録したファイルに共有権限を付与できること，共有権限には4種類あることが示されています。

5 共有権限のうちパブリックについては，利用アカウントがなくても閲覧できることが示されています。

③ 解答を選択する

　このオンラインストレージサービスを業務で利用していたところ，共有設定のミスにより，公開されるべきでない情報が外部に公開されてしまうセキュリティ事故が発生した。これは，誤ってファイルに対してパブリックの閲覧権限を付与してしまったことが原因であった。セキュリティ事故の再発を防止する取組みとして最も適切なものを，解答群の中から選べ。

解答群
　ア　利用アカウントの登録を必須化する。
　イ　パブリックの閲覧権限を付与できる利用者を制限する。
　ウ　外部に公開できるファイルのみ，オンラインストレージの利用を許可する運用ルールとする。
　エ　パブリックの閲覧権限を設定しようとしたときに警告が表示されるようにする。
　オ　パブリックの閲覧権限は一切付与できないようにシステムで制限をかける。

　今回のセキュリティ事故の原因は，誤ってパブリックの公開権限を設定してしまったことです。パブリックの公開権限を設定すると，利用アカウントがなくても誰もが閲覧可能となります。つまり，全世界に公開するのと同じことになります。
　セキュリティ事故の再発防止策をそれぞれ見ていきましょう。

ア：利用アカウントの登録を必須化しても，パブリックで公開すれば，利用アカウントがない人も含めた全てのユーザに公開されてしまうため，再発防止策として適切ではありません。
イ：パブリックの閲覧権限を付与できる利用者を制限したとしても，その人が誤って設定してしまえば，同じセキュリティ事故が発生してしまうので，再発防止策として適切ではありません。
ウ：外部に公開できるファイルのみ，オンラインストレージの利用を許可すれば，仮に設定を誤って全世界に公開されたとしても，問題ありません。しかし，外部と情報をやり取りするためにオンラインストレージを利用するという，オンラインストレージの本来の目的が果たせなくなります。したがって，再発防止策として適切ではありません。
エ：パブリックの閲覧権限を設定しようとしたときに警告が表示されるようにすれば，誤ってパブリックの公開設定をしてしまうリスクを下げることはできます。しかし，誤って設定してしまうリスクをゼロにはできません。したがって，再発防止策として十分ではありません。
オ：パブリックの閲覧権限は一切付与できないようにシステムで制限をかければ，同様のセキュリティ事故は発生しなくなります。このオンラインストレージは業務で必要な情報をやり取りするものであり，利用アカウントがない人に公開できなくても，業務に支障はないと思われるので，再発防止策として適切です。

したがって，正解は（オ）となります。

正解　オ

Part2
Chap
6
情報セキュリティ

演習問題にチャレンジ

(813498)

問7　ランサムウェアへの対策に関する次の記述を読んで，設問に答えよ。

　　B社は，従業員数300名の業務用資材卸会社であり，本社，営業店10か所の他に倉庫がある。本社，各営業店及び倉庫のネットワークはIP-VPNで接続されており，インターネットとの接続は本社に集約されている。本社と営業店では，それぞれ，本社用PCと営業用PCから情報共有サーバ（以下，Gサーバという）を利用し，Windowsのファイル共有機能を使って資料を共有している。本社用PC及び営業用PCでは，一般利用者権限でログオンすると，自動的にGサーバへもその権限でログオンされ，Gサーバ上の共有フォルダが各PCのGドライブとして自動的に割り当てられる。Gサーバ上の共有フォルダの利用者データ，本社用PCの利用者データ及び営業用PCの利用者データは，それぞれ，各コンピュータのローカルディスク上に設けられた一般利用者権限ではアクセスできない領域に1時間に1回，毎時0分に開始されるジョブによって，バックアップされる。ジョブのログには，バックアップの開始と終了の時刻，総ファイル数，ジョブ実行結果などが記録される。B社のシステム構成を図1に示す。

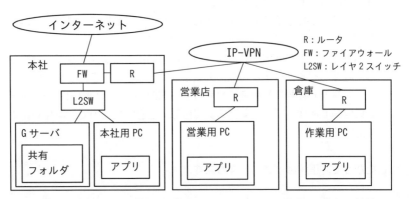

注記：本社，営業店，倉庫では，実際にはL2SWを介して複数台のPCに接続しているが，図では記載を省略している。

図1　B社のシステム構成

B 社では，近年被害が拡大しているランサムウェアへの対策を講じることとした。ランサムウェアとは，感染した PC からアクセス可能な全てのファイルを暗号化した後に，復号するための金銭を要求するものである。

B 社におけるランサムウェア対策として適切なものの組合せを，解答群の中から選べ。

項番	ランサムウェア対策
①	本社，営業店，倉庫の IP-VPN 接続を解除し，それぞれが独立したネットワークとする。
②	共有フォルダを各 PC の G ドライブとして自動的に割り当てられる設定を解除して，必要なときに都度共有フォルダにアクセスする運用とする（共有フォルダへのアクセスはユーザ ID とパスワードによる認証を必要とする）。
③	全てのサーバと全ての PC にマルウェア対策ソフトを導入して，マルウェア定義ファイルを最新に保つ。
④	全てのサーバと全ての PC に最新のセキュリティパッチを適用して，脆弱性を解消する。
⑤	磁気テープにバックアップを取得して，ネットワークとは接続されていないキャビネットに保管する。

解答群
ア　①，②，③，④，⑤
イ　②，③，④，⑤
ウ　③，④，⑤
エ　④，⑤
オ　⑤

出典：H29 秋-SC 午後 I 問 1（一部改変）

① 設問内容を把握する

B 社では，近年被害が拡大しているランサムウェアへの対策を講じることとした。ランサムウェアとは，感染した PC からアクセス可能な全てのファイルを暗号化した後に，復号するための金銭を要求するものである。

B 社におけるランサムウェア対策として適切なものの組合せを，解答群の中から選べ。

項番	ランサムウェア対策
①	本社，営業店，倉庫の IP-VPN 接続を解除し，それぞれが独立したネットワークとする。
②	共有フォルダを各 PC の G ドライブとして自動的に割り当てられる設定を解除して，必要なときに都度共有フォルダにアクセスする運用とする（共有フォルダへのアクセスはユーザ ID とパスワードによる認証を必要とする）。
③	全てのサーバと全ての PC にマルウェア対策ソフトを導入して，マルウェア定義ファイルを最新に保つ。
④	全てのサーバと全ての PC に最新のセキュリティパッチを適用して，脆弱性を解消する。
⑤	磁気テープにバックアップを取得して，ネットワークとは接続されていないキャビネットに保管する。

1
新たに講じることにしたランサムウェア対策として，適切な対策の組合せを
選ぶ問題となっています。

2
ランサムウェアの概要が示されています。ランサムウェアに感染すると，ア
クセス可能な全てのファイルが暗号化されてしまうことがポイントです。

Part2
Chap
6

情報セキュリティ

2 問題文の要点を押さえる

　B社は，従業員数 300 名の業務用資材卸会社であり，本社，営業店 10 か所の他に倉庫がある。本社，各営業店及び倉庫のネットワークは IP-VPN で接続されており，インターネットとの接続は本社に集約されている。本社と営業店では，それぞれ，本社用 PC と営業用 PC から情報共有サーバ（以下，G サーバという）を利用し， Windows のファイル共有機能を使って資料を共有している。本社用 PC 及び営業用 PC では，一般利用者権限でログオンすると，自動的に G サーバへもその権限でログオンされ，G サーバ上の共有フォルダが各 PC の G ドライブとして自動的に割り当てられる。G サーバ上の共有フォルダの利用者データ，本社用 PC の利用者データ及び営業用 PC の利用者データは，それぞれ，各コンピュータのローカルディスク上に設けられた一般利用者権限ではアクセスできない領域に 1 時間に 1 回，毎時 0 分に開始されるジョブによって，バックアップされる。ジョブのログには，バックアップの開始と終了の時刻，総ファイル数，ジョブ実行結果などが記録される。B社のシステム構成を図 1 に示す。

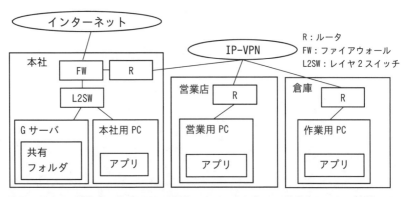

注記：本社，営業店，倉庫では，実際には L2SW を介して複数台の PC に接続しているが，図では記載を省略している。

図 1　B 社のシステム構成

1 　本社，営業店，倉庫の間は IP-VPN で接続されて，外部のインターネットへ
は本社から接続するようになっています。

2 　G サーバの共有フォルダを使って情報共有が行われています。

3 　一般利用者権限でログオンすると，G サーバの共有フォルダへも自動的にそ
の権限でログオンされて，各 PC の G ドライブに割り当てられることが示され
ています。

4 　利用者データは，1 時間に 1 回のバックアップが行われて，各 PC のローカ
ル領域に保存されることが示されています。

解答を選択する

B 社におけるランサムウェア対策として適切なものの組合せを，解答群の中から選べ。

項番	ランサムウェア対策
①	本社，営業店，倉庫の IP-VPN 接続を解除し，それぞれが独立したネットワークとする。
②	共有フォルダを各 PC の G ドライブとして自動的に割り当てられる設定を解除して，必要なときに都度共有フォルダにアクセスする運用とする（共有フォルダへのアクセスはユーザ ID とパスワードによる認証を必要とする）。
③	全てのサーバと全ての PC にマルウェア対策ソフトを導入して，マルウェア定義ファイルを最新に保つ。
④	全てのサーバと全ての PC に最新のセキュリティパッチを適用して，脆弱性を解消する。
⑤	磁気テープにバックアップを取得して，ネットワークとは接続されていないキャビネットに保管する。

解答群

ア　①，②，③，④，⑤
イ　②，③，④，⑤
ウ　③，④，⑤
エ　④，⑤
オ　⑤

　B社におけるランサムウェア対策として適正な対策を選択しましょう。まず，ランサムウェアの特徴を再確認します。問題文に「ランサムウェアとは，感染したPCからアクセス可能な全てのファイルを暗号化した後に，復号するための金銭を要求するものである」とあります。したがって，まずはランサムウェアへの感染を防ぐことと，感染したとしてもバックアップから戻せるようにしておくこと，が対策として重要となります。ランサムウェアに暗号化されたとしても，バックアップから戻すことができれば，身代金の支払いに応じなければならないリスクが減らせます。バックアップそのものが暗号化されてしまうとバックアップから戻すことはできなくなってしまうので，バックアップを暗号化から防ぐこととも必要です。

　ランサムウェア対策をそれぞれ見ていきましょう。

① それぞれを独立したネットワークにすることで，ランサムウェアに感染したときの被害を独立したネットワーク内に留めることができます。しかし，Gサーバの共有フォルダによる拠点間の情報共有が行えなくなり，業務効率が下がってしまうので，対策としては不適切です。

② 共有フォルダを自動的に割り当てる設定を解除して，都度，認証が必要な接続を行うことで，共有フォルダ経由での感染拡大を防ぐことができます。対策として適切です。

③ マルウェア対策ソフトの導入は，ランサムウェアへの感染を防ぐために有効な対策となります。

④ ランサムウェアは脆弱性をついて感染を拡大することもあり，セキュリティパッチの適用は有効な対策となります。

⑤ ネットワークとは接続されていない磁気テープにバックアップを取得しておくことで，ランダムウェアに感染したとしても，バックアップを暗号化から防ぐことができます。正常な状態でバックアップが残っていれば，暗号化されたファイルをバックアップから戻すことで復旧できるので，適切な対策です。

したがって，②，③，④，⑤が適切な対策となり，正解は（イ）となります。

正解　イ

演習問題にチャレンジ

(813499)

問8　企業統合における情報セキュリティガバナンスに関する次の記述を読んで，設問に答えよ。

　　X社は，本社の他に20か所の地方営業所（以下，営業所という）を有する，法人向けオフィス機器などの販売代理店業を営む非上場会社で，従業員数は320名である。従業員のうち営業に従事する者（以下，営業員という）は200名である。X社は，同業で業績が低迷していた旧Y社を，販路拡大のために，吸収合併することとなった。X社では，全ての営業所にLAN環境が整備されている。各営業所の従業員は，会社貸与のデスクトップPC（以下，業務PCという）をLAN環境に接続して使用している。本社と各営業所のLANの間は，WAN回線で結ばれ，本社においてインターネットに接続している。X社及び旧Y社（以下，両社という）での業務用ITツールの利用方法を表1に，旧X社の情報セキュリティポリシ（以下，情報セキュリティポリシをポリシという）を図1に示す。旧Y社にはポリシが策定されていない。

表1　両社での業務用ITツールの利用方法

	営業支援ツール利用	PC管理	業務用の電子メール（以下，電子メールをメールという）利用
旧X社	・SaaSを顧客管理，案件管理などに利用 ・Webブラウザからアクセスして利用	・PC管理ツールを利用して，業務PCの利用者の操作履歴を収集	・業務PC上で，氏名検索機能付きメールアドレス帳（以下，メールアドレス帳という）及び宛先入力自動補完機能付きメールクライアントソフトを利用 ・従業員ごとに異なる業務メールアドレスを利用 ・社外からは利用不可
旧Y社	・専用ツールは未導入 ・顧客管理は，営業員の業務PC上の表計算ソフトで行い，案件報告は口頭又はメールで実施	・ツールは未導入	・Webブラウザからアクセスして利用 ・従業員ごとに異なる業務メールアドレスを利用 ・社外からは利用不可

```
1. 業務では，PC，USB メモリ，携帯電話などの機器は会社貸与のものを利用
   すること
2. 個人情報などの機密性が高い情報は，暗号化，パスワードなどによって保
   護すること
3. 個人情報などの機密性が高い情報を社外に持ち出す場合には，事前に上長
   又は所属部門の情報セキュリティリーダの承認を得ること
4. パスワードは，英大文字，英小文字，数字，記号の全ての文字種を組み合
   わせた 8 文字以上で，かつ，他人に推測されにくい文字列とし，他人に知
   られないよう管理すること
```

図1　旧 X 社のポリシ（抜粋）

　Y 社の吸収合併後の情報セキュリティガバナンスを強化するために，次
の対策を検討している。

項番	対策
①	旧 Y 社の社員に IT ツール活用とポリシ徹底の教育を行う。
②	ポリシの見直しと改善を行う。
③	旧 Y 社の業務分析と情報資産の洗い出しを行い，旧 Y 社の吸収合併後の業務にあったポリシを策定する。
④	ポリシを評価して，遵守されているかの監査を行う。
⑤	X 社で利用している業務用 IT ツールを旧 Y 社にも導入する。

　この対策を実施するのに最適な順番を，解答群の中から選べ。

解答群

ア　①，②，③，⑤，④
イ　②，③，④，⑤，①
ウ　③，①，⑤，②，④
エ　③，①，⑤，④，②
オ　③，⑤，①，④，②

出典：H30 春-SG 午後問 3（一部改変）

1　設問内容を把握する

Y 社の吸収合併後の情報セキュリティガバナンスを強化するために，次の対策を検討している。

項番	対策
①	旧 Y 社の社員に IT ツール活用とポリシ徹底の教育を行う。
②	ポリシの見直しと改善を行う。
③	旧 Y 社の業務分析と情報資産の洗い出しを行い，旧 Y 社の吸収合併後の業務にあったポリシを策定する。
④	ポリシを評価して，遵守されているかの監査を行う。
⑤	X 社で利用している業務用 IT ツールを旧 Y 社にも導入する。

この対策を実施するのに最適な順番を，解答群の中から選べ。

2　問題文の要点を押さえる

X 社は，本社の他に 20 か所の地方営業所（以下，営業所という）を有する，法人向けオフィス機器などの販売代理店業を営む非上場会社で，従業員数は 320 名である。従業員のうち営業に従事する者（以下，営業員という）は 200 名である。X 社は，同業で業績が低迷していた旧 Y 社を，販路拡大のために，吸収合併することとなった。X 社では，全ての営業所に LAN 環境が整備されている。各営業所の従業員は，会社貸与のデスクトップ PC（以下，業務 PC という）を LAN 環境に接続して使用している。本社と各営業所の LAN の間は，WAN 回線で結ばれ，本社においてインターネットに接続している。X 社及び旧 Y 社（以下，両社という）での業務用 IT ツールの利用方法を表 1 に，旧 X 社の情報セキュリティポリシ（以下，情報セキュリティポリシをポリシという）を図 1 に示す。旧 Y 社にはポリシが策定されていない。

1 Ｙ社吸収合併後のセキュリティガバナンスを強化するために検討中の対策が
示されています。

2 これらの対策を実施するのに最適な順番が問われています。

1 旧Ｙ社には旧Ｘ社で活用されているITツールが導入されておらず，旧Ｙ社
にもITツールの導入を進める必要があります。

2 旧Ｘ社で策定されているようなポリシが旧Ｙ社には策定されていないことが
課題となっています。

3 解答を選択する

Y 社の吸収合併後の情報セキュリティガバナンスを強化するために，次の対策を検討している。

項番	対策
①	旧 Y 社の社員に IT ツール活用とポリシ徹底の教育を行う。
②	ポリシの見直しと改善を行う。
③	旧 Y 社の業務分析と情報資産の洗い出しを行い， 旧 Y 社の吸収合併後の業務にあったポリシを策定する。
④	ポリシを評価して，遵守されているかの監査を行う。
⑤	X 社で利用している業務用 IT ツールを旧 Y 社にも導入する。

この対策を実施するのに最適な順番を，解答群の中から選べ。

解答群

ア ①，②，③，⑤，④

イ ②，③，④，⑤，①

ウ ③，①，⑤，②，④

エ ③，①，⑤，④，②

オ ③，⑤，①，④，②

　Ｙ社の吸収合併後の情報セキュリティガバナンスを強化するために実施すべき対策について，最適な順番を検討しましょう。最適な順番を検討するには，PDCAサイクルを意識することが重要です。次に示す P→D→C→A の順に対策を進めていきます。

要素		説明
PLAN	計画	情報資産の洗い出しを行い，リスクや課題を整理し，組織や企業の状況に合ったポリシを策定する
DO	実施	ポリシを全社員に周知して，必要に応じて教育を行い，実施を徹底する
CHECK	点検	定期的にポリシ自体を評価し，遵守されているかどうかの監査を行う
ACT	改善	点検の結果を基に，ポリシの見直し，改善を行う

　問題文に示されたそれぞれの対策が，PDCA のどの項目に該当するか確認すると，次のようになります。

① DO：実施　に該当します。
② ACT：改善　に該当します。
③ PLAN：計画　に該当します。
④ CHECK：点検　に該当します。
⑤ DO：実施　に該当します。

　①と⑤の二つの DO が存在しますが，教育を行ってからツールの導入を進めるべきであるため，①→⑤の順になります。したがって，③→①→⑤→④→②となる（エ）が正解となります。

正解　エ

Part2
Chap
6
情報セキュリティ

基本情報技術者 **科目B** の重点対策

巻末資料

擬似言語の記述形式（基本情報技術者試験用）

擬似言語を使用した問題では，各問題文中に注記がない限り，次の記述形式が適用されているものとする。

〔擬似言語の記述形式〕

記述形式	説明
○ **手続名又は関数名**	手続又は関数を宣言する。
型名: 変数名	変数を宣言する。
/* **注釈** */	注釈を記述する。
// **注釈**	
変数名 ← 式	変数に**式**の値を代入する。
手続名又は関数名(引数, …)	手続又は関数を呼び出し，**引数**を受け渡す。

if (**条件式 1**)
　処理 1
elseif (**条件式 2**)
　処理 2
elseif (**条件式 n**)
　処理 n
else
　処理 n + 1
endif
	選択処理を示す。
	　条件式を上から評価し，最初に真になった**条件式**に対応する**処理**を実行する。以降の**条件式**は評価せず，対応する**処理**も実行しない。どの**条件式**も真にならないときは，**処理 n + 1** を実行する。
	　各**処理**は，0以上の文の集まりである。
	　elseifと**処理**の組みは，複数記述することがあり，省略することもある。
	　elseと**処理 n + 1** の組みは一つだけ記述し，省略することもある。

while (**条件式**)
　処理
endwhile
	前判定繰返し処理を示す。
	　条件式が真の間，**処理**を繰返し実行する。
	　処理は，0以上の文の集まりである。

do 　**処理** while (**条件式**)	後判定繰返し処理を示す。 　**処理**を実行し，**条件式**が真の間，**処理**を繰返し実行する。 　**処理**は，0以上の文の集まりである。

for (**制御記述**)
　処理
endfor
	繰返し処理を示す。
	　制御記述の内容に基づいて，**処理**を繰返し実行する。**処理**は，0以上の文の集まりである。

擬似言語の記述形式

〔演算子と優先順位〕

演算子の種類		演算子	優先度
式		() .	高
単項演算子		not ＋ －	↑
二項演算子	乗除	mod × ÷	
	加減	＋ －	
	関係	≠ ≦ ≧ ＜ ＝ ＞	
	論理積	and	↓
	論理和	or	低

注記　演算子 . は，メンバ変数又はメソッドのアクセスを表す。
　　　演算子 mod は，剰余算を表す。

〔論理型の定数〕
true, false

〔配列〕
　　配列の要素は，“[”と“]”の間にアクセス対象要素の要素番号を
指定することでアクセスする。なお，二次元配列の要素番号は，行番
号，列番号の順に“,”で区切って指定する。
　　“{”は配列の内容の始まりを，“}”は配列の内容の終わりを表す。
ただし，二次元配列において，内側の“{”と“}”に囲まれた部分は，
1 行分の内容を表す。

〔未定義，未定義の値〕
　　変数に値が格納されていない状態を，“未定義”という。変数に
“未定義の値”を代入すると，その変数は未定義になる。

巻末資料

索引

索引

巻末資料

索引

わ

■ 著者紹介

富田　良治（とみた　よしはる）

TITC合同会社代表社員。
電気通信大学（電子物性工学科）卒業。専攻は物理学。プログラミングは未経験だったがIT業界でエンジニアとして働きたいと考え、在学中に基本情報技術者試験を受験し，合格。卒業後は受託開発ソフトウェア業の中小企業に入社。SEとして主にWebシステム開発に16年従事の後，データ経営コンサルタントとして独立。創業・新規事業支援，IT活用支援，データ分析，Web/SNSマーケティングを得意とする。自身のコンサルティング会社の他に7社以上の経営に関わる起業家でもある。
IT活用・Web/SNS活用・データ活用などで，年間150日以上のセミナー研修，飲食業・サービス業・製造業を中心に年間200回以上のコンサルティングを実施。企業の新人研修などでのプログラミング未経験者をプログラマとして活躍できるよう育成してきたノウハウに定評がある。

保有資格：
中小企業診断士
ITストラテジスト
PMP

●監修・著者

富田　良治

●執筆協力

青木　洋輔

●イラスト

すぎもと　樹（Chapter 1〜Chapter 5，著者イラスト）
西野　里美（Chapter 6）

2023-2024　基本情報技術者　科目Bの重点対策

監修・著者 ■ 富田　良治
制作 ■ 山浦　菜穂子　　西本　あおい
DTP・印刷 ■ 株式会社ワコー

発行日　2023年 3 月29日　第 1 版　第 1 刷
　　　　2023年11月 7 日　第 1 版　第 2 刷
発行人　土元　克則
発行所　株式会社アイテック
　　　　〒143-0006
　　　　東京都大田区平和島 6-1-1　センタービル
　　　　電話　03-6877-6312
　　　　https://www.itec.co.jp/

プロ講師の解法テクニック伝授で合格を勝ち取る！

２０２３秋　アイテックオープンセミナー
情報処理技術者試験対策講座『合格ゼミ』

https://www.itec.co.jp/howto/seminar/#a02

高いスキルと豊富な経験を誇るベテラン講師の解説で，テキストで学ぶ以上の知識や
テクニックを習得できます。最新の試験傾向をいち早く分析し対応している，
アイテックと講師のノウハウが詰まった，最善のカリキュラムを提供します。
『合格ゼミ』で合格を勝ち取りましょう！

試験区分	略号	セミナー名	価格	第１回	第２回	第３回
基本情報技術者	FE	試験対策講座	¥44,000	8/19(土)	9/2(土)	9/16(土)
		一日対策講座	¥16,980	9/30(土)	―	―
応用情報技術者	AP	テクノロジ系午後対策講座	¥47,000	8/20(日)	9/3(日)	9/17(日)
		マネジメント系 / ストラテジ系午後対策講座	¥18,980	9/9(土)	―	―
		直前対策講座	¥18,980	9/23(土)	―	―
情報処理安全確保支援士	SC	午後対策講座	¥57,000	8/20(日)	9/3(日)	9/17(日)
		直前対策講座	¥19,980	9/24(日)	―	―
データベーススペシャリスト	DB	午後対策講座	¥57,000	8/19(土)	9/2(土)	9/16(土)
		直前対策講座	¥19,980	9/23(土)	―	―
エンベデッドシステムスペシャリスト	ES	試験対策講座	¥19,980	9/9(土)	―	―
プロジェクトマネージャ	PM	午後対策講座(論文添削付き)	¥81,000	8/19(土)	9/2(土)	9/16(土)
		直前対策講座	¥20,980	9/23(土)	―	―
システム監査技術者	AU	午後対策講座(論文添削付き)	¥81,000	8/19(土)	9/2(土)	9/16(土)
		直前対策講座	¥20,980	9/23(土)	―	―

※表示の価格はすべて税抜きの価格です。本内容は予告なく変更となる可能性がございます。

　詳細は Web にてご確認ください。

ITEC の書籍のご案内 | *表示の価格は全て税抜きの価格です。

● 総仕上げ問題集シリーズ

703490	2023 秋 応用情報技術者 総仕上げ問題集 ※1	¥3,300	978-4-86575-293-9
703491	2023 秋 情報処理安全確保支援士 総仕上げ問題集 ※1	¥3,700	978-4-86575-294-6
703492	2023 データベーススペシャリスト 総仕上げ問題集 ※1	¥3,700	978-4-86575-295-3
703493	2023 エンベデッドシステムスペシャリスト 総仕上げ問題集 ※1	¥4,100	978-4-86575-296-0
703494	2023 プロジェクトマネージャ 総仕上げ問題集 ※1	¥3,800	978-4-86575-297-7
703495	2023 システム監査技術者 総仕上げ問題集 ※1	¥3,800	978-4-86575-298-4
703373	2023 ネットワークスペシャリスト 総仕上げ問題集	¥3,700	978-4-86575-283-0
703374	2023 ITストラテジスト 総仕上げ問題集	¥3,800	978-4-86575-284-7
703375	2023 システムアーキテクト 総仕上げ問題集	¥3,800	978-4-86575-285-4
703376	2023 ITサービスマネージャ 総仕上げ問題集	¥3,800	978-4-86575-286-1

※1 2023 年 5 月刊行予定

● 重点対策シリーズ

703169	2022 システム監査技術者 「専門知識＋午後問題」の重点対策	¥3,700	978-4-86575-250-2
703342	2023 応用情報技術者 午後問題の重点対策	¥3,400	978-4-86575-275-5
703343	2023 情報処理安全確保支援士 「専門知識＋午後問題」の重点対策	¥3,700	978-4-86575-276-2
703344	2023-2024 ネットワークスペシャリスト 「専門知識＋午後問題」の重点対策	¥3,700	978-4-86575-277-9
703345	2023-2024 ITストラテジスト 「専門知識＋午後問題」の重点対策	¥3,700	978-4-86575-278-6
703346	2023-2024 システムアーキテクト 「専門知識＋午後問題」の重点対策	¥3,700	978-4-86575-279-3
703347	2023-2024 ITサービスマネージャ 「専門知識＋午後問題」の重点対策	¥3,700	978-4-86575-280-9
703507	2023-2024 基本情報技術者 科目Bの重点対策	¥2,400	978-4-86575-307-3
703421	2023-2024 データベーススペシャリスト 「専門知識＋午後問題」の重点対策 ※2	¥3,700	978-4-86575-289-2
703422	2023-2024 エンベデッドシステムスペシャリスト 「専門知識＋午後問題」の重点対策 ※2	¥3,700	978-4-86575-290-8
703423	2023-2024 プロジェクトマネージャ 「専門知識＋午後問題」の重点対策 ※2	¥3,700	978-4-86575-291-5

※2 2023 年 4 月刊行予定

● 予想問題シリーズ

703127	極選分析 基本情報技術者 予想問題集 第4版	¥2,000	978-4-86575-233-5

● 試験対策書シリーズ

703377	ITパスポート試験対策書　第6版	¥2,000	978-4-86575-287-8
703132	情報セキュリティマネジメント　試験対策書　第4版	¥2,500	978-4-86575-232-8
703506	2023-2024　基本情報技術者　科目A試験対策書	¥2,400	978-4-86575-306-6
703498	2024　高度午前Ⅰ・応用情報　午前試験対策書 ※3	¥2,700	978-4-86575-301-1

※3　2023年9月刊行予定

● 合格論文シリーズ

703129	プロジェクトマネージャ　合格論文の書き方・事例集　第6版	¥3,000	978-4-86575-235-9
703130	システム監査技術者　合格論文の書き方・事例集　第6版	¥3,000	978-4-86575-236-6
703499	ITストラテジスト　合格論文の書き方・事例集　第6版	¥3,000	978-4-86575-302-8
703500	システムアーキテクト　合格論文の書き方・事例集　第6版	¥3,000	978-4-86575-303-5
703501	ITサービスマネージャ　合格論文の書き方・事例集　第6版	¥3,000	978-4-86575-304-2

● その他書籍

703341	セキュリティ技術の教科書　第3版	¥4,200	978-4-86575-274-8
703171	ネットワーク技術の教科書　第2版	¥4,200	978-4-86575-305-9
702720	データベース技術の教科書	¥4,200	978-4-86575-144-4
703139	ITサービスマネジメントの教科書	¥4,200	978-4-86575-237-3
703157	コンピュータシステムの基礎　第18版	¥4,000	978-4-86575-238-0
703547	アルゴリズムの基礎　第3版 ※4	¥3,000	978-4-86575-308-0
703517	わかりやすい！　IT基礎入門　第4版 ※4	¥1,800	978-4-86575-309-7
702790	PMP® 試験合格虎の巻　新試験対応	¥3,200	978-4-86575-229-8
702546	PMBOK®ガイド問題集　第6版対応	¥1,700	978-4-86575-141-3

※4　2023年8月刊行予定

★書籍のラインナップなどは，予告なく変更となる場合がございます。アイテックの書籍に関する最新情報は，アイテックホームページの書籍ページでご確認ください。
https://www.itec.co.jp/howto/recommend/